沙蟲駭客

SANDWORM

A New Era of Cyberwar and the Hunt for the Kremlin's Most Dangerous Hackers

安迪・格林伯格
ANDY GREENBERG

蔡耀緯——譯

CONTENTS 目錄

第二部 起源

第三部 進化

第四部 極致

第五部
身分

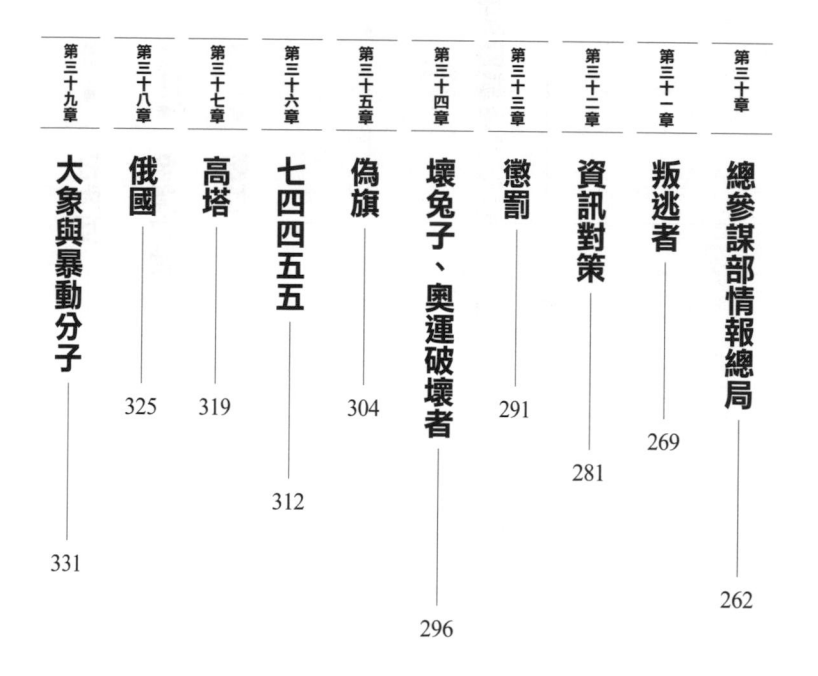

第六部 教訓

紀念我的父親蓋瑞・格林伯格（Gary Greenberg）

導言

SANDWORM

二〇一七年六月二十七日，某件怪異而恐怖之事，開始在全世界的基礎設施中擴散開來。

賓夕法尼亞州的一群醫院開始延遲手術、拒絕病患掛號。塔斯馬尼亞島的一家吉百利（Cadbury）巧克力工廠不再產出巧克力。製藥巨擘默克集團（Merck）不再生產治療人類乳突病毒的疫苗。

不久，世界各港口的十七處貨櫃碼頭都無法運作，它們全都屬於世界最大的船舶公司——快桅集團（Maersk）。數萬輛載著貨櫃的十八輪大貨車，開始在這些港埠的入口大排長龍。大船遠道越洋而來，每一艘都載著數十萬個貨櫃，卻發現無人能夠卸貨。全世界緊密交織的自動化系統之重要環節，彷彿受害於某種吞噬腦部的病菌在全球發作，似乎自動忘記了運行方式。

而在攻擊的震央——烏克蘭，此一技術末日的影響更為集中。自動提款機和信用卡支付系統毫無理由地自動斷線。該國首都基輔的大眾運輸系統癱瘓。政府部門、機場、醫院、郵局，甚至在車諾比（Chernobyl）核電廠廢墟監控輻射劑量的科學家們，全都束手無策地看著他們網路上的幾乎所有電腦遭受一組謎樣的惡性程式碼感染，所有資料一掃而空。

這正是網路戰（Cyberwar）的樣貌：一支不可見的兵力能夠從未知的源頭出擊，大規模毀壞構成文明基礎的技術。

數十年來，網路安全的先知們（Cassandras）都在警告我們這種事就要來臨。他們告誡我們，駭客們很快就會跳出區區犯罪，甚至國家資助的間諜行為範圍之外，開始利用現代社會數位化的關鍵基礎設施之弱點。當俄國駭客在二〇〇七年以網路攻擊轟炸愛沙尼亞，將該國幾乎所有網站全都斷線，這場突擊暗示了地緣政治驅動的駭客攻擊可能達到何等規模。兩年後，美國國家安全局名為「震網」（Stuxnet）的惡意軟體悄悄加速了伊朗的核濃縮離心機，直到它們自毀，這次行動展現的則是即將發生之事的另一場預演：它揭示了網路戰工具能夠伸出區區數位之外，甚至進入實體世界防衛最嚴密也最敏感的環節之內。

但對於任何從二〇一四年初俄國對烏克蘭開戰以來就在觀察的人來說，還有更明確、更直接的預兆。自二〇一五年起，一波波惡毒的網路攻擊開始襲擊烏克蘭政府、媒體和交通運輸。它們最終造成了有史以來第一次由駭客造成的停電，這些攻擊切斷了數十萬平民所需的電力。

一小群研究者開始發出警報——但多半徒勞無功——指出俄國正把烏克蘭變成網路戰創新手法的測試實驗室。他們告誡，這些進展可能很快就會用來對付美國、北大西洋公約組織，以及對戰爭的這個新面向仍然毫無準備的更廣大世界。而他們指向了由克里姆林宮支持的一支駭客兵力，似乎正是這股勢力發射了這些前所未見的大規模破壞武器：這個集團名為「沙蟲」（Sandworm）。

隨後兩年間，沙蟲將會加強進攻，將自己突顯成為全世界最危險的駭客組合，並且重新定義網路戰。最終，在二〇一七年六月下旬這命定的一天，這個集團釋出了震撼世界的「不是佩提亞」

（NotPetya）蠕蟲，如今公認為史上破壞力最強，代價也最高昂的惡意軟體。在這個過程中，沙蟲前所未見地演示：高度精密、國家資助，動機一如軍方破壞單位的駭客，能夠無遠弗屆地發動攻擊，以損害人類生活的根基，重擊環環相扣、互相依存的系統，並帶來不測之禍。

今天，沙蟲及其同類所呈現的全盤威脅籠罩著未來。倘若網路戰不受約束地升級，國家資助之駭客攻擊行動的受害者們，可能都會成為更惡毒、破壞力更強之蠕蟲的攻擊對象。首先演示於烏克蘭的數位攻擊，暗示著近在眼前的反烏托邦，駭客在其中誘發為期數日、數週，甚至更久的停電——此種蓄意剝奪電力的行徑，可能近似於瑪莉亞颶風襲擊波多黎各之後上演的美國悲劇，導致巨大經濟損害，甚至人命損失。或者，駭客在其中破壞工業區的實體設備，引發致命的混亂。或者如同「不是佩提亞」之例，他們就只是在某個戰略時機把數十萬部電腦清空，造成敵國經濟或關鍵基礎設施的數位系統陷入腦死狀態。

本書敘述的正是沙蟲的故事，在推進這種網路戰爭反烏托邦的流氓行為者中，他們是至今為止最顯著的範例。內容跟隨著歷時數年之久的調查工作，隨著沙蟲的指紋顯現於一個接一個數位災難現場，追蹤這些駭客並識別其身分、標定其位置，同時喚起大眾注意這個集團所代表的危害，不顧一切地期望能夠加以遏阻。

但本書也不只是單一駭客集團的故事，甚至不只是俄國在全世界不計後果地發動這種新型網路戰所帶來更廣泛威脅的故事。它是一場持續至今的更大規模全球軍備競賽的故事。這正是美國與西方不僅無力制止，更由於我們自己率爾採用數位攻擊工具，而直接變本加厲的一場競賽。我們的這一舉動，將一股不受遏制的新混亂力量引進了世界。

序章

SANDWORM

燈光熄滅之時，時鐘正好顯示零時。

這是二〇一六年十二月的一個週六夜，歐列克西・雅辛斯基（Oleksii Yasinsky）正在基輔的公寓裡，與妻子和十來歲的兒子坐在沙發上。這位四十歲的烏克蘭網路安全研究員，和家人們看了一小時奧利佛・史東（Oliver Stone）導演的電影《神鬼駭客：史諾登》（*Snowden*），這時公寓突然斷電。

「駭客不想讓我們看完這部片。」雅辛斯基的妻子開玩笑。她指的是一年前發生的另一件事：二〇一五年耶誕節前兩天，一次網路攻擊切斷了將近二十五萬烏克蘭人的民生用電。

身為基輔一家網路安全公司首席鑑識分析師的雅辛斯基沒有笑。他查看書桌上的輕便時鐘：時間是零時。正值子夜。

雅辛斯基的電視機接上了一臺以備用電池供電的突波保護器，於是這時照亮房間的只剩下螢幕上影像的閃動。延長線插座開始發出悲涼的嗶嗶聲。雅辛斯基起身將它關掉以保存電量，房間突然變得靜寂無聲。

他走向廚房，拿出一把蠟燭，將它們點亮。然後他走到廚房窗邊。這位瘦削、沙金色頭髮的工程師望向窗外從未見過的城市景象：公寓大樓周圍的整片天際線一團漆黑。只有遠方燈火從雲層密布的天空反射出的昏暗微光，勾勒出染黑了的現代公寓大樓和蘇聯式高樓的龐大輪廓。

記下了確切時間與日期——幾乎是二〇一五年十二月輸電網攻擊的整整一週年，雅辛斯基確信這次停電絕不正常。他想到室外的寒冷——氣溫逼近華氏零度——想到成千上萬人家中的氣溫緩緩降低，以及從水泵失效到水管凍結的倒數計時。

另一個疑神疑鬼的想法，正是在此時開始，在雅辛斯基腦海中逐漸加深：過去十四個月以來，他發現自己置身於鋪天蓋地而來的危機中心。愈來愈多烏克蘭公司和政府機關請他協助分析接二連三，無休無止地襲擊他們的大量網路攻擊。一個駭客集團似乎是這一切攻擊的幕後操縱者。這時他再也抑制不住這樣的感受：一年多來他一直追蹤著相同指紋的這些幽靈，此時穿越了網際網路的蒼穹，回頭侵入了他的家中。

PART 1

SANDWORM

第一部 崛起*

開始的時候，要花些時間來觀察你的對手。
這麼做，也許你會失去許多速戰速決的機會，
但觀察是贏得勝利的保證。
慢慢來，直到你確信自己已經有了致勝的把握為止。

* 本書許多章節，尤其是回顧歷史的各章，皆顯著仰賴第二手資料，我特別感謝參考書目列出的所有著作作者。但本書的故事主軸，多半仍以數百小時的訪談為基礎，只要有可能，我就會在內文中列出這些訪談者的姓名。除了我可能疏於引述出處的少數零星事實——容我在此對任何疏漏先行致歉——任何未曾包含在以下註腳中的內容，皆應認為是我本人的報導成果。

本書每一部開頭的銘言，皆取自法蘭克．赫伯特（Frank Herbert）的《沙丘魔堡》（*Dune*），分別出自頁四六九、頁一一、頁四六二、頁四五一。譯者案：參看Frank Herbert著，顧備譯，《沙丘魔堡》（臺北：貓頭鷹，二〇〇七），頁七〇三、頁二九、頁六九一、頁六七五、頁四七二等處，略有改動。

第一章
SANDWORM

零日

華盛頓的情報工業複合體，在首都圈外伸展成了停車場與灰色辦公樓的一片無垠之海，上面的標誌和公司名稱設計得令人過目即忘；維吉尼亞州尚蒂伊（Chantilly）座落著一棟大樓，它的四樓有一間沒有窗戶的內室。房間的牆壁漆成了消光黑，彷彿要打造出一個外界光線無從滲入的負空間。

二〇一四年，就在烏克蘭的網路戰爆發前一年多，小型私人情資公司 iSight Partners 將這間房間稱為黑房間（the black room）。該公司負責研究軟體漏洞的二人組就在房內工作，這份工作需要極度專注，使得執行者們堅持要求一個盡量最趨近於感官剝奪室（sensory-deprivation chamber）的辦公室格局。

那年九月的一個週三早上，約翰・霍奎斯特（John Hultquist）帶著一個難得的請求首先找上的，正是這對技術高超的穴居人。當霍奎斯特在那天稍早來到他的辦公桌前（他的座位在 iSight 大樓彼端，另一間真正配有窗戶、採光更好的辦公室），他打開一封電子郵件，寄信人是一位 iSight 同事，任職於該公司的烏克蘭分公司。他在信中發現一份贈禮：這位在基輔工作的員工確信，他們捕捉到一個零日漏洞（zero-day vulnerability）。

在駭客術語裡，「零日」指軟體中不為人知的安全漏洞，是開發及維護軟體程式碼的公司所不知道的。這個名稱來自於軟體公司只有「零日」應付漏洞，並推出修補程式保障使用者。一個強大的零日漏洞，尤其是令駭客得以突破錯誤所在的軟體應用之限度，開始在目標電腦上執行他們自己的程式碼那種零日漏洞，能夠做為某種全球性萬能鑰匙——只要受害者在世界任何地方連上網際網路，這個零日漏洞就能讓駭客自由侵入任何運行這套有漏洞軟體的機器。

iSight烏克蘭分公司傳給霍奎斯特的這個檔案，是一個PowerPoint附件。它所悄悄啟動的似乎正是這種程式碼執行過程，而且是在全世界最為普及的軟體之一——微軟Office系統中運行。

霍奎斯特閱讀郵件的時候，心裡響起了悲鳴樂團（Klaxons）的歌聲。要是這個發現正如烏克蘭人所確信，那就意味著某個不明駭客擁有（且運用過）一種危險能力，令他們得以劫持千百萬臺電腦之中任意一臺。必須立刻警告微軟這個漏洞的存在。但在更加利己的意義上，對於iSight這種期望在威脅情資（threat intelligence）這一蓬勃發展的子產業中，贏得榮耀、爭取客戶的小公司而言，發現零日漏洞象徵著一個里程碑。這家公司每年只能發現兩到三個這種漏洞。每一個都是某種抽象且高度危險的罕見事物，也是意義重大的研究成果。「對一家小公司來說，找到這樣的金塊讓人非常、非常心滿意足。」霍奎斯特說：「這對我們來說可是大事。」

霍奎斯特來自田納西州東部，是位聲音洪亮、虎背熊腰的陸軍退伍軍人，留著濃密的黑鬍子，總是面帶微笑，他習慣每隔一段時間就從座位上對著名為牛棚的隔壁房間吼叫。那個空間的一側排排坐著一群惡意軟體專家，另一側則是威脅分析師，後者專注於理解數位攻擊背後的地緣政治動機。霍奎斯特讀過iSight烏克蘭員工發來的郵件之後，立刻衝出辦公室來到牛棚，向牛棚人員作了簡報，指派他們鑑別這個發現，那時他們全都不知道，它將成為這家小公司的歷史上最重大的發現之一。

但在走廊彼端的黑房間裡，其中的駭客修士們則正要開始設法應對iSight發現的重大意義：一個小而隱匿的惡意工程設計奇蹟。

*

房中僅有的光源是作業電腦閃動的螢幕，這些逆向還原工程師們首先將烏克蘭人被惡意軟體感染的PowerPoint附件，在一系列虛擬機器中反覆運行——這是一臺電腦的應時模擬，儲存於真正的實體電腦之中，每一臺這樣的電腦都與其他電腦隔離，如同黑房間與iSight其他辦公室隔絕。

程式碼在這些密封容器之中得以受到研究，一如玻璃水族箱中的蠍子那樣。這些容器允許程式碼反覆感染虛擬的受害者，逆向還原工程師則啟動不同數位機器的模擬，運行不同版本的Windows作業系統及微軟Office，以研究攻擊的面向與靈活性。當他們查明了這套程式碼能夠從PowerPoint檔案裡自行解壓縮，就連完整修補的軟體最新版本也能完全掌控之後，他們也就篤定了：這確實是一個零日漏洞，一如烏克蘭人和霍奎斯特猜測的那樣罕見與強大。到了深夜時分（這段時間幾乎不著痕跡地在他們的工作場所中流逝），他們製作一份詳盡報告，與微軟公司及其顧客共享，並為這個零日漏洞編碼了自己的版本，這是一個呈現其攻擊行為的概念驗證重寫版本，宛如試管中的病原體。

PowerPoint擁有「驚人力量」，黑房間兩位逆向還原工程師之一強・艾瑞克森（Jon Erickson）向我解釋。歷經多年演進，它成了一種魯布・戈德堡機械（Rube Goldberg machine），充斥著多半不必要的功能，錯綜複雜到了它實際上自行發揮著程式語言作用的地步。不論這個零日漏洞是由誰開發，他都深入研究了允許任何人將資訊「物件」放進簡報裡的一項功能，像是將取自別處的圖表或影片置入PowerPoint檔案本身的資訊套件中，甚至經由網際網路從遠端電腦置入。

在這個例子裡，駭客們利用這項功能，精心將兩大塊資訊植入簡報之中。第一塊在目標電腦裡載入一個暫存資料夾。第二塊則利用了PowerPoint的動畫功能：PowerPoint的動畫不只是讓講者運用移動的文字和漫畫令聽眾厭煩而已，實際上更在運行簡報的電腦上執行指令。在這個例子裡，當簡報載入那個動畫檔，它就會運行一個自動化腳本，右鍵點擊簡報植入機器的第一個檔案，並在隨之產生的下拉式選單點選「下載」，讓程式碼在電腦裡建立據點而不被使用者察覺。結果則近似於一個留在你家門前、看似無害的包裹，當你把它帶進屋內，它就長出手臂，把自己拆開，將許多微型機器人放入你的門廳。就在受害者點兩下滑鼠開啟附件的那一刻，這一切全都立刻發生在無形之中。

在iSight黑房間首先處理這個零日漏洞的逆向還原工程師艾瑞克森，將自己拆卸並解除這項攻擊的工作，回憶成一個有些罕見、耐人尋味，卻完全不具人性的事件。他在職業生涯中只處理過少數幾個自然發現的真正零日漏洞。但他分析過成千上萬個其他惡意軟體樣本，學會了將它們思考成有待研究的物種，而不考慮背後的作者——將這些邪惡機關操弄在一起的人類。「那就只是我從未見過的某些不為人知之人，以及不為人知之事。」他說。

但零日漏洞確實有作者。當艾瑞克森那天早上在自己黑暗無光的工作室，首度開始拆解這個零日漏洞，他不只是在研究某個自然發生、無生命的謎團而已。他正在欣賞的是一套遠端惡意智慧的最初跡象。

第二章
SANDWORM

黑能源

起初圍繞著 iSight 零日漏洞發現而來的狂熱一旦褪去，留下來的是這個問題：誰寫了這個攻擊程式碼？他們的對象是誰，又是為了什麼？

這些問題落在 iSight 的惡意軟體分析師德魯．羅賓遜（Drew Robinson）身上，霍奎斯特形容他是個「日行者」（daywalker）：黑房間的吸血鬼小組所擁有的同一套逆向還原技術，羅賓遜多半也會，但他坐在霍奎斯特辦公室隔壁陽光充足的牛棚裡，負責從更廣泛的角度分析駭客行動，從執行人員到他們的政治動機。羅賓遜的工作是跟隨那個 PowerPoint 檔案裡的技術線索，解決這一隱匿行動所象徵的更大謎團。

那個週三早上，就在霍奎斯特走進牛棚，宣布全體動員發現那個 PowerPoint 零日漏洞數分鐘後，羅賓遜正在細讀那個暗藏陷阱的附件內容。實際上的簡報本身，看來是在一面藍黃兩色的烏克蘭國旗上，以西里爾字母寫下的一份名單，上面還有烏克蘭國徽的浮水印，黃色盾徽中間是淡藍色三叉戟。*羅賓遜使用 Google 翻譯查詢後得知，這些人名是所謂的「恐怖分子」名單——他們是在烏克蘭衝突中支持俄國的人，這場衝突始於俄軍在那一年稍早入侵烏克蘭東部及克里米亞半島，挑起分離運動，並引發持續進行的戰事。

駭客們挑選一段反俄訊息來傳播他們的零日感染，這給了羅賓遜第一條線索：這封電子郵件可能是俄國對烏克蘭目標發起的行動，它利用該國的愛國情操，以及對國內克里姆林宮同路人的恐懼。但在尋找幕後操作這種手法的駭客線索之際，他很快就發現另一個頭緒。這個PowerPoint的零日漏洞執行時，它投入受害者作業系統裡的檔案，被查明是一個惡名昭彰的惡意軟體之變種，此後還會更加聲名狼藉。它名為黑能源（BlackEnergy）。

黑能源截至當時為止的短暫歷史本身，在某種意義上，已經包含了對於常見駭客行為的分類入門，從最低階的「腳本小子」（script kiddies）——這種駭客技術生疏，通常只能運用其他更有見識的人所編寫的工具——到專業網路罪犯。這個工具最初是由一位名叫季米特羅．歐列克舒克（Dmytro Oleksiuk）的俄國駭客創造，此人又以別名Cr4sh著稱。二〇〇七年前後，歐列克舒克就在俄語駭客論壇上販售黑能源，價格約為四十美元，他的別名宛如簽名塗鴉般，標記在控制臺的一角。[1]

這個工具的設計有一個明確目的：即所謂的分散式阻斷服務攻擊（distributed denial-of-service, DDoS），這種攻擊旨在同時從數百臺或成千上萬臺電腦發送欺騙性的資訊請求以淹沒網站，藉此讓網站離線。用黑能源感染一部受害主機，它就成了所謂殭屍網路（botnet）的一員，也就是一群被劫持的電腦或傀儡（bot）。一個殭屍網路的操作者可以設定歐列克舒克這套使用方便的軟體，以控制它所奴役的主機要用惡作劇請求轟炸的網路目標，以及這種數位轟炸的型態與速率。

到了二〇〇七年後半，亞珀網路（Arbor Networks）這家資安公司已經發現三十多個由黑能源建立的殭屍網路，多半以俄國網站為攻擊目標。[2]但在網路攻擊精密程度的光譜上，分散式阻斷服務攻擊多半粗糙而生硬。不管怎麼說，它們可能造成代價高昂的斷線時間，但不會像更具穿透力的駭客技術那樣帶來重大的資料外洩。

但在隨後數年之間，黑能源進化了。資安公司偵測到這個軟體的一種新版本，如今配備了可供交互運用的大量功能。該工具的這個修改版還是能以垃圾流量攻擊網站，但它也能被編寫成發送垃圾郵件、破壞它所感染電腦裡的檔案，並盜取銀行帳戶名稱及密碼。*這時，就在羅賓遜眼前，黑能源又以另一種型態重現。他在iSight牛棚的座位上觀看的這個版本，似乎不同於他先前讀過的那種——肯定不只是個網站攻擊工具而已，也很有可能不是金融詐騙工具。畢竟，專注於詐騙的網路犯罪陰謀，為何要用一份親俄恐怖分子名單當誘餌？這個計策看來有政治目的。從第一眼看到這個

* 譯者案：烏克蘭國徽是藍色盾徽中有金色三叉戟，與文中的配色恰好相反。

1 Jose Nazario, "BlackEnergy DDoS Botnet Analysis," Arbor Networks, Oct. 2007，存檔參看：http://bit.ly/2D0qzQ0。

2 同前引書。

* 當黑能源這種更精密的網路犯罪用途傳播開來，軟體的原創者歐列克舒克小心翼翼地劃清界線——尤其在黑能源與俄國銀行遭受的金融詐騙扯上關係之後，這在一個對於網路罪犯攻擊西方受害者視若無睹出了名的國家是危險行徑。「它的原始碼能夠由各式各樣（半）私人團體的許多人取得，這可能意味著有人為了自身需求而利用它，」在一篇題為「幹我出名了」（Fuck me I'm famous），二〇〇九年發表於LiveJournal部落格上的貼文裡，歐列克舒克試圖解釋：「要懷疑這套傀儡軟體（bot software）的作者涉入犯罪操作，而他的簽名三年前就已經寫在軟體的公開取得版本上，你必定得是個徹頭徹尾的白痴。」

烏克蘭黑能源樣本開始，他就懷疑自己正看著這個程式碼為了新目的而產生的變種：不只是犯罪目的，更是間諜目的。

其後不久，羅賓遜幸運的又有新發現，得以更進一步揭示這個惡意軟體的目的。他在一臺虛擬主機上運行這個新版黑能源樣本時，它試圖經由網際網路，連結歐洲某處的一個網際協定位址（IP address）。他立刻看出，那個連結是所謂的命令和控制伺服器（command-and-control server），是遠端操縱這個程式的傀儡師。當羅賓遜透過他的網路瀏覽器連結那部遠方的主機，他感到驚喜。那臺命令和控制電腦毫無安全防護，任何人都得以隨意瀏覽檔案。

讓人意想不到的是，檔案中包含這個獨特黑能源版本的某種說明文件，其中便利地列出它的指令。羅賓遜的猜疑獲得確認：相較於網路犯罪調查中查獲的這種惡意軟體常見樣本，這個傳送零日漏洞的黑能源版本，有著大量更加廣泛的資料蒐集能力。這個程式可以存取擷圖，從受害電腦解壓檔案及密鑰，並記錄鍵盤敲擊，以上這些全都是針對特定目標的徹底網路間諜行為之特徵，而不只是某種專注於牟利的銀行詐欺行為。

但比說明檔的內容更加重要的，是編寫說明檔使用的語言：俄文。

阿拉吉斯〇二

網路安全產業不斷對「歸因問題」發出警告——意思是說，幕後主使任何行動，尤其是某次精密行動的遠方駭客，往往很不可能準確查明。網際網路為代理伺服器、誤導，乃至純粹在地理上極大的不確定性提供了太多機會。但羅賓遜藉由確認了那個毫無安全防護的命令和控制伺服器，取得足以識別的罕見細節，破解了iSight的黑能源謎團。儘管駭客們利用PowerPoint入侵電腦時表現得小心謹慎，他們卻似乎遺漏了一條指向他們國籍的有力線索。

但在這個意外收穫之後，羅賓遜仍需面對一項任務：實地深入這個惡意軟體的程式碼，試圖找

+事實上，俄國資安公司卡巴斯基（Kaspersky）的資安分析師們，從二〇一三年初就已經暗自懷疑，有人在運用黑能源進行精密的間諜行為。這個工具的不同版本開始出現在駭客論壇上，但不再開放銷售，某些版本則是為了感染運行Linux作業系統的主機而設計——這套作業系統十分罕見，駭客們使用這種版本必定是為了精確從事間諜行為，而非任意竊密。「犯罪軟體的用途消失了，」卡巴斯基分析師瑪莉亞·加納耶娃（Maria Garnaeva）告訴我：「使用這種東西的駭客，就在這時成了針對特定目標的攻擊團體。」

出更多線索，並創造出資安公司及iSight顧客可資運用，得以在其他網路可能被同一程式感染時進行偵測的「特徵」（signature）。破譯這一惡意軟體程式碼的機能，絕不會跟追蹤它的命令和控制伺服器一樣容易。正如羅賓遜從往後許多天紮實而枯燥的工作裡得知，它被三層輪流進行的壓縮與加密過程給徹底擾亂了。

換言之，要查明這個惡意軟體的祕密，近似於一場尋寶遊戲。即使羅賓遜知道惡意軟體是自我包含的，因此必須包括自我解碼及運行程式碼所需的全部密鑰，解開每一層擾亂加密內容的鑰匙，卻只能將其上的加密層解碼才能取得。即使在掃描看似隨機的雜訊尋求可資辨識的模式，猜到了駭客所運用的壓縮演算法之後，羅賓遜用了更多天努力確認他們所使用的加密方案，這是現有系統的一種獨特修改版。隨著他在這個謎題裡愈陷愈深，他會從桌前抬頭看看，發現似乎又是幾個小時飛逝。就連回到家裡，他也發現自己在淋浴間裡佇立不動，心中反覆排列組合著密碼。

當羅賓遜經過一星期反覆試驗，終於突破這幾層混淆之後，他得到的回報是這個黑能源樣本裡千萬個一與〇的景象——乍看之下，這一大堆資料還是毫無意義可言。畢竟，這是程式以編譯形式呈現的模樣，轉譯成可供機器讀取的二進制碼，而非任何可供人類讀取的程式語言。要理解這個二進制碼，羅賓遜必須看著它在自己的電腦上逐步執行，以一種名為IDA Pro的常見逆向還原工具即時拆解，在執行同時將它的指令功能轉譯為程式碼。「這簡直就像你試著只看DNA，就確認某人可能長得什麼模樣，」羅賓遜說：「創造出那個人的上帝，則試圖讓整個過程盡可能困難。」

但到了第二週，對二進制碼微觀的逐步分析終於開始有了代價。當他設法破譯這個惡意軟體的組態設定，這些設定中包含了所謂的行動碼（campaign code）——本質上是一個與惡意軟體的這個版本相關的標籤，可供駭客用於分類及追蹤被它感染的任何受害者。對於駭客們在烏克蘭文PowerPoint投入的這個黑能源樣本，他立刻認出其中的行動碼，但不是來自惡意軟體分析師的專業生涯，而是來自他身為科幻小說迷的私生活：阿拉吉斯〇二（Arrakis 02）。

事實上，對於羅賓遜或任何其他科幻文學極客（geek）而言，阿拉吉斯（Arrakis）這個詞更加一目了然：它就跟《星際大戰》的塔圖因（Tatooine）或《魔戒》的中土大陸一樣耳熟能詳，是文化正典核心支柱的場景所在。阿拉吉斯這顆沙漠行星，是法蘭克・赫伯特（Frank Herbert）一九六五年的史詩小說《沙丘魔堡》（*Dune*）上演的地點。

《沙丘魔堡》故事所設定的世界裡，地球早已在抵抗人工智慧機械的全球核戰中遭到毀壞。它追蹤著貴族亞崔迪家族（Atreides）被扶植為阿拉吉斯星（又名沙丘星）統治者，爾後又被邪惡的對手哈肯尼家族（Harkonnen）在政治上顛覆，並被肅清的命運。

亞崔迪家族被推翻之後，書中正值青春期的主角保羅・亞崔迪（Paul Atreide）避難於行星上的遼闊沙漠裡，那兒有一千英呎長的沙蟲漫遊於地下，偶爾竄出地表，吞噬牠們所遭遇的一切。隨著亞崔迪逐漸長大，他學會了阿拉吉斯星原住民弗瑞曼人（Fremens）的生活方式，包括馴服和騎乘沙蟲的能力。最後，他率領一支簡樸的游擊隊起義，騎在沙蟲背上投入一場惡戰，他和佛瑞曼原住民一同從哈肯尼家族手上收復了首都，他們的反叛最終奪取了支持哈肯尼家族發動政變的整個地球帝國。

「不論這些駭客是誰，」羅賓遜記得自己這麼想：「看來他們都是赫伯特的書迷。」

*

當羅賓遜發現那個阿拉吉斯〇二行動碼，他可以感受到自己偶然發現的，並不只是關於取了這名字的駭客們的單一線索而已。他第一次感受到，自己領會了這些人的心智與想像。事實上，他開始疑惑，這有沒有可能發揮某種指紋的作用。或許他可以將它與其他犯罪現場比對。

往後數日，羅賓遜先把烏克蘭文Powerpoint版本的黑能源擱下，開始在iSight的舊惡意軟體樣本檔案裡，以及一個名為VirusTotal的資料庫裡發掘。VirusTotal由Google母公司字母控股（Alphabet）持有，它允許任何正在測試某件惡意軟體的資安研究員將其上傳，以數十種商用防毒產品進行檢測——這個快速而粗略的方法，可以得知其他資安公司是否已在他處偵測到這個程式碼，以及它們可能對此知道多少。結果，VirusTotal十多年來積累、流行於世的程式碼樣本為數龐大，研究人員皆能付費取用。羅賓遜開始對這些惡意軟體記錄進行一系列掃瞄，在他從黑能源樣本裡取出的程式碼中尋找類似的片斷程式碼，與iSight或VirusTotal目錄中的早先程式碼樣本比對。

他很快就有了斬獲。四個月前，即二〇一四年五月的另一個黑能源樣本，是與投入烏克蘭文PowerPoint的那個樣本大致相似的副本。當羅賓遜發掘它的行動碼，他找到了自己正在尋找的目標：亞崔迪家族九四（houseatreide94），又一個明確無誤的《沙丘魔堡》指涉。這一次的黑能源樣本隱藏在一個討論石油與天然氣價格的Word文件檔裡，顯然意欲誘騙一家波蘭能源公司。

隨後數週，羅賓遜繼續搜索他的惡意程式檔案庫。他最終自行編寫了工具，可用於搜索相符的惡意軟體，將破解檔案混淆加密層的過程自動化，然後抽取行動碼。他收集的樣本慢慢開始增長：薩督卡的巴夏（BasharoftheSardaukars）、薩魯撒二號行星二（SalusaSecundus2）、天苑四〇（epsiloneridani0），彷彿這些駭客試圖用他們對於《沙丘魔堡》細節愈來愈晦澀的知識，令他刮目相看似的。

這些《沙丘魔堡》指涉一如他找到的頭兩個，每一個都與一份誘餌文件聯繫在一起，從中透露出關於惡意軟體預定受害者的某些訊息。其中之一是一份外交文件，討論烏克蘭在傾向西方的民粹運動與俄國的持續影響之間拉扯時，歐洲與俄國爭奪烏克蘭的「拔河」。另一份似乎旨在引誘威爾斯一場著重討論烏克蘭問題的高峰會出席賓客，以及斯洛伐克一場與北大西洋公約組織（NATO）相關，部分重點在於俄國間諜行為的活動出席者。甚至有份文件似乎專門鎖定一名專攻俄國外交政策的美國研究學者，而iSight決定不公開披露他的身分。由於駭客們大有幫助地指涉《沙丘魔堡》，所有這些截然不同的攻擊行動，最終都能夠聯繫在一起。

但有些受害者看上去不太像俄國地緣政治間諜行為的常見對象。例如，駭客究竟為什麼要聚焦於一家波蘭能源公司？iSight後來還發現，另一個誘餌的目標是烏克蘭鐵路局（Ukrzaliznytsia）。

但隨著羅賓遜在資安產業的垃圾堆裡挖得愈來愈深，搜索著這些《沙丘魔堡》指涉，他所意識到的另一件事令他印象最深：儘管這些駭客發現的PowerPoint零日漏洞相對新穎，他們更大規模的攻擊行動，卻要回溯到不只數月之前，而是數年之前。與《沙丘魔堡》有關的駭客誘餌，最早出現在二〇〇九年。在羅賓遜設法將他們行動的草蛇灰線拼湊起來之前，他們已經偷偷滲入不同組織長達五年之久。

＊

經過六週分析，iSight準備好將自己的調查結果公諸於世：它所發現的似乎是一次巨大且高度精密的間諜行動，所有跡象都顯示，這是俄國政府針對北約組織及烏克蘭的行動。

在羅賓遜苦心查明這一行動之際，他的上司霍奎斯特對於俄國駭客的作為，也幾乎變得跟惡意軟體分析師仔細端詳程式碼一樣目不轉睛。羅賓遜坐在牛棚最靠近霍奎斯特辦公室的那一側，霍奎斯特會咆哮著問他問題，他的田納西口音吼聲輕易穿透了牆壁。但到了十月中，隨著謎團從第一個PowerPoint零日漏洞拉長，霍奎斯特這時幾乎每天都會闖入牛棚，要求羅賓遜告知最新情況。

儘管駭客的技倆古靈精怪，但霍奎斯特知道，他們的發現想要得到任何關注，還是少不了媒體運用能力。當時，美國媒體及資安產業的頭號公敵是中國網路間諜，而不是俄國。從諾斯洛普．格魯曼（Norturup Grumman）、陶氏化學（Dow Chemicals）到Google，這些公司全都在一連串令人震驚的資料竊取行動中遭到中國駭客入侵——通常集中在智慧財產與商業機密——以至於時任國家安全局（NSA）局長凱斯．亞歷山大（Keith Alexander）稱之為「史上最大規模的財富轉移」。[3]像這樣針對毫不令人意外的東歐目標進行的俄國間諜行動，就算具有這些陰險的技巧和持久性，卻仍免不了被雜訊淹沒之虞。

他們的駭客需要一個動聽易記、引人注目的名字。按照網路安全產業的慣例，挑選名稱是iSight的特權，因為該公司揭露了這個駭客集團。*這個名稱無疑也應當參考這些網路間諜對於《沙丘魔堡》的顯著癡迷。

從青少年時代就是《沙丘魔堡》迷的羅賓遜，提議將這個駭客行動命名為「行為端正」（Bene Gesserit），它指涉的是書中一個神祕的姊妹會，擁有近乎魔法的心理操控力量。不曾真正讀過法蘭克．赫伯特著作的霍奎斯特否決了這個想法，認為太過深奧、難以發音。

霍奎斯特轉而選擇一個更加直接了當的名字，他希望這個名字能喚醒隱藏的妖魔，牠在地表下方移動，不時竄出地面，施展恐怖力量——這個名稱之恰如其分，更勝於霍奎斯特當時所知曉。他將這個集團稱作「沙蟲」。

3 Ariana Eujung Cha and Ellen Nakashima, "Google China Cyberattack Part of Vast Espionage Campaign, Experts Say," *Washington Post*, Jan. 14, 2010, https://www.washingtonpost.com/wp-dyn/content/article/2010/01/13/AR2010011300359.html.

* 事實上，iSight 未必是第一個將這個駭客集團的指紋拼湊起來的公司。斯洛伐克的ＥＳＥＴ公司約莫在同一時間也得到同樣發現，就連該集團惡意軟體中的《沙丘魔堡》主題行動碼也包含在內。ＥＳＥＴ還在二〇一四年九月於西雅圖舉行的病毒公報（Virus Bulletin）會議上發表他們的調查成果。但由於ＥＳＥＴ並未在線上刊載調查成果，iSight 分析師告訴我，他們不知道ＥＳＥＴ同時進行的研究，而 iSight 至今被廣泛稱譽為首先發現沙蟲的公司——這或許是錯的。

第四章
SANDWORM

力量倍增

首度發現沙蟲六星期後，iSight員工在辦公室裡舉行酒會慶賀，他們聚集在走廊彼端與分析師的牛棚遙遙相對、公司提供的酒品一應俱全的酒吧。沙蟲在世界舞臺上的初次亮相，完全合乎霍奎斯特的期望。當公司向大眾揭露，他們發現一個持續五年、配備零日漏洞，以《沙丘魔堡》為主題的俄國間諜行動，這個消息傳遍了業界和媒體，《華盛頓郵報》、《連線》（*Wired*），以及無數科技與資安產業的行業刊物都刊載了報導。羅賓遜記得自己和霍奎斯特乾了一杯伏特加，向他們發現的俄國駭客新物種致敬。

但在那天晚上，向西二千五百英里之處，另一位資安研究員仍在發掘。日本資安公司趨勢科技（Trend Micro）的惡意軟體分析師凱爾．威爾霍特（Kyle Wilhoit），當天下午已經在線上看到iSight的沙蟲報告，那時他正在加州庫比蒂諾（Cupertino）一家旅館參加公司會議，開著沒完沒了的會。威爾霍特聽說過iSight，尤其是霍奎斯特，他做了筆記提醒自己在這一天結束時細讀。他感覺到，像iSight這樣的重大發現往往會產生骨牌效應。或許這會為他和趨勢科技提出新的發現。

那一夜，威爾霍特和趨勢科技的另一位研究員吉姆．葛戈林斯基（Jim Gogolinski）坐在旅館酒吧外，拿出筆記型電腦，將iSight公布的一切全都下載——它刊載的是所謂入侵指標（indicators of compromise），期望能協助沙蟲的其他可能受害者偵測到攻擊者，並加以封阻。

在這些宛如犯罪現場裝在塑膠袋裡展示的片斷證據之中，有著黑能源樣本連結回去的命令和控制伺服器之網際協定位址。隨著夜色漸深、酒客散去，威爾霍特和葛戈林斯基開始將這些網際協定位址與趨勢科技自己的惡意軟體資料庫和VirusTotal互相比對，查看他們是否還會找到新的匹配結果。

旅館酒吧打烊後，只剩下這兩位研究員獨自留在黑暗的露臺上，威爾霍特發現了一個與這些網際協定位址匹配的結果，指向沙蟲用過的一個斯德哥爾摩伺服器。他找到的檔案config.bak也連接到那部瑞典主機。儘管它在資安產業的一般人看來可能毫無引人注目之處，卻立刻讓威爾霍特心頭一緊，關注起來。

威爾霍特身為資安研究員的背景並不尋常。就在兩年前，他從聖路易離職，那時他是美國最大煤炭公司皮博迪能源（Peabody Energy）資訊安全經理。因此他十分熟稔所謂的工業控制系統（industrial control systems, ICS）——在某些例子裡又稱為資料蒐集與監控系統（supervisory control and data acquisition, SCADA）。那樣的軟體並不只是推動位元，而是向工業機具傳送指令並接收回饋，數位世界與實體世界就在這一點上相遇。

工業控制系統軟體用途包羅萬象，從皮博迪礦井中流通空氣的通風設備，到淘洗煤塊的巨大洗盆，再到發電廠裡燒煤的發電機，以及變電所將電力配送給消費者的斷路器。工業控制系統應用程式推動工廠、自來水廠、石油和天然氣精煉廠，以及運輸系統——換言之，也就是構成現代文明中樞，被我們多數人以為理所當然的一切巨大且極為複雜的機械。

Cimplicity 是由通用電氣（General Electric）所發售，一套普遍應用的工業控制系統軟體，其中包含一種稱為人機介面（human-machine interface）的應用程式，本質上是這些數位到實體命令系統的控制臺。威爾霍特發現的那個 config.bak 檔案其實是一個「.cim」檔，是要在 Cimplicity 裡開啟的。通常，一個「.cim」檔裝載著 Cimplicity 軟體裡的整個自訂控制臺，宛如可以無止盡重新配置的工業機具儀表板。

這個 Cimplicity 檔案並沒有多少作用——除了連接 iSight 確認為沙蟲所使用的那個斯德哥爾摩伺服器。但對任何處理工業控制系統的人來說，這個連結的觀念本身就令人深深憂慮。運行這些機敏系統的基礎設施一定要與網際網路完全斷開，以防遭受駭客破壞和發動災難性的攻擊。

運行這類機具的公司，尤其是締造工業化世界最根本層面之所在的公用電力事業，都會不斷安撫大眾，表示它們以氣隙（air gap）將一般資訊網路與工業控制網路嚴密隔離。但在極少數令人憂慮的案例中，這些工業控制系統仍與其他部分的系統，甚至是公共網路保持著微弱連結，例如讓工程師能從遠端存取它們，或進行軟體更新。

沙蟲與一個連接瑞典伺服器的 Cimplicity 檔案之間的關聯，已經足夠讓威爾霍特得出一個令人震驚的結論：沙蟲不只著眼於間諜行動。情報蒐集行動不會侵入工業控制系統。沙蟲看來還要更進一步，試圖進入受害者的系統，可能藉此劫持實體機械，並導致實體後果。

「他們正在蒐集資訊，準備進入第二階段，」威爾霍特坐在庫比蒂諾的旅館外，在夜晚涼爽的空氣中明白了這點。「他們可能想要消除數位與動力的差距。」這群駭客的目標看來要從間諜活動延伸到產業破壞。

威爾霍特與葛戈林斯基那一夜沒睡。他們反倒坐在旅館戶外的桌邊，為了沙蟲可能怎樣對付工業控制系統搜尋更多線索。這個集團如何掌控這些介面？它的目標會是誰？但答案遍尋不著。

他們缺席了隔天的全部議程，將自己的調查結果寫下，發布於趨勢科技的部落格。威爾霍特也將這些發現和聯邦調查局（FBI）的一位熟人分享，對方（以通常守口如瓶的政府人員作風）收下了這些資訊，而不提供任何交換條件。

回到尚蒂伊的辦公室，霍奎斯特閱讀了趨勢科技討論那個 Cimplicity 檔案的部落格發文。他太興奮了，甚至沒想過要為了趨勢科技在 iSight 的重大發現中間找到疏漏之處而生氣。「它完全開啟了一場新賽局，」霍奎斯特說。

突然間，沙蟲受害者之中那些突兀的基礎設施目標，像是那家波蘭能源公司，全都說得通了。六星期前，iSight 找到了證據，將它對於駭客任務的心智模型，從單純的網路犯罪轉向民族國家層級的情報蒐集。這時，霍奎斯特對這個威脅的想法又轉變了：超越網路間諜行為，到了網路戰層面。「這看來再也不像是古典的間諜行為，」霍奎斯特想著：「我們正看著進攻前的偵察行動。」

*

某種意義上，霍奎斯特在整個職業生涯中，一直都在尋找著沙蟲這樣的事物，早在 iSight 偶然發現它之前，在他還不知道它會是什麼形狀之前。如同網路安全業界的其他許多人，尤其是擁有軍方背景的從業者，他也一直預期著網路戰將要到來：這個新時代最終將把駭客的數位能力，運用於更古老、更習見的戰爭和恐怖主義世界之中。在霍奎斯特看來，這就是回復舊觀了。他從十五年前的軍旅生涯開始，就學會了將敵人想成冷血無情的人，他們樂意炸毀一切、破壞基礎設施，並且殺害他和他的朋友，以及他奉命保護的無辜平民。

霍奎斯特是陸軍後備軍人，來自田納西州東部小鎮阿爾科亞（Alcoa），九一一事件發生後，還在讀大學的他被徵召入伍，前往阿富汗服役。不久，二十歲的他加入一支民事部隊，派駐於坎達哈省（Kandahar）。他們的任務是六人一組前往鄉間，與當地村莊長老會面，力圖爭取民心。「當然，我們還是武裝到牙齒。」霍奎斯特對我說，然後咯咯發笑，他說的許多故事都被這種笑聲不時打斷。「這是高度冒險。」他放任黑鬍子生長，在部隊裡開始以「少年狼」（Teen Wolf）著稱。

他所屬民事部隊的格言，銘印於軍服肩章上：「vis amplificans vim」，上級告訴他，這句話大致可以翻譯成「力量倍增」。其理念是與當地平民建立關係，在驅逐和殺死神學士成員這項明確的任務上得到協助並擴大力量；民事部隊是胡蘿蔔，步兵和特種部隊則是棍棒。他們會跟一群村莊長老吃午餐，在享用山羊肉配麵餅的餐點時詢問需求，爾後為他們鑿一口井，諸如此類。「有時我們在兩週後回來，他們會告訴我們藏匿彈藥的地點。」霍奎斯特說。

戰爭初期的這些日子，神學士政權多半已經逃往國外，在美軍最初的入侵之中遁入巴基斯坦山區。但隨著他們在往後數月間開始潛回阿富汗境內，暴力再度升高。某個夜晚，一支神學士游擊隊對準霍奎斯特和他的部隊下榻的樓房發射兩枚火箭彈。一發射偏了，打成沖天炮。另一發則僥倖沒爆炸，由械彈處理小組拆除引信。就在數日之後，同樣這幾名拆彈專家在神學士的一處火箭彈庫作業時，卻因炸彈突然引爆而喪生。霍奎斯特和他的部隊最先抵達現場，花了好幾小時撿拾他們的屍塊。

二〇〇三年美軍入侵伊拉克之後，霍奎斯特也被調到那兒，這個移防地點戰況之激烈與血腥，立刻就達到了阿富汗逐漸累積起來的程度。伊拉克戰爭很快就變成了追捕，對象是多半不可見的破壞分子勢力，他們在暗處安裝土製炸彈，這是極度不對稱的游擊戰。霍奎斯特明白這些反覆發生、不可預知的致命爆炸，能夠在心理上帶來多大打擊。他最終由於英勇表現而獲得陸軍嘉獎，當友軍的一隊悍馬車遭到路邊安裝的炸彈攻擊，他迅速反應，為兩名傷兵進行急救及靜脈注射，使他們得以生還。

但悍馬車頂上的炮手卻被當場炸死。炸彈爆炸時，炮手的榴彈紮在胸前，以便迅速裝填進入發射器。霍奎斯特至今仍然記得死者的屍體起火燃燒時，那些榴彈一顆又一顆爆炸的聲音。

*

霍奎斯特完成了役期，回到美國，從大學畢業。畢業之後，他在新澤西州迪克斯堡（Fort Dix, New Jersey）獲得一份講授心戰的工作，接著調往一處資訊分享與分析中心（Information Sharing and Analysis Center, ISAC），這樣的中心在九一一事件後數年間成立於全國各地，以應對可能的恐怖攻擊威脅。他被指派鑽研公路安全問題，爾後是供水系統與鐵路的安全保障，針對攻擊者駕駛大型車輛輾壓人群，或在車輛貨艙中安裝炸彈等嚴峻事態構思對策，在他研究的案例中，以上這些都是恐怖分子在斯里蘭卡採取過的行動。

他直到二〇〇六年才被引進這些安全威脅的數位面向，那時他加入國務院，成為短期約聘情報分析師，主要任務是協助保護國務院的網路不被駭客攻擊。那時，中國政府資助的網路間諜行動，才剛突顯美國國家安全，乃至美國商業主導地位的一項重大問題。二〇〇〇年代中期，名為驟雨計畫（Titan Rain）的一連串入侵，攻破了洛克希德．馬丁公司（Lockheed Martin）、桑迪亞國家實驗室（Sandia National Labs）和航空太空總署（NASA），一般相信執行者是為中國人民解放軍效力的網路間諜。霍奎斯特開始在國務院工作之時，中國間諜行動突破各個不同目標網路的報導幾乎每週披露，受害者遍及國防承包商和科技公司。「他們正在竊取我們所有的智慧財產，以及我們的全部注意力。」霍奎斯特如此評價中國駭客。

但打從他進入美國政府部門，追查國家資助的網路間諜之初，霍奎斯特就將目光轉向一種較少受到考慮的數位攻擊之不同形式。先是在陸軍爾後在資訊分享與分析中心，累積了設法與暴動分子和恐怖分子鬥智的這些經驗之後，他自然不再聚焦於間諜行為，轉而聚焦於足以瓦解敵方民心、切斷民間資源，及製造混亂的各種威脅。

例如在二〇〇七年，愛沙尼亞遭受一陣沉重且前所未見的分散式阻斷服務攻擊彈幕射擊，所有這些攻擊似乎全都源自俄國。當愛沙尼亞警方鎮壓該國俄語少數族裔所發起的暴動，此時目標明確的垃圾流量洪流，在一場全世界未曾見識過的網路閃擊戰中，將愛沙尼亞政府部門、媒體及，銀行的網站斷線數日之久。隔年，當俄國與後蘇聯時代的另一個鄰國——喬治亞爆發戰爭，粗暴的網路攻擊同樣痛毆該國的政府和媒體。在霍奎斯特看來，俄國正在試用基本方法，將傳統實體攻擊與大規模破壞數位武器搭配起來。

那時的霍奎斯特多半是旁觀者。他研究過愛沙尼亞和喬治亞遭受的攻擊，與追蹤這些攻擊的研究人員面談過，並向高階官員做過簡報。但他很難將他們的注意力從中國駭客大舉吸取國家機密及智慧財產這方面轉移開來，這項威脅對美國利益的影響似乎遠遠更加直接。

如今時隔數年，iSight發現的沙蟲讓霍奎斯特站上最前線，迎戰俄國看似先進程度遠勝於昔日的新型態網路戰。正當俄國入侵烏克蘭之際，一個俄國駭客團隊也在戰線後方數千英里外，運用精密的滲透工具侵入敵方基礎設施，可能為攻擊平民社會的支柱做好準備：他想像著生產製造受到破壞、交通運輸癱瘓，還有停電。

隨著沙蟲的任務在他心中變得具體，他又想起十多年前在陸軍民事部隊服役時的那句格言：力量倍增。

*

讀過趨勢科技的報告之後，霍奎斯特更加著迷了：沙蟲在他心中已經從一個傷腦筋的謎題，轉變成罕見而危險的地緣政治現象。他開始向iSight分析師、任何跟他談話的記者、資安產業其他從業者，以及華府情報體系不斷提起沙蟲。他甚至為了iSight辦公室的萬聖節派對，用一組綠色的兒童遊戲隧道給自己做了一套沙蟲服裝，這種個人偏執的表現，或許只有一部分是自嘲的玩笑。「沙蟲是我的最愛，」霍奎斯特只是這麼說。

儘管如此，他卻灰心地發現，在沙蟲發現最初引起的大肆宣傳過後，他的沙蟲觀察者俱樂部並沒有多少其他成員。主流媒體對這個集團的興趣，那時似乎已消磨大半。看來，技術上晦澀難懂的沙蟲與攻擊基礎建設之關聯，光憑含糊的暗示，仍不足以引起iSight起初為沙蟲的零日漏洞和《沙丘魔堡》隱祕線索帶來的關注之萬一。

但霍奎斯特並不知道，還有其他人也在追蹤這個集團的入侵行動，並且悄悄地拼湊出該集團至今為止最令人憂慮的肖像。

趨勢科技發布調查結果，指出沙蟲與工業控制系統攻擊的關聯過後十三天，美國國土安全部旗下的工業控制系統緊急應變小組（Industrial Control Systems Cyber Emergency Response Team, ICS-CERT）也發布了自己的報告。[4] 工業控制系統緊急應變小組是專門著重於基礎設施的政府網路安全監察機構，其任務是向美國人民警告即將發生的數位安全威脅。它與美國的電力及供水設施有著深厚關係。此時，或許在iSight及趨勢科技的研究觸發之下，它確認了霍奎斯特對於沙蟲的能耐最凶險的恐懼。

根據工業控制系統緊急應變小組的報告，沙蟲開發的工具不僅能用來入侵通用電氣Cimplicity軟體的人機介面，如同趨勢科技所提及，還能用來入侵另兩家重要經銷商——西門子（Siemens）與研華／柏眾（Advantech / Broadwin）發售的同類軟體。報告說明，對工業控制系統目標的入侵早在二〇一一年即已開始，最晚持續到二〇一四年九月，正是iSight偵測到沙蟲集團的那個月。駭客們也成功侵入了多處至關重要的基礎設施目標，即使文件中並未點名。就工業控制系統緊急應變小組所知，這些行動只達到了偵察階段，真正的破壞尚未進行。

iSight分析師開始與資安產業的消息來源小心翼翼地跟進這份國土安全部的報告，並迅速確認了他們讀到的言外之意：沙蟲的某些入侵不只是針對烏克蘭或波蘭的基礎設施目標而已，而是針對美國目標。

iSight發現沙蟲的第一批指紋過後兩個月不到，霍奎斯特對於沙蟲的看法又轉變了。「這是一群外國行為者，能運用零日漏洞，刻意對我們的關鍵基礎設施下手。」霍奎斯特說：「我們偵測到世界另一端有個團體，正在實施間諜活動。我們仔細研究它的人造物，而我們發現它是美國的一大威脅。」

*

就連沙蟲是個裝備齊全的基礎設施入侵團隊、與俄國有關聯、意圖對全球發動攻擊這件事的揭露，都不曾得到霍奎斯特以為應當得到的關注。白宮官員對於這件事沒有任何聲明。資安與設施產業的行業刊物對這個消息短暫喧嚷了一陣，然後繼續前進。「它就是個餘興節目，沒人當回事。」霍奎斯特言談間難得流露出一絲怨憤。

但這一切關注似乎終於傳到一個聽眾耳中：沙蟲集團本身。當iSight在所有這些公開報導之後再次尋找那些與惡意軟體連結的伺服器，卻發現那些電腦都已經離線。該公司在二〇一五年初還會再找到一個看似出自同一群作者之手的黑能源樣本，但它的行動碼這次完全沒有任何《沙丘魔堡》指涉。再也不會找到那種顯而易見的人類指紋了：這個集團從顯露自身科幻偏好的錯誤中記取教訓。

4 "Ongoing Sophisticated Malware Campaign Compromising ICS," ICS-CERT website, Dec. 10, 2014, https://us-cert.cisa.gov/ics/alerts/ICS-ALERT-14-281-01B .

沙蟲再次潛入地下。整整一年不曾現身。當它終於現身，它的重點就不再是偵察。它準備好發動攻擊了。

第五章
SANDWORM

星光傳媒

二〇一五年十月一個平靜的週日早晨，在雅辛斯基從廚房窗戶望向因停電而一片漆黑的天際線之前一年多，他坐在基輔高樓公寓家中的同一扇窗戶附近喝茶，配一碗玉米片吃。突然，他的手機震動起來，一位正在上班的資訊管理員打來電話。

當時，雅辛斯基正受雇擔任星光傳媒（StarLightMedia）的資訊安全主任，這家媒體是烏克蘭最大的電視廣播集團。同事在電話裡告訴他，前一天夜間，星光的兩部伺服器由於不明原因突然斷線。管理員向雅辛斯基保證，這不是緊急狀況。兩部機器都經由備援修復。

但在雅辛斯基追問同事伺服器中斷的狀況之際，有件事卻立刻讓他感到不安。兩部機器幾乎在同一時間關閉。「一部伺服器斷線，這難免發生，」雅辛斯基想著：「但兩部同時斷線？這就可疑了。」

不得不接受週末泡湯的事實，他離開公寓，開始通勤前往星光辦公室，沿著漫無止境的電扶梯搭乘基輔的地鐵，這是世界上最深的地鐵之一，在冷戰時期設計成了一連串兼具防空洞用途的隧道。穿行地下四十分鐘後，雅辛斯基在秋日空氣涼爽的基輔市中心出站。他選了一條風景優美的路線前往辦公室，穿越塔拉斯謝甫琴科公園（Taras Shevchenko Park）和公園旁的大學校園。當他走過街頭音樂家、約會的大學生，接著是樹葉開始變色的植物園，國土東部爆發的絕望戰爭感覺像是遠在天邊。

雅辛斯基抵達星光傳媒的辦公室，這是一座五層樓建築，位於一條安靜的街道上。進去之後，他和公司的資訊管理員們開始檢查他們從一部損壞的伺服器上存取的圖像，那是伺服器裡全部資料的數位副本。雅辛斯基對於伺服器斷電絕非意外的預感，立刻就得到確認。伺服器的主啟動磁區（master boot record）——深藏在電腦硬碟中、宛如爬蟲類腦部的那一部分，它告知主機要在何處找到作業系統——精準地被零給覆寫掉。遭受這種腦白質切除的兩部受害伺服器也並非隨機挑選。它們都是網域控制器（domain controller），這樣的電腦擁有強大特權，能夠用來進入連接公司網路的其他數百部主機。

雅辛斯基很快就發現，攻擊範圍其實遠大於區區兩臺主機。這兩部被破壞的伺服器在被抹除資料之前，已經把惡意軟體植入十三位星光傳媒員工的筆記型電腦。這些員工正在準備基輔當地選舉前夕要播送的晨間新聞快報，這時他們突然發現自己的電腦變成了螢幕全黑的無用磚塊。他們每一部筆電的硬碟，都被感染觸發了相同的啟動磁區覆寫技術。

儘管如此，雅辛斯基還是看得出來，他的公司還算走運。當他查看星光傳媒的網路記錄檔，上面顯示出這兩部網域控制器太早自毀了。它們其實原定是要感染並摧毀該公司另外兩百臺電腦。某人精心地在這家傳媒公司的網路核心安裝了一枚邏輯炸彈，目的是要讓被感染的網路盡量造成最大破壞。

雅辛斯基設法從備援主機取出一份破壞程式的副本，那天夜裡，回到城市北端的家中之後，他仔細端詳程式碼。多層混淆加密令他印象深刻；這個惡意軟體躲過了一切防毒軟體的掃瞄。它甚至冒充一種防毒掃描器，即微軟的 Windows Defender。全家人都入睡之後，雅辛斯基將程式碼列印出來，把印表紙攤開在廚房餐桌上和地板上，劃掉一行行偽裝符號，標出指令，以查看這種惡意軟體的原型。

雅辛斯基在資訊安全業界工作了二十年。軍中服役一段時間後，他在烏克蘭最大的電信通訊公司——基輔之星（Kyivstar）當了十三年資訊安全分析師。他管理過大型網路，擊退過一組組精密的網路犯罪駭客，但他從來不曾分析過這樣一個巧妙隱蔽、高度針對性的數位武器。

身為資安研究員，雅辛斯基長久以來一直自豪於自己應對資安問題的冷靜與科學方式，他反覆演練數位防護的實務細節，而不執迷於對手的心理。儘管如此，在經由星光傳媒的網路追蹤沙蟲足跡之際，他卻能夠感受到，自己正在迎戰一個精密程度前所未見的敵人。

*

歐列克西．雅辛斯基打從兒時就憑直覺理解到，數位的真實程度並不少於實體——生與死可能同樣輕易由數位和實體決定。

回到一九八五年，這位在蘇聯時代基輔成長的九歲男孩，會偷偷把一本國家發行的《青年科技》（*Tekhnika Molodezhi*）雜誌，連同手電筒和他珍愛的 MK—六一計算機一起夾帶到毯子下。

他會翻到兩位虛構的太空人——卡爾索諾夫（Korshunov）和佩列皮奧爾金（Perepyolkin）持續進行的冒險故事那幾頁。這對太空人受到命運捉弄，發現自己被困在月球上，只有一輛用於短程行駛的月面運輸車。更慘的是，燃料所剩不多，也沒有電力導航系統。在超過就寢時間的被窩裡，雅辛斯基不可告人的責任，便是從雜誌上將指令覆寫到他的可編程計算機裡，將這兩個男人帶回家園。

「無助地在太空中懸吊的這兩人，性命完全決定於這個小男孩，」雅辛斯基後來在日記上寫下這段話，敘述自己全神貫注的第一次程式編寫經驗。

那時，我還不懂印在雜誌的泛黃紙頁上，謎樣符號的整齊數列下所隱藏的意義。那些頁面看來像是從某種巫師的手抄本撕下，而我敲打著計算機柔軟的灰色按鍵，期望新的冒險。但即使在那時我也知道：這是通向截然不同世界的按鍵，或者更準確的說，通往我能夠自行創造的無數其他世界。

雅辛斯基在基輔一處典型的赫魯雪夫時期五層樓蘇聯公寓建築群裡，擁有兩個房間的家中長大。他是工程師子弟：父親在一家錄音機工廠工作，母親則是大學裡研究航太金屬的研究員。如他所述，他度過了十分典型的蘇聯式童年。他每天自豪地在制服上佩戴著列寧少年先鋒隊的紅領巾上學，和朋友們在大樓庭院裡玩耍，偶爾踢足球打破鄰居的窗戶。他記得家中從來不談政治，除了父母親曾在廚房耳語過幾次，說到祕密警察上門拜訪曾祖父母的事，對話很快就因為懼怕鄰居偷聽而提前結束。

學校從來不像ＭＫ—六一計算機開啟的冒險那樣令雅辛斯基感興趣。畢竟，這臺計算機是他的第一臺電腦，當時西方的蘋果二型電腦（Apple II）和任天堂遊戲機尚未穿透鐵幕。但在雅辛斯基大約十二歲時，父親設法收集到一部辛克萊頻譜個人電腦（Sinclair Spectrum PC）的組件，並將它組裝起來。這對雅辛斯基來說是令人驚奇的升級。他花了好幾小時細心閱讀在當地無線電市場上找到的影印本說明書，用培基語言（BASIC）、再用組合語言（assembly）寫程式碼，以像素畫（pixel art）描繪出的線框太空船圖案填滿螢幕。

但他確信自己對電腦的癡迷從嗜好轉變為職業生涯的那一刻，卻不是來自編寫程式的行為，而是來自逆向還原工程。他只是把一種原始的射擊電玩遊戲程式碼改動幾個位元組，就發現能讓自己的角色擁有無限生命和彈藥。對雅辛斯基來說，這一基本的駭客行為不只是在一個無意義遊戲裡作弊的手法而已。這反倒宛如他獲得全新力量，重塑現實本身。「我把世界上下顛倒了。我進入了螢幕彼端。」雅辛斯基如此回憶。

在他看來，憑直覺就能推出：要是這種力量能夠改變數位世界，它也就能夠控制實體宇宙。「我意識到，世界並不是我們眼前所見，」他說：「這不是關於獲得額外的生命，而是關於改變我所置身的這個世界。」

但在一九八〇年代晚期，戈巴契夫（Mikhail Gorbachev）實施開放（glasnost）政策，大量西方娛樂消遣隨之來到。在雅辛斯基和他的少年朋友們看來，全球媒體以尚－克勞德．范達美（Jean-Claude Van Damme）和李小龍的武打電影形式蜂擁而來。對空手道和柔道的癡迷，暫時取代了他對電腦的熱愛。雅辛斯基是個有才華的打鬥者，曾在一九九三年獲選參加烏克蘭全國空手道錦標賽。但他說，在其中一場比賽裡，有個對手違規踢中他的膝蓋下方，弄斷了後腿韌帶，就此結束了他短暫的武術生涯。「幸好，我還有組合語言。」雅辛斯基在日記中寫道。

在基輔理工學院（Kiev Polytechnic Institute）攻讀電腦科學兩年後，雅辛斯基被徵召入伍。他將隨後一年半描述成一堂漫長的紀律、組織、自信，以及極為嚴苛的苦差事課程。「軍人最好的朋友是鏟子，當兵是好事，」他記得長官們反覆灌輸他這些話。除了那一點人格陶冶之外，他說自己什麼也沒學到，只學到怎麼鋪好床鋪。

當他退伍重拾大學課業，也就終於回到電腦科學。他發現這門學科裡有個新興領域，吸引了他對世界的隱藏結構，以及推動隱藏結構的槓桿之理解：那就是網路安全。

雅辛斯基在學校裡只學過最粗淺的皮毛。但畢業之後，他在當時烏克蘭最大的電信供應商基輔之星找到工作。他說，這份工作真正教育了他。即使他在該公司的生涯多半受到保密協議約束，他仍暗示自己曾在該公司對抗詐欺與犯罪的小組工作過，也擔任過執法部門的顧問。他也說，這份工作是他學著仔細檢查龐大資料集，抵抗聰明又有惡意之對手的初體驗。「它就像母體（the Matrix），」他說：「你看著所有這些數字，你就能看出真正的人類行為。」

六年後，雅辛斯基轉移到同一個貓捉老鼠遊戲的純粹數位版本：他的任務不再是追蹤實體世界的罪犯，而是要追蹤試圖利用基輔之星系統的駭客。二〇〇〇年代晚期，這些駭客正從投機的犯罪陰謀，轉向高度組織化的詐欺行動。雅辛斯基發現自己投入了青少年時代令他著迷過的同一種逆向還原工程。但他這時不再拆解區區電玩遊戲的程式碼，而是剖析繁複的侵入犯罪行為、拆解惡意軟體，探求基輔之星網路內部狡詐寄生蟲的動機。

即使這場貓捉老鼠遊戲的風險持續升高，它看來仍像是一場公平的戰鬥。在網路安全領域，攻擊者占了上風：可資入侵之處始終防不勝防，而技術純熟的駭客只需要一個突破口。儘管如此，這些多半仍是小規模犯罪行為，面對著一個組織良好的公司資安團隊，後者有能力查出他們的入侵，並限制他們所能造成的損害。

隨後，就在烏克蘭與俄國開戰前不久，雅辛斯基接任星光傳媒首席資訊安全官一職。然後他發現自己面臨一種新型態的衝突——他的公司、他的國家，乃至整個世界，全都對這種衝突毫無準備。

*

到了二〇一五年秋天，這種衝突的規模只能看到最微小的暗示。數日以來，雅辛斯基努力確認星光傳媒遭受這次謎樣攻擊的基本事實，逆向還原他從公司備援主機抽取的混淆加密程式碼，也就是幾乎摧毀公司網路的那枚數位簡易爆炸裝置（Improvised Explosive Device, IED）。雅辛斯基查明，藏身於所有這些偽裝與誤導之下的，是一種名為KillDisk的惡意軟體，這個資料摧毀工具在駭客圈內已經流傳將近十年。*

弄清楚這個破壞程式如何進入星光傳媒的系統，則需要再過數週：雅辛斯基和兩位同事執迷地挖掘公司的網路記錄檔，反覆爬梳，夜間和週末仍持續工作，運用愈來愈精細的過濾器解析資料，

* 麥可・戈德克（Michael Goedeker）與安德利・貝茲維凱伊（Andrii Bezverkhyi）兩位資安研究員表示，他們與貝茲維凱伊的資安公司SOC Prime，深入參與星光傳媒攻擊事件的調查。但雅辛斯基對這項合作的程度提出異議，他告訴我，雖然他和貝茲維凱伊分享過一些資訊，SOC Prime也為他們的工作提供一些工具，但戈德克或SOC Prime的任何人，都不曾對星光傳媒的最終分析結論發揮任何作用。

想要取得線索。

這組人馬發現了洩露駭客存在的跡象——幾個被入侵的公司行號 YouTube 帳號，一位管理員的網路記錄檔在他病假期間仍持續活動。慢慢地，懷著愈來愈深沉的恐懼，他們發現的證據顯示入侵者在引爆攻擊酬載（payload）之前，已經滲入他們的網路數週之久。接著又一條線索顯示，入侵者滲入系統長達三個月。然後是六個月。

最後，他們確認了讓駭客首先得以立足的那件惡意軟體，經由一個被感染的附件，滲入一名員工的個人電腦：那又是黑能源的一種型態，也就是一年前 iSight 聯繫上沙蟲的同一種惡意軟體。但這時，它被修改得足以避開防毒軟體偵測，還包含新模組，讓駭客能將 KillDisk 資料抹除程式傳播到同一個網路的其他主機，並予以執行。

在深入發掘公司遭受破壞過程的鑑識資料之際，雅辛斯基開始從其他公司及政府部門的同事那兒聽說他們也遭到入侵，手法幾乎如出一轍。另一家競爭的傳媒公司 TRK 就沒這麼容易脫身：它在 KillDisk 攻擊中損失一百多臺電腦。另一次入侵則襲擊烏克蘭最大鐵路公司——烏克蘭鐵路局。雅辛斯基後來才知道，基輔的主要機場——鮑里斯波爾機場（Boryspil）也遭受攻擊。還有其他目標，而這些受害者請求雅辛斯基為他們遭受入侵一事保密。一而再，再而三，駭客們運用多功能的黑能源惡意軟體存取與偵察，爾後以 KillDisk 摧毀資料。他們的動機仍是一個謎，但他們到處留下痕跡。

「每推進一步，事情就更清楚了：我們的鐵達尼號撞上了冰山。」雅辛斯基說：「我們看得愈深，它就愈巨大。」

第六章

SANDWORM

大饑荒到車諾比

即使他那時還不知道，但雅辛斯基發現自己置身於一種事件之中，這種事件定義了烏克蘭漫長而無情的歷史：外力侵略。

要理解烏克蘭是如何成為全世界第一場全面展開的網路戰之戰場，回顧一千年的衝突與支配歷史很有助益，烏克蘭正是歐亞兩大陸最血腥的交鋒之處。此前數千年間，烏克蘭遭受的入侵形式，是來自東方的蒙古部族，以及來自西方的立陶宛異教徒和波蘭帝國主義者。國名「烏克蘭」（Ukraina）本身出自斯拉夫語的「邊境」一詞。[5]烏克蘭的存在受其強鄰夾峙的位置所界定。但該國最持久的天敵，不僅與它共享最漫長的邊界，也共享最多的歷史與文化——那就是脫胎於同一母體，但塊頭更大、侵略性更強、關係疏離的兄弟。

俄羅斯與烏克蘭兩個文明的起源都要追溯到同一個祖先，此即繁盛一時的中世紀國家基輔羅斯

5 Reid, *Borderland*, 1.

（Kievan Rus）。這個王國自西元十世紀起在基輔一帶逐漸成長，並在弗拉基米爾（Volodymyr）國王稍嫌武斷地決定將人民從多神信仰改宗基督教正教會之後，成為歐洲文化在東方的前哨。烏克蘭人喜歡指出：弗拉基米爾之子智者雅羅斯拉夫（Yaroslav the Wise）在一〇三七年興建了基輔的地標聖索菲亞大教堂（St. Sophia Cathedral），那時莫斯科不過是伏爾加河畔的一片森林。

但地理位置始終不利於烏克蘭。基輔羅斯王國在十三世紀被凶殘的蒙古人摧毀，蒙古人由成吉思汗的一位孫兒拔都汗領軍，穿越無險可守的歐亞大草原，從烏拉山向西南策馬而來。在漫長的圍攻之後，入侵者將基輔的人口屠殺一空，燒毀數百座教堂，並拆除城牆。

按照俄羅斯人的說法，在這場慘痛的毀滅過後，基輔羅斯王國早期斯拉夫社會的難民遷移到莫斯科，成了俄羅斯人。而在烏克蘭人的版本裡，他們的文化在最初建立之處悄悄地持續滋長，也就是黑海北方由肥沃黑土構成的遼闊區域，即使從蒙古人、波蘭人、土耳其人到韃靼人，最後是俄羅斯人，接踵而來的　層層外國人都試圖宣稱自己擁有烏克蘭人及其文化，烏克蘭文化還是存續了數百年。

但直到最近三十年前為止，烏克蘭實現獨立的嘗試，卻都在歷經苦戰之後，以痛苦的失敗告終。過去一千年來，該國追求自治的期望曾歷經三度起落：十七世紀烏克蘭哥薩克人的反叛，這群定居歐亞草原的戰士頑固地堅持自主；一九一七年俄國共產革命之後，血腥的烏克蘭內戰；以及第二次世界大戰期間，悲慘地受騙與納粹占領軍結盟之後。安娜・里德（Anna Reid）在她的烏克蘭歷史著作《邊境》（*Borderland*）一書中寫道，烏克蘭的反叛長久以來都「汙穢、野蠻，最重要的是很短暫」。二十世紀開始時，烏克蘭（或「烏克蘭邊區」〔the Ukraine〕，因為它頂多被看作是地區，而非國家）是俄羅斯帝國的領土，通常被稱為「西南俄」或「小俄羅斯」。[6]

一如烏克蘭歷史本身的黑暗，它最慘痛的一系列恐怖事件，可說都發生在俄羅斯霸權控制的最後一百年左右。第一次世界大戰期間，三百五十萬烏克蘭人被徵兵入伍，為俄羅斯統治者而戰。即使在布爾什維克黨人席捲俄羅斯，讓俄國從一戰脫身之後，戰火仍在烏克蘭延燒數年，交戰各方包括該國自身的獨立戰士、繼續向沙皇俄國政權效忠的「白軍」，以及列寧（Vladimir Lenin）的共產黨軍隊。[7]

內戰將悲劇性的混亂無差別地波及烏克蘭領土，程度更甚於第一次世界大戰。交戰各方的士兵和盜匪都對平民犯下暴行，包括許多次針對猶太人的屠殺，使得「哥薩克人」在全球各地多數離散猶太人之中，成了「殺人凶手」的同義詞。總計約有一百五十萬烏克蘭人死於一九一四至一九二一年間的暴力年代。[8]

然而，至今仍以深重的，甚至不可原諒的壓迫記憶，引起許多烏克蘭人共鳴的，卻是兩次世界大戰之間的其後十年。蘇聯政權在烏克蘭製造饑荒，殺害了三百九十萬人，這場規模不堪設想的悲劇，如今被稱為「大饑荒」（Holomodor），這個詞由烏克蘭文的「飢餓」與「滅絕」兩字結合而成。[9]

6 前引書，頁一一三。
7 前引書，頁九七。
8 前引書，頁九九。
9 Applebaum, *Red Famine*, xxvi.

饑饉由簡單的剝削開始：烏克蘭肥沃的黑土，對俄羅斯而言是誘人的穀倉。一九一七至一九二二年俄羅斯內戰期間，蘇俄運用武力威脅盡可能攫取最多穀糧，以減輕自身在戰時的糧食短缺。「拜託，運用一切力量及一切革命措施，送來穀物、穀物和更多穀物！」列寧在一九一八年發給烏克蘭蘇俄紅軍的電報中指示。[10]眾人皆知的蘇聯祕密警察——國家安全委員會（KGB），最初名為全俄肅反委員會（Cheka，赤卡），隨後改組為國家政治保衛總局（OGPU），部分成立目的就是為了採取一切必要手段，從烏克蘭農民手中找出並取得穀糧。[11]當美國救濟署（American Relief Administration）派出工作人員前往俄國，協助救濟糧食危機，蘇聯紅軍不讓他們進入烏克蘭，掩蓋了烏克蘭人經歷的糧食短缺最為嚴重這一事實。[12]

到了一九三二年，饑饉成了蘇聯政權一種目的更為明確的控制工具。如今由史達林（Joseph Stalin）統治的莫斯科當局，強制實行農業集體化，將農民從世代擁有的土地上搬走，遷移到公有的集體農場。同時，最富裕的農民——富農（kulaks）則被貼上階級叛徒標籤，遭受流放、囚禁，甚至屠殺。[13]當政策不可避免地導致糧食生產大幅短缺，蘇聯只是變本加厲地盡其所能，從烏克蘭農民手中奪走全部穀糧。他們有條不紊地搜查，用鉤狀或帶刺的桿子挖掘牆壁後方、樓板下方，甚至挖掘家屋外的地面，以搜索藏匿的糧食。當他們找到糧食，就把沒收的穀糧堆積在上鎖的倉庫中，政治保衛總局的守衛則在田地裡巡邏，看到有人撿拾穀糧就開槍射殺。[14]

農民以零散的抵抗回應，他們不把家畜交給集體農場，而是加以屠殺，並拿起武器組成游擊隊。但這些反抗行動只是激起了史達林對於烏克蘭國族主義叛亂的偏執恐懼，讓布爾什維克黨人重新想起了不過數年前與烏克蘭自由鬥士交戰的記憶。於是，饑荒很快就不再只是烏克蘭顛覆行為的起因，它也成了顛覆行為的解決方案：蘇聯政權只是把烏克蘭餓到屈服。[15]

蘇聯政府限制旅行，阻止挨餓的農民逃往其他區域或國家。火車站內和道路兩旁屍堆如山。[16]歷史學家安・艾普鮑姆（Anne Applebaum）論述烏克蘭大饑荒的著作《赤色饑荒》（*Red Famine*），記載了許多走投無路的農民被迫吞吃皮革、嚙齒動物、青草，以及在飢餓引發的瘋狂狀態下，連子女都吃掉的故事。這一切全都發生在全世界其中一處最肥沃的穀物產區。[17]

當時烏克蘭約有百分之十三的人口喪生，但從這段時期倖存的烏克蘭人，無一不受創傷。在一九四〇年代滅猶大屠殺中失去四十九位親人，進而創造出「種族滅絕」（genocide）一詞的猶太裔波蘭律師拉斐爾・蘭姆金（Raphael Lemkin），[18]後來在一九五三年於紐約演說時，將烏克蘭大饑荒引述為他這個新詞最典型的範例。「這不只是一個大規模殺人的案例，」蘭姆金說：「這是種族

---

10 前引書，頁二五。
11 前引書，頁三一。
12 前引書，頁六四。
13 前引書，頁一二三。
14 前引書，頁二二三。
15 前引書，頁二三六。
16 前引書，頁二〇二。
17 前引書，頁二五七。
18 "Coining a Word and Championing a Cause: The Story of Raphael Lemkin," *Holocaust Encyclopedia,* United States Holocaust Memorial Museum website, https://encyclopedia.ushmm.org/content/en/article/coining-a-word-and-championing-a-cause-the-story-of-raphael-lemkin .

滅絕的案例，毀滅的案例，不只毀滅個人，更毀滅一個文化和一個民族。」[19]

*

除了無法逃脫俄羅斯的陰影，烏克蘭最大的不幸，還在於它注定成為東方與西方的戰場。第二次世界大戰也不例外。宛如二十年前該國內戰的血腥重演，希特勒對蘇聯紅軍的戰爭，也將烏克蘭分裂成交戰三方：注定不幸地盼望著生活能比史達林統治時期更好，而支持納粹的人們，被蘇聯紅軍徵召入伍的人們，還有徒勞地為了獨立烏克蘭而戰的一個小派系。

事實上，早在納粹進攻之前，蘇聯的暴行在短暫的德蘇互不侵犯期間就已經開始。當希特勒在一九三九年攻取波蘭，烏克蘭西部直到那時為止都由波蘭控制，名為加利西亞（Galicia）的地區，突然落入莫斯科手中。史達林和他領導烏克蘭共產黨的下屬赫魯雪夫（Nikita Khrushchev），立刻動手肅清該地區任何有可能抵抗蘇聯併吞的人：抗拒集體化的農民、波蘭人、猶太人、律師、教士、政府官員。[20]

總數介於八十萬到一百六十萬，該地區五分之一的人口被逮捕，從烏克蘭西部被押送到哈薩克和西伯利亞的勞改營。當希特勒在兩年後真的入侵，以奇襲撕毀兩國的互不侵犯條約，蘇聯人倉促屠殺了他們尚未遣送的烏克蘭人囚犯，然後向東逃亡。[21]

隨後數年，輪到納粹在烏克蘭肆虐。當希特勒大軍東進，納粹黨衛軍隨之而來，盡量屠殺他們所能找到的猶太平民，多半派出行刑隊槍決，拋屍於萬人坑，省了裝上列車運往集中營的力氣。歡迎德國人來到，甚至協助屠殺猶太人的烏克蘭人，得到的回報是不分俄羅斯人和烏克蘭人，將所有斯拉夫人一律當成劣等人種（Untermenchen）的政策。納粹圍捕了二百八十萬蘇聯公民，其中超過二百萬是烏克蘭人，將他們運往德國，在工廠裡充當奴工。[22]

即使在一九四三年，蘇聯紅軍付出慘重犧牲在史達林格勒（Stalingrad）戰勝（超過一百萬名蘇聯軍人戰死），將戰局逐漸逆轉之後，納粹仍繼續大肆殺戮，讓二百萬名蘇聯戰俘挨餓，押著他們向西方死亡行軍。[23]總計烏克蘭人每六人就有一人戰死，俄羅斯人每八人就有一人戰死，蘇聯全境死亡人數高達二千六百六十萬人，這個數字在戰爭史上無與倫比。[24]

二戰過後數十年間，莫斯科當局對待烏克蘭的方式，逐漸定型成了對一個被征服國家細火慢燉的壓制。一九五〇年代，從史達林恐怖統治末年到赫魯雪夫崛起接班，被送往蘇聯古拉格勞改營的烏克蘭人多過其他國籍的人。[25]從一九六〇年代到一九七〇年代，六十年代人（Sixtiers）和赫爾辛基小組（Helsinki Group）這樣的團體奮力爭取烏克蘭自治與人權，卻迅速遭到掃蕩，淪入西伯利

---

19 引自 *Holodomor: Reflections on the Great Famine of 1932–1933 in Soviet Ukraine*, ed. Lubomyr Y. Luciuk(Kingston, Ontario: Kashtan Press, 2008)。

20 Reid, *Borderland*, 150.

21 前引書，頁一五一。

22 前引書，頁一六二。

23 前引書，頁一六一。

24 Vadim Erlikhman, *Poteri narodonaseleniia v XX veke: Spravochnik* (Moscow: Russkaia Panorama, 2004), 21–35，參看維基百科。

25 Reid, *Borderland*, 205.

亞勞改營的赤貧和絕望生活之中。

一九八〇年代與戈巴契夫崛起，終於在八百年後為烏克蘭獨立奠定了基礎。但在此之前，還要再給烏克蘭一份更加持久的蘇聯統治時期紀念品。

*

一九八六年四月二十五日深夜，烏克蘭北部人口五萬的城鎮普里佩特（Pripyat）附近，工程師們正在車諾比核電廠實施測試。實驗目的是查看核子反應爐在電力全面故障的狀況下還能運轉多久。就在午夜過後，操作員關閉了危急時注水冷卻爐芯的系統，啟動緊急停機。[26]

接下來究竟發生什麼事，即使到了今天，仍是科學家的爭議話題。[27]但在凌晨一時二十三分，一次巨大爆炸（可能起因於蒸汽壓力突然增加，或是核爆炸最終觸發蒸汽爆炸）撕開了核電廠，炸散爐芯，造成兩名工程師喪生。一股放射性物質立即噴向三千多英呎的高空中。[28]

消防員趕赴現場，為發電廠燃燒的屋頂滅火，許多人不知不覺受到劑量足以致死的放射線照射。但卻沒有向附近的普里佩特鎮居民發出防災警告，鎮上的人們仍各自進行週六的例行公事，渾然不知河流下游數英里外，核電廠熔毀湧出了放射性落塵。[29]直到三十六小時後，共黨官員才實施有限度疏散，從核電廠附近方圓數英里的小區域開始。事實上，放射塵已經散入大氣層，最遠波及瑞典，受害者健康所蒙受的不可見損害，至今仍無從估計。

其後數週，位於莫斯科的國營新聞機構隻字不提持續進行中的災害。蘇聯共產黨總書記戈巴契夫也不提。爆炸六天後，隨著核碎片持續從車諾比的有毒雲層落下，共黨官員將子女疏散到克里米亞半島的安全處所，即使他們同時仍命令烏克蘭公民繼續參加一年一度的五一勞動節遊行。就在車諾比爆炸中心以南六十英里，成千上萬人（包括無數兒童）沿著基輔的主要街道赫雷夏蒂克大街（Khreshchatyk Street）遊行。他們高舉花束、旗幟，以及蘇聯領導人肖像，渾然不知這些領導人明明知情，卻任由他們暴露於史上最嚴重工業災變的放射塵中。[30]

26 前引書，頁一九四。
27 "New Study Rewrites First Seconds of Chernobyl Accident," *Sci News,* Nov. 21, 2017, http://www.sci-news.com/physics/new-study-first-seconds-chernobyl-accident-05452.html.
28 "Sequence of Events," Chernobyl Accident Appendix 1, World Nuclear Association website, Nov. 2009, https://www.world-nuclear.org/information-library/safety-and-security/safety-of-plants/appendices/chernobyl-accident-appendix-1-sequence-of-events.aspx.
29 Reid, *Borderland,* 197.
30 Lev Golinkin, "The Lasting Effects of the Post-Chernobyl Parade," *Time,* April 30, 2016, https://time.com/4313139/post-chernobyl-parade/.

第七章
SANDWORM

廣場到頓巴斯

二〇一七年春天，來到基輔的第一個夜晚，我步出高聳的烏克蘭大飯店（Hotel Ukraine）——以前叫做莫斯科大飯店（Hotel Moscow），這座蘇聯時期的豪華大飯店，如今淪落為一處廉價且破舊的蘇聯品味遺跡——來到下方的廣場（Maidan），這是烏克蘭首都的中央廣場。飽受時差之苦的腦袋還沒搞清楚狀況，我就發現自己置身於基輔城市奠基者紀念碑（Monument to the Founder of Kiev）周圍的人群之中，有個身穿黑衣的男人手持吉他，高唱烏克蘭國歌，他握拳放在胸前，身著迷彩服的士兵簇擁在他身旁，其中一人在黑暗中戴著墨鏡。

歌者身後是一張張面容友善的人像照片，他們戴著頭套和頭盔。直到後來我才想起，這些照片是三年前就在這個地點附近遇害的烏克蘭平民。許多人正是被我才剛登記入住的烏克蘭大飯店頂樓部署的狙擊手射殺的。飯店大廳在革命期間也被徵用了，大廳一側成了救治負傷抗爭者的野戰醫院，另一側則成了停屍間。

歌者身邊的廣場群眾也跟著他一起高聲唱國歌，他們將手放在心口，有些人身披烏克蘭國旗，他們的歌聲充滿怪異恐怖的強烈情感，令我汗毛直豎。「烏克蘭榮光猶在，自由尚存人間，」他們唱著：「昭昭吾國，不容他人掌控。」在烏克蘭的第一個小時，我就感到自己踏進一個仍在戰時的革命後國家繁忙熱鬧的震央之中。

*

血戰數百年爭取獨立之後，烏克蘭的解放首先在一九九一年到來，幾乎純屬意外。隨著蘇聯解體，驚愕的烏克蘭議會投票通過成為主權國家，只有東部邊遠的頓內次克（Donetsk）地區反對這個決議，這是該國俄羅斯族裔人口最多的一個區塊。[31]

但在隨後數十年間，莫斯科仍對烏克蘭維持著強大影響力，兩國也同時由共產政權轉為盜賊統治。獨立後最初十四年先後出任總理和總統的列昂尼德．庫奇馬（Leonid Kuchma），很快就因為從一連串昂貴無用的交易及提供親信的低利貸款抽成獲利而聲名遠播。二〇〇〇年，一名隨扈公開多卷錄音帶，其中內容是庫奇馬談及拷打並殺害一名調查記者（他的屍體在基輔城南的森林裡被發現），還有操弄選舉、收賄，以及出售武器系統給薩達姆．海珊（Saddam Hussein）。[32]

對於這群自從記憶所及之時，即已習慣了貪腐和國營新聞機構餵食謊言的人民，所謂的庫奇馬門醜聞（Kuchmagate）仍不足以罷黜總統。庫奇馬反而一直堅持到他的指定接班人維克多．亞努

31 Reid, *Borderland*, 216.
32 前引書，頁二四四。

科維奇（Viktor Yanukovich）在二〇〇四年出馬角逐總統為止，亞努科維奇這個寡頭與俄國總統弗拉基米爾．普丁（Vladimir Putin）關係密切。他的對手是維克多．尤申科（Viktor Yushchenko），這位烏克蘭國族主義者、金融家和改革者，承諾要帶領國家脫離俄羅斯支配。

克里姆林宮察覺到風向轉變，決心加強對烏克蘭的控制。俄國政治特工開始為亞努科維奇從事祕密工作，尤申科不久便發現自己的演說場地被關閉，他搭乘的班機轉向偏離競選活動地點。接著，就在投票前一個月，尤申科離奇中毒，體內攝入大量二噁英（dioxin）而生命垂危。他倖存下來，但這次攻擊將他毀容，皮膚也留下傷疤。隨後，兩名俄國人企圖炸毀基輔的尤申科競選總部，失敗被捕。

當亞努科維奇在那年十一月的大選被宣告為勝利者，選舉操弄幾乎毫不掩飾。這時，中毒的尤申科已經康復，重新開始競選活動，得票率領先對手超過百分之十。但舞弊顯而易見：普丁甚至不等計票作業完成，就向亞努科維奇發出賀電。33

這一次，烏克蘭人受夠了。數十萬人湧上基輔街頭，擠滿中央廣場，揮舞橘色圍巾，這是尤申科陣營的代表色。面臨大眾反抗，亞努科維奇在一個月後辭職下臺。終於，橘色革命成了烏克蘭邁向真正獨立的第一步。次月，尤申科在正當的選舉中獲勝，並宣告烏克蘭歷史進入一個新時代。

但烏克蘭的政治從來不那麼簡單。尤申科證明了自己是個激動人心的領導人，但施政卻漫無章法，他和自己的總理尤莉婭．提摩申科（Yulia Tymoshenko）惡鬥。政府陷入停擺，經濟重挫。令人驚異的是，亞努科維奇想盡辦法連哄帶騙再次成為焦點，部分是由於俄國撐腰，加上日後成為唐納．川普（Donald Trump）競選總幹事的美國政治說客保羅．曼納福特（Paul Manafort）操刀，為他改頭換面。二〇〇六至二〇〇七年間，亞努科維奇甚至在昔日勁敵尤申科麾下出任總理。二〇一〇年，他在總統大選擊敗了提摩申科，在橘色革命開始五年後予以終結。34

烏克蘭又花了四年時間醞釀到沸點。當上總統的亞努科維奇，證明了自己在大規模竊盜方面的野心更勝庫奇馬，他公然洗劫國庫。他那群公然貪腐，被稱為「家人」的夥伴們，將多達一千億美元的政府資產隱匿於私人帳戶中。亞努科維奇在基輔北方的梅茲希里亞（Mezhyhirya）莊園成了歹徒的世外桃源，內有野生的異國禽鳥、保齡球館、射擊場、拳擊場，還有價值四千六百五十萬美元的吊燈。35

但讓人民忍無可忍的，卻不是亞努科維奇的貪腐，而是他與俄國結盟。在尤申科任內，烏克蘭開始了成為北約會員國的漫長進程，這個前景無疑令普丁既憤怒又懼怕。烏克蘭人加入歐洲的希望，在亞努科維奇任內仍以與歐盟聯合協定的形式殘留著，這些貿易談判象徵著邁向西方的一小步。但在簽署協議一星期前，亞努科維奇受到普丁壓力，否決了協議。

接下來發生的起義與鎮壓，與橘色革命不流血的理想主義截然不同。當數十萬人民在二〇一三年十一月再度湧入廣場，警方笨手笨腳地動用水炮、橡膠子彈和催淚瓦斯，試圖加以驅離。抗爭者則以設置路障、投擲汽油彈回應。

---

33 前引書，頁二四六至二四七。
34 前引書，頁二五二。
35 前引書，頁二五三至二五七。

在暴力升級的過程中，廣場運動也開始顯現出數位攻擊的最初跡象。不明來源的電話及簡訊，淹沒了親西方、支持革命的政府官員電話。而在基輔之星電信公司，歐列克西・雅辛斯基等工程師費盡心力，在危機升高之際確保行動網路暢通。在廣場附近的一條街上，名為國際移動用戶識別碼擷取器（IMSI catcher）的裝置冒充手機基地臺，發出垃圾簡訊給抗爭者，指示他們解散回家。但隨著廣場上的肢體衝突加劇，沒有多少人注意到這些數位干預的最初跡象。[36]

到了那個冬末，子彈再也不是橡膠子彈了。當抗爭者沿著廣場的坡道，向上坡處的烏克蘭大飯店發動最後一次聲名狼藉的衝鋒，由一支名為金鵰（Berkut，烏克蘭語「金鷹」之意）、凶殘親俄的武裝警察部隊指揮的狙擊手，從高處向抗爭者開火。許多烏克蘭人相信，亞努科維奇找來真正的俄軍官兵，和金鵰部隊協同作戰。[37]總計有一百零三名抗爭者死亡，這群人如今以「天堂百人」（Heavenly Hundred）之名永垂不朽——正是我來到基輔的第一夜，廣場上紀念著的這群烈士。[38]革命悲劇性的最後流血之後，亞努科維奇看清了，暴力只是讓反對他的運動更加堅定。他逃往俄國。

普丁不會坐視地緣政治對自己不利，他採取不同的做法：他立即派兵入侵。

*

廣場上的塵埃尚未落定之前，二〇一四年二月下旬，一群軍服上毫無識別符號的民兵，包括金鵰部隊軍人在內，開進烏克蘭南部克里米亞半島自治共和國的議會，扶植一個親俄政府。[39]轉瞬間，三萬五千名俄軍長驅直入，幾乎不開一槍就迅速占領這個地區。[40]兩個月後，更多軍服上全無識別符號的俄軍——他們很快就被稱為「小綠人」——開始化整為零越界，進入烏克蘭東部說俄語的頓巴斯（Donbas）地區，協助將一個分離主義運動武裝起來，運用俄軍的戰車和炮兵，迅速奪取頓內次克和盧甘斯克（Luhansk）兩座城市。

從那時候起，俄國成功讓克里米亞完全成為領土的一部分，烏克蘭東部前線則陷入一場令人難受的不宣而戰。二百萬烏克蘭人在自己的國內淪為難民，一萬名烏克蘭人喪生。二〇一四年七月，克里姆林宮支持的勢力，表現出震驚全世界的凶殘：一支打著烏克蘭親俄勢力旗號的俄軍防空部隊發射山毛櫸飛彈，擊落一架飛越烏克蘭領空的馬來西亞民航客機，機上二百九十八人全部遇害。41

但從入侵的最初幾個月開始，烏克蘭戰爭就開始產生另一條戰線。二〇一四年五月，烏克蘭革命後的大選前四天，一個自稱網路金鵰（CyberBerkut）的親俄駭客集團——其名稱暗指廣場革命期間殺害抗爭者的那支武裝警察部隊——在網址 cyber-berkut.org 上宣告，他們意圖破壞即將舉行，在亞努科維奇出缺之後選出繼任者的總統選舉。「反人民的軍政府妄圖自我合法化，組織了這

36 Glib Pakharenko, "Cyber Operations at Maidan: A Firsthand Account," *Cyber War in Perspective: Russian Aggression Against Ukraine*, May 24, 2014, https://ccdcoe.org/uploads/2018/10/Ch07_CyberWarinPerspective_Pakharenko.pdf .

37 Plokhy, *Gates of Europe*, 340.

38 Reid, *Borderland*, 268.

39 Plokhy, *Gates of Europe*, 340.

40 Reid, *Borderland*, 268.

41 Ray Furlong, "Investigators Say Missile from Russian Unit Downed MH17," Radio Free Europe/Radio Liberty, May 24, 2018, https://www.rferl.org/a/netherlands-ukraine-russia-mh17-jit/29248078.html .

場由西方導演的節目，」這則俄文訊息寫道：「我們絕不容許！」[42]

當天夜間，這個集團對烏克蘭中央選舉委員會展開一系列精心策劃的網路攻擊：他們侵入中選會的網路，將數十臺電腦一掃而空。「他們的盤算是摧毀系統，阻止系統顯示選舉結果，再歸咎於所謂的烏克蘭軍政府，」時任中選會資安約聘人員的維克多．佐拉（Victor Zhora）說：「目的是詆毀整個選舉過程。」

中選會的資訊管理員設法趕在投票日之前重建網路。但他們在投票日當天發現，駭客們將偽造的選舉結果圖表植入中選會的網路伺服器，其中似乎將極右翼總統候選人季米特羅．亞羅什（Dmytro Yarosh）列為當選人。管理員在投票結束前發現這張圖像，阻止它公開散播。但俄羅斯國營電視臺似乎與駭客通力合作，搶先發出不實報導，指稱亞羅什勝選，顯然企圖讓人們對真正的當選人——政治立場溫和的巧克力大亨彼得．波羅申科（Petro Poroshenko）產生疑慮。隔天早晨，中選會遭受第三次，也是最後一次網路攻擊，這次是一波令人難以招架的垃圾流量，企圖將伺服器斷線，阻止正當的選舉結果獲得確認。（數年後揭露，網路金鵰的駭客們和干預美國總統大選的俄國駭客集團奇幻熊〔Fancy Bear〕也有關聯。）[43]

破壞選舉的技倆是更加鋪天蓋地的數位彈幕射擊之序曲，這波攻擊摧毀了成千上萬部電腦，癱瘓了受害機構。我在二〇一七年初造訪基輔時，烏克蘭社會實際上每一階層，全都被接連幾波協同一致的駭客破壞襲擊過；媒體、能源、運輸、金融、政府，以及軍方。「你真的找不到烏克蘭有哪個地方『還沒』被攻擊過的，」北約網路安全大使肯尼斯．吉爾斯（Kenneth Geers）當時跟我說：「找遍每個角落，你才會找到一個電腦網路運行。」

那年稍後，我和烏克蘭前總統尤申科電話訪談時，他主張俄國的線上和線下戰術都只有一個目標：「顛覆烏克蘭局勢，讓烏克蘭政府顯得無能又脆弱。」他將網路攻擊和淹沒烏克蘭媒體的俄國不實資訊，該國東部的恐怖主義戰鬥，乃至他早年的離奇中毒混為一談——全都是要把烏克蘭拖向東方，或將它描繪成分裂國家的見不得人舉動。「俄羅斯絕不可能接受烏克蘭成為擁有主權的獨立國家，」他對我說：「蘇聯解體後二十五年來，俄羅斯還是患有這種帝國症候群。」

普丁對烏克蘭的固著，無疑包含經濟上的妒忌，妒忌烏克蘭位於通往歐洲的石油及天然氣管線必經之處，地位有利可圖，以及該國擁有不凍港。但外交政策分析師主張，普丁未必想要以某種方式將他的小俄羅斯併入克里姆林宮的帝國之中。他反倒期望製造出一個「凍結的衝突」：藉由奪取夠多的烏克蘭領土，將它困在無止盡的戰爭中，俄國試圖阻止該國被歐盟或北約接納為會員國，反而要把烏克蘭固定在莫斯科與西方之間戰略緩衝地帶的位置上。

但在我和尤申科的談話中，他也堅持更少受到說明，但更有預示意義的另一點：俄羅斯對烏克蘭的攻擊，無論是以摧毀性惡意軟體或山毛櫸飛彈為之，都不該只被當成烏克蘭自己的問題。他堅稱，俄羅斯對其鄰國的侵略揭示了一套黑暗劇本，這套劇本遲早都會波及全球其他地方。

「問題不在於警鐘為誰而響，」尤申科警告：「警鐘為我們所有人而響。這是對於世界上每一

---

42 Margaret Coker and Paul Sonne, "Ukraine: Cyberwar's Hottest Front," *Wall Street Journal*, Nov. 9, 2015, https://www.wsj.com/articles/ukraine-cyberwars-hottest-front-1447121671.

43 Andy Greenberg, "Russian Hackers Are Using 'Tainted' Leaks to Sow Disinformation," *Wired*, May 25, 2017, https://www.wired.com/2017/05/russian-hackers-using-tainted-leaks-sow-disinformation/.

個國家的威脅。」

*

二〇一五年十一月下旬，在針對烏克蘭的數位閃擊戰更加緊鑼密鼓之際，約翰・霍奎斯特應邀前往五角大廈進行簡報，這是向全世界最強大的軍隊爭取契約，引起關注的難得機會。他在龐大建築物深處，最高階長官綴滿動章的辦公室裡，坐在一群情報官中間。

輪到他發言時，霍奎斯特立刻開始介紹他最喜歡的主題。他以一套電梯簡報（elevator-pitch）版本介紹沙蟲的歷史：俄國的指紋；危險的精密程度；目標從波蘭延伸到美國，但集中於烏克蘭，令人憂慮地鎖定關鍵基礎設施。他提到俄國與烏克蘭持續進行中的實體戰爭正在升級，且愈益由實體入侵擴散到破壞性數位攻擊，從媒體公司到政府部門無不受害。親烏克蘭的運動者則以科技程度更低的破壞型態對俄國進行報復，拆毀向克里米亞半島供應電力的高壓電塔，讓俄國新近攫取的這片領土陷入大規模停電。當然，普丁將這次破壞歸咎於烏克蘭政府。

霍奎斯特將所有這些因素排列在一起，進而預測俄國駭客即將發動一種網路安全歷史上前所未見的攻擊型態。「我想，很有可能，」他對五角大廈官員們說：「他們會試著把燈全都關掉。」

霍奎斯特記得，軍方的聽眾們似乎認可了他的警告。但潛在威脅充斥的網際網路各處還有其他無數隱患點，於是會議繼續討論其他議程。「說實話，」霍奎斯特說：「我完全不認為他們真的聽懂了。」

第八章

SANDWORM

停電

一開始，羅伯・李（Robert Lee）歸咎於松鼠。

那是二〇一五年耶誕夜——說巧不巧，也是李預定在阿拉巴馬州卡爾曼（Cullman）的家鄉舉行婚禮的前一天。胸圍寬大、留著鬍鬚、一頭紅髮的李那年二十七歲，剛從國家安全局的一份高階工作離職，他在國家安全局率領一群分析師，專門從事一項獨特任務：追蹤危害關鍵基礎設施的駭客。此時他安頓下來，正要創立自己的資安公司，並迎娶派駐海外時認識的荷蘭女友。

正當李忙著準備婚禮，他看到的新聞報導讓他立刻分神。手機螢幕上的頭條新聞顯示，駭客方才關閉了烏克蘭西部的一處輸電網。該國大片地區顯然因此停電長達六小時。但在最初的激動褪去之後，李的天生疑心開始浮現。他想到這大概只是媒體炒作；他還有其他事要操煩，而他先前也聽過好多次輸電網被駭客攻擊的錯誤說法。原因通常只是嚙齒動物或鳥類；松鼠對輸電網的威脅更大於駭客，已經成了資安產業盛傳多時的笑話。

但隔天，就在婚禮開始前，李收到一封簡訊，將這次事件再次拉回他的意識之中。發信人是系統網路安全協會（SANS Institute）工業控制系統安全主任麥克・阿桑提（Mike Assante），這是一家精銳的網路安全訓練中心，李也在那兒授課。在李看來，阿桑提傳來的訊息，重要性遠遠勝過任何新聞媒體：說到影響輸電網的數位威脅，阿桑提是全世界最受敬重的專家之一。而他告訴李，烏克蘭被駭客入侵停電看來確有其事。

李刪除了簡訊，試圖專心迎接婚禮。但他宣讀誓詞、親吻新娘過後沒多久，烏克蘭的一位聯絡人寄來電子郵件：駭客入侵停電是真的，那個人說，他需要李的幫助。

李的職業生涯都為了這一刻在做準備。他在國家安全局付出好幾年時間，追蹤那些罕見且精密，鎖定輸電網、管線及供水系統的駭客團隊，並以守護文明最根本的支柱而自豪。他曾向政府最高階官員簡報這些威脅。他甚至還在自家地下室建造工業控制系統的實體模型，以進行測試。此時，他期待多年的歷史里程碑，卻似乎在壞到令人哭笑不得的時機終於到來：已知第一起真正由駭客導致的停電。

幾乎沒得選擇。他不僅缺席了和家人共度耶誕節，連自己的婚禮接待也缺席，找了房間中一處安靜角落，開始和阿桑提傳訊息，談論烏克蘭輸電網攻擊的詳情。

身上仍然穿著新郎禮服的李，最後到附近的父母家中，使用母親的桌上型電腦。他與在愛達荷州鄉間參加友人的耶誕派對，卻拿出筆記型電腦躲在角落的阿桑提聯手開工，一同檢視烏克蘭地圖和該國輸電網示意圖。遭受攻擊的三家電力公司變電所散布於全國不同地區，彼此相隔數百英里，而且毫無聯繫。「這不是松鼠，」李心中懷著驚悚得出結論。

那一夜，李忙著拆解烏克蘭聯絡人從遇襲的電力公司寄來的 KillDisk 惡意軟體，一如雅辛斯基數月前在星光傳媒遭受入侵之後的舉動。「我有個耐心十足的太太。」李如此解釋他在電腦前度過洞房花燭夜的決定。

其後數日，他又從烏克蘭聯絡人那兒收到取自攻擊現場的另一個程式碼樣本和鑑識資料。將它拆開之後，李也就看出了入侵是如何開始。它始於一封冒充烏克蘭國會訊息的釣魚郵件。一個惡意Word附件悄悄在受害者電腦上運行一套名為巨集（macro）的腳本，那是暗藏在文件裡的一個小程式。

效果就跟二〇一四年iSight首先在被感染的微軟PowerPoint文件裡發現，由沙蟲運用的那套零日漏洞技術一樣，但多了新的權衡餘地：少了零日漏洞，就得誘騙受害者點擊按鍵，以允許腳本運行。在受害者還沒點擊之前，文件都會顯示為缺少內容或損壞，於是多數使用者都會不假思索地點擊讀取。但運用更簡單手法替代零日漏洞，卻使駭客得以更不顯眼地作業，他們的攻擊也無需仰賴微軟對於罕見漏洞一無所知。

這個Word腳本裡植入了黑能源感染，正是此刻已經實際上正式成為烏克蘭資訊網路全國性傳染病的那套惡意軟體。從這個立足點開始，駭客似乎擴散到了電力公司的系統，最終入侵一整個虛擬私人網路（virtual private network），這是電力公司用來從遠端存取系統的工具——包括讓作業員得以操控斷路器等設備的高度專門工業控制軟體。

看著駭客手法和他們對黑能源的運用，李開始聯想到iSight早先的調查結果，以及他任職國家安全局期間的其他調查結果。這是沙蟲的傑作，他對這點完全肯定。歷經數年潛伏、刺探、蓄積能力和執行偵察工作，沙蟲踏出了其他駭客無人膽敢踏出的一步：他們造成真正的停電，無差別破壞數十萬平民生活所需的實體基礎設施。

對李而言，這些片段全都拼湊起來了：沒錯，沙蟲牽連其中，意味著這次停電極有可能是俄國發動的攻擊，針對俄羅斯所偏好的受害者——烏克蘭。但當他追蹤目前已知的沙蟲歷史來到結論，他又想到，工業控制系統緊急應變小組也曾將美國關鍵基礎建設遭受的黑能源感染歸咎於這個集團。換言之，才剛熄滅了將近二十五萬烏克蘭人燈火的同一個集團，不過一年之前也用過同一種惡意軟體，感染美國公用電業的電腦。

李心中警報大響。烏克蘭的攻擊不只是遙遠外國的個案研究而已。「一個早已鎖定美國電力公司的敵人，已經跨越界線，關掉了一整個輸電網。」李表示：「這是美國迫在眉睫的一大威脅。」

*

李長久以來都大力鼓吹一個簡單原則。「誰都不應該亂搞民用的工業控制系統。」他說：「絕對不行。」

李堅信，對於非軍用實體基礎設施的網路攻擊，應當被視為跟集束炸彈及生化武器一樣，是任何遵守道德的國家都不該使用的武器等級，只因為它太危險、太無法控制。畢竟，並不是每次駭客攻擊輸電網都一定能在短短六小時內修復，在某些情況下，攻擊者也不會知道他們造成多大程度的損害。李用了很多年時間深思對關鍵基礎建設發動網路攻擊可能造成的連鎖反應，而他設想的噩夢是駭客造成的停電長達數週，甚至一個月，持久到後果不可預測，還有可能包括醫院、生產製造或糧食分配全都嚴重受害。「你冒險製造出毫不人道的附帶損害，」李主張：「我們試圖經由國際公約和道德規範，從其他衝突場域裡廢除的，正是這種損害。」

他想像中的禁止駭客針對基礎設施攻擊，對於一個實際上出生於軍中的人來說，倒是出人意表的鴿派立場。李的一位祖父在第二次世界大戰期間擔任無線電報務員。另一位祖父則是綠扁帽特種兵。他在阿拉巴馬成長的時候，他的父母都是空軍士兵；父親在越南打過仗，李出生之後沒多久，父母兩人都參加了沙漠風暴作戰，母親為了照顧李和他的姊妹們而待在美國本土。當他成為少年，母親又被指派參加伊拉克和阿富汗戰爭，從伊利諾州的空軍基地協調C－一七運輸機。

李的父親比母親大了十歲，曾在越南獲頒銅星勳章，雖然究竟是因為什麼功績而獲獎，他從來沒告訴過李。他在伊拉克擔任空軍裝載長，負責項目包括安排要由空軍飛機投向目標的一切彈藥。李還記得父親讓他看過炸彈的照片，父親在炸彈上塗鴉這段話：「致薩達姆，李氏一家贈送」。

但李自己走上了另一條路。報考美國空軍官校之後——他說，父親說他絕不可能錄取，藉此誘騙他報考——他發現自己對於沒完沒了的工程及物理課程，興趣更低於非洲研究。他用了一個暑假前往喀麥隆參加人道援助任務，與當地一個專注於再生能源和供水的非政府組織合作。他們會在鄉間四處旅行，睡在當地人的村莊，享用的餐點是魚和名為富富（fufu）的澱粉糕，並設置簡易濾水系統及太陽能收集器。

李對科技始終不怎麼入迷。他跟其他孩子一樣打電玩和組裝電腦，但從來沒學過寫程式。但在喀麥隆，他開始迷上控制系統。他發現，一臺基本的可編程邏輯控制器（programmable logic controller），就能讓他安裝的機器效能突飛猛進。由西門子和洛克威爾自動化公司（Rockwell Automation）等廠商發售的這種書本大小，會發出幾道閃光的灰色盒子，能讓他為裝置在溪流中的太陽能動力濾水系統編寫程式，使它們得以自行更換過濾器而不假人手。或者，同樣的控制器也能經過編程，為連接太陽能板或風力發電機的一系列汽車電池充電。那就意味著更潔淨的水，或更多能源用來點亮他們送給村民的ＬＥＤ燈，於是每天就有更多光照時間，人類生活真正得到改善。

李開始把這些可編程邏輯控制器，也就是有能力改變周遭實體世界的數位大腦，看作是基礎設施與經濟發展的根本構成要素。「我想，我可以教你們怎麼創造能源，為你們的村莊帶來動力。這就改變了文明。」他說：「我把控制系統看作實現轉變的途徑。」

*

二〇一〇年，李從空軍官校畢業，分發到密西西比州比洛克西（Biloxi）的基斯勒空軍基地（Keesler Air Force Base），受訓成為通信官。當時，空軍剛開始認真看待網路安全問題，將這個新學科放進更大的教育範疇裡。李就在那兒學會駭客的基本知識：網路分析、鑑識、「藍軍」防守與「紅軍」進攻的演習。

但說到控制系統及其安全防護的課程，李卻發現他的教官們對於這種少為人知的運算，知道的往往比他從實務操作編程控制裝置所學到的更少。

李在基斯勒服役期間，發現自己的興趣是在一個忙亂的新衝突場域：一種名為震網（Stuxnet）的謎樣惡意軟體，開始出現在中東及南亞各地成千上萬部電腦之中。沒有人知道它究竟有何用途。但這種蠕蟲似乎有能力擾亂可編程邏輯控制器，這是前所未見的。（如同世界上其他多數人，李那時還不知道，震網其實是美國人發明的。它由李日後在國家安全局的雇主和以色列情報機構一同創造，直接目標是要摧毀伊朗核濃縮設施裡的裝備，這個行動標誌著網路戰進入新時代。下文還會提到。）

那時的李光是聽到有能力攻擊實體基礎設施的惡意軟體這個概念，就覺得被冒犯了。「這下有些混蛋瞄準了控制系統，」他記得自己這麼想：「讓世界變得更好的途徑就是控制系統。有些人正在危害它，我被惹毛了。」

隨著關於震網的更多資訊逐漸向大眾披露，李對於工業控制系統安全的興趣昇華為癡迷。他運用下課時間閱讀自己在這個主題上所能找到的每一份文件。不久，他設法找到橡樹嶺國家實驗室（Oak Ridge National Laboratory）一位友好的核子科學家，一再細問可編程邏輯控制器的細節中一行被加密的文字，以及對於史上第一種意圖破壞它們的惡意軟體最新的研究發現。

李說，隨著事態逐漸明朗，這個程式碼是為了精確打擊伊朗納坦茲（Natanz）的一處設施而製造，他對這個惡意軟體的看法也轉變了，該設施有可能在伊朗取得核武的過程中發揮關鍵作用。但在某種程度上，他在基斯勒空軍基地也成了工業控制系統安全議題上最接近於專家的人。他自己也在教導其他學生，偶爾還為來訪的將領做簡報。

訓練結束後，李在德國拉姆施泰因空軍基地（Ramstein Air Base）的一個情報單位任職。他在空軍第一份真正職務的內容，由於他的機密工作愈益隱祕的性質，詳情至今仍然不明。但他暗示這個單位參與了反恐戰爭的情報任務，這些任務由全球鷹偵察機（Global Hawk）和掠奪者無人攻擊機（Predator drone）等遠端導引載具執行。李將自己的工作聚焦於這些載具控制系統的安全防護。但在數月之內，另一個不同機構注意到他，讓他的職業生涯完全轉向：國家安全局。

李剛在拉姆施泰因安頓下來，就奉命轉往德國另外一個地方的某處設施。*李來到的國家安全局這個小小的部門，有一項不可思議卻令人興奮的任務。國家安全局位於馬里蘭州的總部——米德堡（Fort Meade），已經指派許多資源豐富的小組，因應美國國家安全遭受的每一項已知威脅。他所屬約有一百人的這支野戰單位，則獲得獨立運作的權限，跳脫這個龐大機構既有思維模式之外思考——去關注國家安全局其他人未曾著眼之處。「我們的工作是找出『未知的未知』。」李說。

李開始到處詢問，國家安全局內由誰負責追蹤危害工業控制系統安全的駭客。他震驚地發現，沒有一個團隊專門投入這項任務。國家安全局有幾個小組負責找出並修補工業控制系統裝備中的弱點。如同震網所揭示的，它也有自己的攻擊小組，負責研發利用基礎設施弱點的技術。但它還沒有指派一個小組，專責獵捕針對基礎設施的敵方駭客。

於是李提議建立一個。他驚奇於自己遭遇到的官僚作風竟然這麼少；他記得，創立國家安全局第一個工業控制系統威脅情報小組，只需要填寫一張表格。「所以我在一夜之間，成了國家安全局所有工業控制系統威脅發現工作的領導。」李說。

那時他才二十二歲。「一塌糊塗，可不是嗎？」

第九章

SANDWORM

代表團

羅伯・李將自己在國家安全局的工作，形容得像是他的腦袋接上一套超智慧的龐大蜂巢狀心智。突然間，他不只能接觸到專家同儕，還能接觸到局裡的全套機密知識，以及豐富的情報蒐集能力。當然，李幾乎沒有透露這些情報來源的相關細節。但部分由於愛德華・史諾登（Edward Snowden），我們得知其中包含各式各樣機密的資料蒐集工具，它們被泛稱為「訊號情報」（signals intelligence，簡稱 sigint），涵蓋的能力從經由海底電纜吸取大量網際網路原始數據，到侵入敵方系統管理員，站在他們肩膀上窺伺私人網路。「當你基本上能夠接觸到一整個美國訊號情報系統，身邊又圍繞著地球上幹這行最聰明的人，你很快也就旋轉加速了。」李說。

* 即使李拒絕多談那處基地，但所有跡象都指向達姆施塔特（Darmstadt）的短匕建築群（Dagger Complex）。這個國家安全局前哨基地位於德國西部一處小型的美國陸軍基地，它在情報行動中的角色當時被列為機密，隨後才在國家安全局吹哨者愛德華・史諾登（Edward Snowden）外洩的機密文件中被披露。

其後四年，他和大約六名分析師組成的小組，將每一個工時都用來追蹤發展迅速的後震網時代工業控制系統的駭客世界。「每天都是由假設驅動的獵捕。我們會問自己：如果我是敵方人員，我會採取什麼行動侵入工業控制系統？接著我們就在世界上尋找這種行動。」李說：「我們很快就超越了如何幹這種事的人類知識，不得不構思我們自己的模型、方法與訓練。」不久，他就開始撰寫報告，介紹駭客入侵基礎設施這項新的重大威脅，這些報告一路上達歐巴馬總統的辦公桌，他也向國家安全局長凱斯．亞歷山大簡報。

李拒絕談論他的小組調查發現的細節。但他暗示，他們發現了由外國政府實施，新而活躍的工業控制系統入侵行動，頻繁到每週一次的程度。這些駭客團隊只有極少數曾被媒體指認出來。（但他很小心地將他的小組在那段時間追蹤的行動，描述成只是「針對」工業控制系統。李不願透露有多少行動——要是真有其事——曾經仿傚震網，跨越界線破壞或摧毀實體設備。）

即使他的團隊勾勒出一幅對基礎設施的威脅在網際網路翻騰的全球視野，李仍提及，他記得沙蟲尤其突出。他很早就將它標記成與眾不同的危險行為者。「我可以確認，我們知道他們，也追蹤他們。」他字斟句酌地說：「而我發現，相較於我們正在觀察的其他威脅，他們特別具有攻擊性。」

接著，在二〇一四年，李的夢想工作戛然而止。身為一名迅速竄起，有時不免自以為是的後起之秀，他向來不特別服膺於軍方嚴守官階的作風。國家安全局相對隨心所欲的文化，讓他擺脫了那套體系的桎梏。但他對於空軍新兵受到的對待仍然感到失望，他們有時被輪調到國家安全局的其他所屬單位，展現出真正的才華，然後又突然被調離，從事匹配於他們低階身分的粗笨差使。

於是李挺身而出，在軍方的《信號》（*Signal*）雜誌上撰寫一篇措詞強烈的文章，題為〈空軍網路的失敗〉（The Failing of Air Force Cyber）。他這篇坦率的投稿指控空軍在網路安全方面的無能，並譴責軍階的官僚教條扼殺了進步，浪費了智力資源。44

李並未預期到這篇文章的反作用力，或充分考慮到他仍受制於自己所撻伐的同一套軍階結構。《信號》雜誌的投稿刊登沒多久，李就發現自己被重新指派，從他的駭客追捕小組調走，歸建一個空軍情報單位。

回到了那個套上項圈的軍方階序裡，李對自己必須隸屬於那些欠缺他在國家安全局所學專長的長官而憤憤不平。更慘的是，他這時被指派到一個角色完全相反的小組。他這時是駐紮在德州的美國空軍中隊一員，負責的工作不再是網路安全，而是網路攻擊。換言之，他如今奉命從事的，正是他認為不道德的那種基礎設施入侵。頭一次發現「有些混蛋」針對工業控制系統攻擊之後不過四年，他就成了那種混蛋。

他在這個高度機密的工作上度過不快樂的一年，然後說服一位指揮官讓他退伍，這個舉動在一個空軍職業軍人家庭裡簡直不可想像。李說，身為空軍軍官的最後一天，他在踏出軍營時落淚了。那是二〇一五年。那年秋天，李離開德州，遷居馬里蘭州，試圖在私營部門重新打造他在國家安全局的夢幻隊。沒過多久，耶誕節來到。隨著耶誕來到，沙蟲再次走進他的生命。

*

44 Robert M. Lee, "The Failing of Air Force Cyber," *Signal*, Nov. 1, 2013, https://www.afcea.org/content/failing-air-force-cyber .

儘管在全世界最機密的機關任職多年，慎重卻從來都不是李的強項。耶誕節婚禮被縮短之後不久，他就將烏克蘭的停電和一個活躍的駭客集團聯繫起來，那正是已經刺探過美國基礎設施的同一個集團。而在他的職業生涯中，這是第一次無需在安全許可制約下將資訊保密。他立刻決心警告全世界。

就在新年前幾天，李、麥克．阿桑提，以及另一位名叫提姆．康威（Tim Conway）的系統網路安全協會研究員，一同將烏克蘭襲擊事件的概要情況拼湊起來。李想要全盤揭露。「到了十二月二十九日，我們知道大眾必須知情。」他說。

即使跡象顯示沙蟲集團幕後策劃了停電，阿桑提覺得要開始將攻擊歸咎於任何特定駭客集團還是為時過早——更不用說歸咎於某國政府。三人同意由阿桑提在部落格上發表一篇文章，小心提及攻擊事件而不透露太多細節，在任何媒體報導可能炒作或扭曲事件之前搶得先機。

隔天，他們在系統網路安全協會的網站上發表一篇審慎的文章，由阿桑提署名：「俄國及烏克蘭的少數消息來源指出，斷電是由網路攻擊引發，具體而言，是外部來源的病毒，」文章寫道：「我對此存疑，因為它們提及的斷電很難得到證實。」45

但就在兩天後，李在部落格上自行發文，第一次提及他所取得的黑能源惡意軟體樣本。這篇發文仍然採取審慎態度，但它拋出了足以推導結論的提示。「烏克蘭斷電比起先前所認為的更有可能是由網路攻擊所導致，」他寫道：「早先的報導並未做出結論，但從相關網路取得的一份惡意軟體樣本支持了這種說法。」46李說，他的用意在於盡可能以最不危言聳聽的語氣，清楚告知美國電力公司：它們應當立刻檢查自己的網路是否受到黑能源感染，成為沙蟲的可能據點。

接下來一週，李、阿桑提和康威持續與烏克蘭政府、美國國土安全部及能源部交流這次攻擊的相關情報。但八天過去，美國官方仍未對這次攻擊發表任何公開聲明，於是他們再由阿桑提署名發表另一篇文章，肯定確認停電是由網路攻擊所致，並指名黑能源和 KillDisk 是用於攻擊的工具，即使未必是斷電的起因。他們計畫根據自己的分析，發布完整報告詳盡敘述攻擊事件。

但在這一階段，令李大失所望的是，國土安全部一位高階官員要求系統網路安全協會不要再揭露更多資訊。停止的請求是對阿桑提發出的，他在愛達荷國家實驗室和北美電力可靠度公司（North American Electric Reliability Corporation）任職的經驗，使他仍然與政府維持著深厚關係。

歐巴馬政府的網路安全協調官 J・麥可・丹尼爾（J. Michael Daniel）日後向我敘述，政府主張在公開揭露相關電力事業弱點的任何資訊之前，要先給予這些電力公司謹慎處理問題的機會，以防投機的駭客得到風聲。但李怒不可遏，他反倒將這樣的延遲看成是官僚扯後腿。

隨後數日，系統網路安全協會的研究員們不顧李反對，與政府部門官員達成妥協。他們會組織一次查明事實行程前往烏克蘭，與攻擊中受害的電力事業會談，並共同寫成提交給政府的機密報告，以及向大眾公開不保密的報告。在報告完成之前，所有人都要保持緘默。

阿桑提和康威應邀參加代表團。李卻沒有獲邀，因為官方當時認為他是個惹是生非的莽夫。

---

45 Michael J. Assante, "Current Reporting on the Cyberattack in Ukraine Resulting in Power Outage," SANS Industrial Control Systems Security Blog, Dec. 30, 2015, http://ics.sans.org/，存檔參看：http://bit.ly/2WCU0jt。

46 Robert M. Lee, "Potential Sample of Malware from the Ukrainian Cyber Attack Uncovered," SANS Industrial Control Systems Security Blog, Jan. 1, 2016, http://ics.sans.org/，存檔參看：http://bit.ly/2t1l9ib。

*

數週之後，美國團隊在一個晴朗而嚴寒的冬日抵達基輔。他們在基輔凱悅酒店（Hyatt）集合，就在千年歷史的聖索菲亞大教堂黃金穹頂一個街區之外，沿著街道就會走到廣場。其中包含聯邦調查局、能源部、國土安全部、北美電力可靠度公司（負責全美輸電網穩定運行的機構），以及系統網路安全協會的阿桑提和康威，所有人都被指派來了解烏克蘭停電事件的全部真相。

就在第一天，這個團隊在一間毫無生氣的旅館會議室裡，和基輔地區的配電公司——基輔電力公司（Kyivoblenergo）人員集會，該公司是輸電網襲擊的三家受害公司之一。隨後數小時，烏克蘭公司神情隱忍的主管和工程師，清楚說明了他們的網路遭受無情狡詐襲擊的時間順序。

正如李和阿桑提注意到的，感染了電力公司的惡意軟體本身，並未包含任何足以真正控制斷路器的指令。但在十二月二十三日下午，基輔電力公司員工卻無助地看著烏克蘭中部一片麻薩諸塞州大小的地區內，數十處變電所的斷路器逐一被打開，命令彷彿來自於他們網路上某些他們看不到的電腦。事實上，基輔電力公司的工程師確認，攻擊者在某處遠端設施的個人電腦上自行裝設了組態完善的控制軟體版本，然後運用這個無賴的複製品發送指令，切斷電路。

斷路器一被打開，數萬烏克蘭人的用電被切斷，駭客們就發動下一階段的攻擊。他們覆寫了變電所鮮為人知的串列埠轉乙太網轉換器（serial-to-ethernet converter）程式碼，這是變電站伺服器機櫃中的小盒子，用以將現代網路通訊轉譯為舊式設備能夠理解的形式。入侵者們侵入這部分硬體設施，也就使得裝置永久失效，封阻了正當作業員再對斷路器進行數位控制。

阿桑提自忖，光是破壞串列埠轉乙太網轉換器這個技倆，就需要幾週時間設計。坐在會議桌前，他對這次行動的周密程度大為驚詫。

駭客們也留下了他們慣用的其中一張名片，運行KillDisk程式摧毀該公司的幾臺電腦。然後是這次攻擊最惡毒的一部分：當地區供電遭到切斷，變電所本身也喪失電力。控制站都有備用電池因應這樣的情況，但駭客們也把備用電池切斷，讓電力作業員在危機中陷入黑暗，拖延他們的修復工作。駭客們極其精確地精心設計了一次停電中的停電。

「他們傳遞的訊息是：『我要讓你們隨時隨地都感受到厲害。砰砰砰砰砰砰砰。』」阿桑提從一頭霧水的配電調度員視角想像這次攻擊，這麼說道：「這些攻擊者必定覺得自己跟神一樣。」

那一夜，在旅程的下一段，這隊人馬搭上班機，來到喀爾巴阡山腳下的烏克蘭西部城市伊萬諾－弗蘭科夫斯克（Ivano-Frankivsk），在暴風雪中降落於該市小小的蘇聯時代機場。隔天早上，他們訪問了喀爾巴阡山麓電力公司（Prykarpattyaoblenergo）總部，該公司在耶誕前夕攻擊中首當其衝。

電力公司主管們客氣地將美國人迎入他們的現代建築裡，它就在同一建築群廢棄火力發電廠的龐大煙囪籠罩下。接著帶領他們進入董事會會議室，在一幅中世紀戰爭戰後景象的油畫下方的木製長桌坐定。

喀爾巴阡山麓電力公司主管們描述的攻擊，與基輔電力公司的遭遇幾乎如出一轍：黑能源、損毀的韌體、被破壞的備援電力系統、KillDisk。但在這次行動中，攻擊者還採取了另一個手段，用假冒電話轟炸該公司的客服中心——或者是為了阻礙消費者向公司警告斷電，或者就只是為了增添另一層混亂與羞辱。彷彿駭客們決心施展渾身解數讓一群觀眾刮目相看，或測試自己的十八般武藝。

這裡跟其他電力公司遭受的攻擊還有一個差別。當美國人問起，是否跟基輔地區一樣，由複製版本的控制軟體發送指令關閉電力，喀爾巴阡山麓電力公司的工程師說：不是，他們的斷路器是被另一種手法打開的。

會議進行到這時，公司的技術主任插了話，這是一個高大而嚴肅、有著黑髮和冰藍色眼珠的男人。他並不試著透過口譯向美國人解說駭客的手法，而是選擇呈現給他們看。他在傷痕累累的iPhone 5s手機選了一部自己錄製的影片，點選「播放」。

這個五十六秒長的片段，顯示出一個遊標在該公司控制室的其中一臺電腦螢幕上來回移動。游標箭頭滑到其中一部斷路器的圖示上，敲擊指令將它開啟。影片的鏡頭從電腦的三星螢幕轉向滑鼠，顯示滑鼠絲毫沒動過。然後影片又呈現遊標再次移動，似乎完全由它自主，放到另一部斷路器上，再次試圖切斷它的電流，而控制室內的工程師們則互相詢問著到底是誰在操控。[47]

駭客們並不像對付基輔電力公司那樣，從自動化惡意軟體，或甚至是一部複製主機上發送斷電指令。他們反倒利用了該公司資訊支援服務工具的弱點，直接控制了變電所作業員的滑鼠動作。他們把作業員封鎖在自己的使用者介面之外。就在作業員眼前，看不見的鬼手逐一點擊了數十部斷路器——每一部都各自向一片不同地區提供電力——然後一部一部又一部，將它們切斷。

47 Andy Greenberg, "Watch Hackers Take Over the Mouse of a Power-Grid Computer," *Wired*, June 20, 2017, https://www.wired.com/story/video-hackers-take-over-power-grid-computer-mouse/.

PART 2

SANDWORM

第二部 起源

人們曾經一度將思維能力賦予機器，
希望用機器代替人類的勞動，將人們從勞動中解放出來。
然而，這只會讓機器的擁有者奴役其他人。

第十章

SANDWORM

重現：極光

烏克蘭旅行之前九年，二〇〇七年三月一個寒冷刺骨又刮著風的早晨，麥克・阿桑提抵達愛達荷瀑布市（Idaho Falls）西方三十二英里處，愛達荷國家實驗室的一處設施，這座建築位於覆蓋著積雪與山艾樹叢的遼闊高地沙漠景色中央。他走進訪客中心內部的一間禮堂，裡面聚集著一小群人。這群人包含國土安全部、能源部、北美電力可靠度公司的官員，全國各地幾家公用電力公司的主管，還有跟阿桑提一樣受到國家實驗室指派，奉命前來花上幾天想像美國重大基礎設施遭受災難性威脅的其他研究員和工程師。

房間前方是一列視訊顯示器和資訊源（data feed），面向房間的看臺座椅，宛如火箭發射的任務控制中心。螢幕上顯示著一部巨大的柴油發電機從幾個不同角度拍攝的直播影片。這部機器的大小相當於校車巴士，是一大塊薄荷綠色的龐大鋼鐵，二十七噸重，約莫相當於一輛M三布萊德雷戰車。它座落在距離觀眾們一英里外的一處變電所，產生的電力足以維持一家醫院或一艘海軍軍艦運行，持續發出轟鳴。機器表面散發的熱浪，使得即時影像畫面中的地平線也隨之擾動。

阿桑提和他在愛達荷國家實驗室的同事們，從阿拉斯加的一處油田花了三十萬美元買來這部發電機。他們從數千英里外將它運到愛達荷的試驗場，那是一片八百九十平方英里的土地，國家實驗室在土地上維持著一片可觀的輸電網以供實驗之用，連同六十一英里長的輸電線，以及七處變電所。

這時，要是阿桑提把工作做好的話，他們就要摧毀這部機器。聚集一堂的這群研究者們計畫不用任何實體工具或武器解決這部十分昂貴又韌性十足的機械，而是用將近一百四十千位元組的資料解決它，這個檔案甚至比今天推特上分享的一張普通的貓動圖更小。

*

時間再往前推三年，阿桑提曾是美國電力公司（American Electric Power）首席安全官，這家公用電業在德州到肯塔基州的十一個州有千百萬用戶。阿桑提這位海軍軍官轉業的網路安全工程師，長久以來一直敏銳地意識到駭客攻擊輸電網的可能性。但他灰心地看到，公用電業的多數同儕對這項仍屬理論且遙遠的威脅，抱持著一種相對簡化的看法。公用電業當時的常識認為，要是駭客真有辦法深入一家公用電力公司的網路，開始打開斷路器，那麼員工把這些入侵者踢出網路，重新打開電路也就行了。「我們可以跟應付風暴一樣應付它，」阿桑提記得同事們這麼說：「它被想像的方式就像一次斷電，我們會從斷電中恢復，圍繞著這種風險模型的思考限度就是這樣。」

但阿桑提在輸電網建設和電腦安全兩方面具有程度罕見的跨界專長，他一直受到一種更加狡詐的想法糾纏。要是攻擊者不只劫持配電調度員的控制系統，以切換開關造成短期停電，而是重新編程了輸電網的自動化部分，也就是自行決定輸電網運行，而不和任何人類查核的那些組件呢？

阿桑提尤其在思索一種名為保護電驛（protective relay）的裝置。保護電驛是為了發揮安全機制功能，防範電力系統中的危險實體狀況而設計。倘若線路過熱或發電機失調，就是由這些保護電驛偵測出異常狀況，開啟斷路器斷開故障點的連結，以保護珍貴的硬體，甚至防範火災。保護電驛的功能宛如輸電網的救生員。

但如果保護電驛被癱瘓了，或者更壞，被損毀而成了攻擊者破壞酬載的載體呢？

阿桑提從公用電業任職期間帶到愛達荷國家實驗室的，正是這個令人憂慮的問題。這時，在國家實驗室試驗場的訪客中心裡，他和工程師同事們就要把他最邪惡的構想付諸實踐。這項機密實驗獲得的代號，日後將與數位攻擊導致實體後果成為同義詞：極光（aurora）。

*

試驗執行人讀出時間：上午十一時三十三分。他和一位安全工程師查核，確認實驗室的柴油發電機週邊區域沒有任何旁觀者。然後他向愛達荷瀑布國家實驗室辦公室內的其中一位網路安全研究員發送開始信號，展開攻擊。如同任何真實的數位破壞，這次行動也要在數英里之外，經由網際網路執行。試驗中的模擬駭客做出回應，將大約三十行程式碼，從他的主機輸入了與巴士大小的柴油發電機相連的保護電驛裡。

直到破壞那一刻為止，那部發電機內部都與它所連結的輸電網，表演著一種不可見卻又完美和諧的舞蹈。燃燒室內的柴油燃料以非人所能及的節奏霧化引爆，推著活塞轉動發電機引擎內部的一根鐵棒——整套組件被稱為「原動機」（prime mover）——速度約為每分鐘六百次。這樣的旋轉經由一個為減緩任何震動而設計的橡膠索環，進入了發電組件：一根有著分支的棒子包裹銅線，放在兩大塊磁鐵中間，使得每次旋轉都在線圈中觸發電流。這一大塊纏繞成團的銅線轉動得夠快，就會產生六十赫茲的交流電，將電力提供給它所連結的更龐大輸電網。

與發電機連接的保護電驛，旨在防止它沒有事先同步到準確的規律（六十赫茲），就與電力系統的其他部分連結。但阿桑提在愛達荷瀑布的駭客方才重新編程了這個保護裝置，將它的邏輯完全顛倒過來。

十一時三十三分二十三秒，保護電驛察覺發電機完全同步了。但它被損毀的大腦採取的行動，與它原本該做的完全相反：它打開了斷路器，將機器斷開連結。

當發電機從愛達荷國家實驗室輸電網的更大迴路斷開，解除了與龐大電網系統分享能量的重擔，它立刻開始加速，轉動得更快，就像一群擺脫了馬車的馬。保護電驛一察覺發電機的運轉加速，與輸電網其他部分完全不同步，它被惡意顛倒的邏輯立即將它與輸電網的運轉部分重新連結。

就在柴油發電機再次連結上更大系統的那一刻，它就被輸電網上其他每一部正在運轉的發電機猛力擊打。所有這些設備將柴油發電機自身轉動部分相對較小的質量，再次拉回了原先較慢的速度，以符合其鄰居們的頻率。

在訪客中心的那些螢幕上，齊聚一堂的觀眾們看著這部巨大機器突然劇烈、暴力地搖晃起來，發出宛如鞭子揮向深處斷裂的劈啪聲。從惡意程式碼觸發反應的那一刻起，到這第一次劇烈晃動，整個過程只是一轉眼。[1]

黑色塊狀物開始從發電機的一處通路板飛出來，這個通路板由研究員們開著，以觀察內部情況。而在發電機內，連結機軸兩半部的黑色橡膠索環正在四分五裂。

數秒後，隨著保護電驛的程式碼重啟破壞循環，將發電機斷開連結，再將不同步的它重新連結，機器再度搖晃起來。這次，一團灰色煙霧開始從發電機湧出，可能是橡膠碎片在發電機內燃燒所致。

即使投注了數月努力和千百萬美元聯邦專款，開發他們正在親眼目睹的這次攻擊，當那部機器從內部分崩離析，阿桑提卻不知為何產生了某種同情。「你發現自己在為那部小小引擎加油，」阿桑提記得：「我想著，『你撐得過去的！』」

那部機器撐不過去。第三次打擊後，它冒出了更大一團灰色煙霧。「那個原動機毀了。」阿桑提身邊的一位工程師說。第四次打擊後，一陣黑煙在垂死掙扎中從機器冒出，升上三十英呎高的空中。

試驗執行人結束了實驗，最後一次將毀壞的發電機從輸電網斷開連結，放著它靜止不動。在隨後的鑑識分析中，實驗室研究員們發現，機軸與發電機的內壁相撞，在機軸和內壁都撞出深深的洞，讓整個機器內部充滿金屬碎屑。而在發電機的另一端，它的線路與絕緣體熔解和燒毀。這部機器徹底報廢了。

這次演示過後，訪客中心裡一片靜默。「這是嚴肅的一刻。」阿桑提記得。工程師們方才毫無疑慮地證實，攻擊公用電業的駭客，造成的後果可以更甚於受害者暫時中斷運作：他們可以將公用電業最關鍵的設備破壞到無法修復。「太生動了。你可以想見這發生在一座真正電廠的某部機器上，那會很可怕。」阿桑提說：「這意味著只要幾行程式碼，你就可以創造出情境，在實體上對我們賴以維生的機器帶來重大危害。」

但阿桑提也記得，在極光實驗過後的剎那，他有些更沉重的感覺。這種感受彷彿六十年前羅伯・歐本海默（Robert Oppenheimer）在美國另一個國家實驗室觀看第一次原子彈試爆，他也見證了某個具有歷史意義和無限強大力量的事物誕生。

「我心裡真的揪成一團，」阿桑提說：「彷彿瞥見了未來。」

1 "Aurora Test Footage," published by MuckRock, Nov. 9, 2016, https://www.youtube.com/watch?v=LM8kLaJ2NDU .

第十一章 SANDWORM

重現：月光迷宮

國家資助駭客行動的已知歷史，可回溯到俄國駭客切斷數十萬人用電的三十年前，以及極光發電機試驗證明這些攻擊可以帶來多大破壞的二十年前。它始於一個七十五美分的會計錯誤。[2]

一九八六年，在勞倫斯．柏克萊國家實驗室（Lawrence Berkeley National Laboratory）擔任資訊管理員的三十六歲天文學家克里夫．史托爾（Cliff Stoll），奉派調查這個財務上的異常情況：有人以某種方式從遠端使用了實驗室的公用電腦，卻沒有支付當時能夠連接網路的電腦通常需要支付的每分鐘使用費。他很快就察覺，這名未經授權的使用者是個技術精密程度獨一無二的駭客，化名為「獵人」，利用了實驗室軟體中的一處零日漏洞。接下來一年間，史托爾都在追捕這個獵人，在這名入侵者從實驗室網路竊取大量檔案之際，細心追蹤他的一舉一動。[3]

最後，史托爾和女友瑪莎．馬修斯（Martha Matthews）兩人製造了一整套假檔案引誘這名竊賊，一邊看著他利用實驗室電腦做為站點，試圖滲透包括國防部軍事網路（MILNET）系統、阿拉巴馬州一處陸軍基地、白沙飛彈試驗場（White Sands Missile Range）、海軍某處數據中心、多處空軍基地、航空太空總署噴射推進實驗室（NASA Jet Propulsion Center）、史丹佛研究院（Stanford Research Institute, SRI）和ＢＢＮ科技（BBN Technologies）等國防承包商，乃至中央情報局等目標。同時，史托爾也追查出這名駭客的來源：德國漢諾威的一所大學。

部分由於史托爾的偵探工作（他在自己的網路安全開創性著作《杜鵑蛋》（*The Cuckoo's Egg*）一書中刻劃了整個過程），德國警方逮捕史托爾追蹤的駭客，以及另外四名西德同夥。這群人一同找上東德特工，提議從西方國家政府的網路竊取機密，再轉賣給蘇聯國安會。

這個五人小組全都以間諜罪起訴。真名為馬庫斯・赫斯（Markus Hess）的「獵人」被判入獄二十個月。兩名被告同意與檢方合作換取免除刑期。其中一名合作者——三十歲的卡爾・柯赫（Karl Koch），屍體隨後在漢諾威城外的森林裡被發現，燒得面目全非，旁邊有一罐汽油。[4]

＊

這些入侵行動十年過後，俄國駭客又回來了。這次，他們不再是外國自由工作者，而是有組織、專業且極其頑強的間諜。他們會用很多年時間劫掠美國政府及軍方的機密。

自一九九六年十月起，美國海軍、美國空軍，以及航空太空總署、能源部、環境保護署、國家海洋暨大氣總署等政府部門，開始偵測到它們的網路斷斷續續遭人入侵。即使闖入者通過從科羅拉

---

2 Stoll, *Cuckoo's Egg*, 3.
3 前引書，頁二八。
4 前引書，頁三七〇。

多州、多倫多到倫敦等處被劫持的主機進行攻擊，這次駭客行動最初的受害者們仍設法查出，駭客來自一家莫斯科的網際網路服務商——城市線上（Cityline）。[5]

一九九八年六月，五角大廈的國防資訊系統局（Defense Information Systems Agency）開始與聯邦調查局，以及倫敦警察廳協同調查這些入侵行動。他們查出駭客們從美國政府及軍方機構竊取了為數龐大的資料：根據其中一項估計，被竊走的資料文件夾堆疊起來，高度相當於華盛頓紀念碑。[6]當調查員開始理解到他們所面對的網路間諜行動規模前所未見，他們為它取了一個名字：月光迷宮（Moonlight Maze）。

到了一九九八年，事態很清楚，月光迷宮的駭客們幾乎肯定是俄國人。這些入侵者的行動時機顯示，他們都在莫斯科的白天工作。調查員挖掘學術研討會記錄，發現俄國科學家參與的研討會題目，與入侵者從美國機構竊取的檔案主題密切相符。一位前空軍鑑識專家凱文．曼迪亞（Kevin Mandia）更逆向還原了駭客使用的工具，破解程式碼的混淆加密層，取出了俄語字串。（數十年後，曼迪亞成了約翰．霍奎斯特在火眼公司〔FireEye〕的老闆，該公司在同樣查出沙蟲的俄國源頭之後，併購了iSight Partners公司。）

顯然，在這很快就被承認為第一次的國對國網路間諜作戰中，偷竊美國政府機密的看來是某個俄國情報機構。但要證明這些間諜為俄國政府本身工作，卻遠比僅僅證明他們的位址在俄國更困難。往後數十年間，這一直是困擾著駭客調查的根本問題。除非偵探們能夠做到一項幾乎不可能的成就：將某次入侵的足跡一路追溯到某座真實存在的建築物，或確認涉案個人的姓名，否則政府都能輕易否認自身對間諜行為的一切責任，並卸責於無聊的青少年或犯罪幫派。

於是，一九九九年初，在智窮力竭的月光迷宮調查員接連幾年都無法阻止入侵，也無法確鑿證明駭客與克里姆林宮的關聯之後，他們不得不採取替代方案：請求俄國協助。

*

一九九九年三月，聯邦調查局探員在華盛頓特區的一家高級餐廳宴請俄國內政部官員，用伏特加和他們乾杯，並正式請求俄國執法部門協助，追捕幾乎可以確定人在莫斯科的駭客們。內政部的回應出奇友好，承諾提供「調查上的積極支持」。[7]畢竟，這時是蘇聯解體後、普丁掌權前的一九九〇年代。表面看來，美國是冷戰的勝利者。重建後的新俄國由鮑里斯・葉爾欽（Boris Yeltsin）總統領導，看來彷彿就要成為西方真正的民主盟友。

不到兩星期後，美國調查員飛往莫斯科，與俄國官員會商。其中一位官員是個將軍，他對美國代表團特別友善，邀請調查員們參加另一場被伏特加浸泡的晚宴。結果證明他太友善了：第二晚的交際結束時，喝醉的將軍險些引發國際事件：他自發地將舌頭伸進一位聯邦調查局女性探員的耳朵裡。[8]

但在隔天，內政部確實遵守它所提議的合作：宿醉的將軍命令一位部屬帶領美國人，前往月光

5 Rid, *Rise of the Machines*, 316.
6 前引書，頁三三〇。
7 同前引書。
8 前引書，頁三三一。

迷宮駭客們使用的網路服務供應商辦公室，包括城市線上在內。調查員很快就發現，城市線上不僅向平民提供網路服務，也向俄國政府提供，他們期望這條線索能夠引出克里姆林宮參與駭客行動的證據。

接著發生了意想不到之事。在與俄國國防部的另一次會談中，同樣這位將軍震驚了代表團：他直率地確認，俄國政府幕後策劃了月光迷宮的闖空門行動。

將軍解釋，入侵是由俄國科學院組織的，但負責指揮的是「搞情報的那些王八蛋」。他宣告，絕不姑息針對俄國的新朋友美國的這種行為。[9] 美國代表團簡直不敢相信自己這麼走運，他們為了這趟旅行的成功而彼此慶賀。或許這個看來棘手的問題，也就是俄國網路間諜的新災害，可以經由外交手段解決。

但美國人的樂觀為時不久。隔天，代表團從俄國顧問那兒得知，他們的行程表被排滿了莫斯科一帶的觀光旅遊。當同樣的狀況隔天仍然持續，調查員開始感到挫折。他們向俄國聯絡人詢問先前見過的那位將軍下落，卻沒有得到明確答覆。連續第三天沒有進一步會談之後，他們知道俄美雙方這短暫且意外的網路安全合作結束了。

困惑的調查員只能猜測發生了什麼事。看來那位友善的將軍對於克里姆林宮的駭客行動一無所知。他把這個問題看成是反常的脫序，而不是它真正的樣貌：一種強大的新能力，正由俄國政府淬鍊成為後冷戰時代情報蒐集的核心工具。這個錯誤無疑導致了嚴重後果。美國人再也不曾見過那位將軍。

調查員返抵美國時，他們發現月光迷宮的入侵停止了。一時之間，他們的盤問看來似乎教訓了俄國政府，讓它下令停止肆無忌憚的間諜行為。接著，不過兩個月後，在一九九九年春天，軍方網路管理員看到了同樣沒完沒了的駭客入侵重新展開，這次匿蹤能力更強，工具的程式碼運用了更多混淆加密。國家資助的網路間諜行動新時代隨之展開。

這次出訪過後不久，一九九九年六月，國防部正式組建了電腦網路防禦聯合特遣部隊（Joint Task Force-Computer Network Defense），這是五角大廈用於應對數位入侵威脅漸增的新武裝。那年八月，在慶祝該單位成軍的剪綵儀式上，國防部副部長何慕禮（John Hamre）審慎地間接提及軍方正持續面臨的網路安全危機，此時月光迷宮仍繼續竊取軍方機密。

「國防部過去半年來一直在進行網路戰，」何慕禮對聽眾們說。他沒有點名月光迷宮；這個代號數月後才向媒體透露。「網路空間不只是極客們的，」何慕禮在電腦網路防禦聯合特遣部隊的演講中補充：「它現在也是戰士們的空間。」[10]

*

何慕禮關於網路空間戰士，以及當時仍少為人知的「網路戰」一詞的所有這些說法，究竟意味著什麼？

在一九九九年何慕禮演說時，軍事研究圈已經提出這個概念好多年。「網路戰」一詞首見於一

9 Kaplan, *Dark Territory*, 87.
10 Rid, *Rise of the Machines*, 333.

九八七年《奧祕》（*Omni*）雜誌的一篇文章，其中將它定義為巨大機器人和自動武器系統替代及加強人類士兵。它描述了空中飛行的無人機、自動導引戰車，以及鋪滿了「破毀機器人殘骸」的戰場。[11]

但在一九九三年，另一篇具有標誌性意義的報告揚棄了這種《魔鬼終結者》（*Terminator*）式的定義，為網路戰下了一個影響更為深遠的定義，將它表述為軍事力量對資訊科技的可能利用。智庫蘭德公司（Rand）兩位分析師約翰・阿爾吉拉（John Arquilla）和大衛・朗斐德（David Ronfeldt）合撰的文章，刊登於期刊《比較戰略》（*Comparative Strategy*）上，題為〈網路戰來了！〉（Cyberwar is Coming!）。（阿爾吉拉後來說，驚嘆號是為了「讓大家看到，情況是多麼嚴重。」）[12]

蘭德公司的這兩位分析師，將網路戰定義為把知識天平倒向對攻方有利的任何戰爭手段。這些戰術可以包含偵察和刺探，但最關鍵的是，也包含攻擊敵方的命令和控制系統。「這意味著破壞，即使未必摧毀資訊及通訊系統，這些系統的寬泛定義，就連軍事文化也包含在內，指敵方賴以『認識』自身的系統：它是誰、它在何處、它何時能做什麼、它為何而戰、它要首先應對何種威脅，等等。」阿爾吉拉和朗斐德寫道：「做為戰爭的創新之一，我們預期網路戰對於二十一世紀的意義，可能正如閃擊戰對二十世紀的意義。」[13]*

但在五年後，何慕禮出席剪綵儀式發表演說時，一種更為暗黑的網路戰概念已開始逐漸成形。何慕禮在一九九七年的一次國會聽證會上說過，美國必須對一次「電戰珍珠港事件」做好準備：一次造成慘重損失的網路戰奇襲，其目的不只是破壞軍方的命令和控制通訊，更要從實體上摧毀美國基礎設施。[14]

這幅更具末日色彩的網路戰景象，同樣在政府內部及軍事分析圈中蘊釀。戰爭達人們才剛開始懷疑，要是駭客們能夠從網際網路出擊，侵入支撐文明的實體系統，那又會怎樣？

阿爾吉拉和朗斐德發表網路戰論文三年後，蘭德智庫的學者們在一九九六年針對這個問題進行過自己的駭客戰爭演習模擬。在這次戲劇化地命名為「網路空間……明天過後」（The Day After ... in Cyberspace）的演習中，蘭德公司分析師們設想了網路攻擊同時影響軍民所造成的災難性致命後果：列車在德國出軌、沙烏地阿拉伯國家石油公司（Aramco）油田控制系統被破壞、美國空軍基地斷電、客機在芝加哥墜毀，或是紐約及倫敦股市引發恐慌。[15]

---

11 前引書，頁三〇一。

12 “Interview with John Arquilla,” *Frontline*，二〇〇三年三月四日訪談，https://www.pbs.org/wgbh/pages/frontline/shows/cyberwar/interviews/arquilla.html。

13 John Arquilla and David Ronfeldt, “Cyberwar Is Coming!,” in *In Athena’s Camp: Preparing for Conflict in the Information Age* (Santa Monica, Calif.: Rand, 1997), https://www.rand.org/content/dam/rand/pubs/reprints/2007/RAND_RP223.pdf .

* 兩位作者提到，他們所敘述的這種網路戰，實際上可能是一種較不暴力、不致命的軍事戰鬥型態，攻方在這種戰爭型態中或許得以迅速攻破敵方指揮中心，而不必打艱苦血腥的消耗戰。「任何種類的戰爭都很難被想成是人道的，但一套全面闡述的網路戰學說，或許得以發展出這樣的能力：動用武力的方式不僅將己方損失減到最小，也無需最大程度破壞敵方就能取勝。」他們寫道：「即使不為其他理由，網路戰減輕戰爭殘酷程度的這種可能性，都需要詳細研究與闡述。」

14 Pierre Thomas, “Experts Prepare for ‘an Electronic Pearl Harbor,’ ” CNN, Nov. 7, 1997, http://www.cnn.com/US/9711/07/terrorism.infrastructure/ .

這幅數位世界末日的景象，令人不寒而慄地從阿爾吉拉和朗斐德描繪的網路戰情景躍進了一大步。要是網路戰意味著駭客們自己也成為軍人，不再只是運用網路攻擊切斷軍方官兵與武器的交流鏈呢？要是網路攻擊成了他們的武器，就跟子彈或飛彈頭一樣能夠摧毀實體呢？

如同蘭德公司的設想，這個運用數位手段進行損害實體攻擊的概念，對現代社會的根基提出了令人憂慮的問題。「要是四分之一的航空交通管制系統有四十八小時無法運作，空中運輸還能繼續嗎？」分析師們在演習的最終報告中自問：「三分之二的銀行系統足以應變嗎；可以的話，又能撐多久？」

隨著他們對這些不堪設想的局面公開表達疑惑，演習人員們得出結論，其中最為關鍵的是電力供輸的弱點，現代社會之科技基礎架構的所有其他層面全都仰賴電力供應。「要是電力系統面臨危險，」他們寫道：「萬事萬物也都面臨危險。」

*

一九九九年時，網路戰或多或少仍是科幻層次。幾乎就任何定義來說，何慕禮預感未來的演說都言之過早了。月光迷宮並不是網路戰，它是直截了當的網路間諜行動。

即使俄國駭客竊取了大量資料，他們卻並未藉由存取軍方網路來破壞或毀損這些系統。他們也沒有顯現出試圖擾亂或欺騙美國命令和控制系統，以取得阿爾吉拉和朗斐德所描述那種戰術優勢的跡象。他們當然也沒有侵入實體世界，造成致命的混亂和停電。

但月光迷宮確實表明，國家資助的駭客存取美國網路的程度，可以比許多美國政府人員以為能夠達到的程度更深更廣。下一次，他們運用這些能力恐怕就不只是刺探了。

二〇〇〇年一月，美國總統比爾・柯林頓（Bill Clinton）在白宮南草坪，以一場不祥的演說概括了這個威脅。這段簡短發言旨在公布一項計畫，啟動美國的網路安全研究及人才招募。但它們卻成了來自過去的警告而流傳下來。「今天，從權力結構到航空交通管制，我們至關重要的系統都由電腦連結和運行，」柯林頓說：

> 歷史上不曾有過這樣的時刻，我們擁有創造知識和製造毀壞的力量，而這兩種力量都操之於同一雙手。我們生活在這樣的時代，一個人坐在一臺電腦前，就能產生想法，漫遊網路空間，將人類帶往新的高度。但也有人能夠坐在同一臺電腦前，侵入電腦系統，而且有可能癱瘓一家公司、一個城市，或一個政府。[16]

駭客產生這種破壞程度的時間還沒到來。但柯林頓對那種未來的想像沒錯。事實上，它就在不遠之外。

15 Robert H. Anderson and Anthony C. Hearn, "The Day After . . . in Cyberspace II," in *An Exploration of Cyberspace Security R&D Investment Strategies for DARPA* (Santa Monica, Calif.: Rand, 1996), https://www.rand.org/content/dam/rand/pubs/monograph_reports/2007/MR797.pdf .

16 "Transcript: Clinton Remarks on Cyberterrorism on January 7, 2000," *USIS Washington File*, Jan. 7, 2000, https://fas.org/irp/news/2000/01/000107-cyber-usia3.htm .

第十二章
SANDWORM

重現：愛沙尼亞

托瑪斯．亨德里克．易維斯（Toomas Hendrik Ilves）的網路斷線了。

或者，二〇〇七年四月下旬的一個週六，這位五十三歲的愛沙尼亞總統在自己家族的農場醒來時，情況在他看來是這樣。一開始，他想當然爾地認為，他那座周圍環繞著數英畝波狀丘陵的偏遠農舍，網路連線必定出了問題。這最新一樁惱人之事讓易維斯怒不可遏。就在前一天，他不甘不願地讓該國安全部門將他偷運出首都塔林（Tallinn）的總統府，送往南方一百二十五英里外他的家族莊園阿勒瑪（Ärma），莊園周圍由國防軍官兵守衛。

這個緊要關頭的舉動，是為了從塔林愈來愈不穩的局勢中保護易維斯。暴力撼動全市已有數日之久。泰半由該國俄語少數族群構成的憤怒暴民到處掀翻車輛、砸毀店面，造成千百萬美元的損失。他們和警察大打出手，要求政府總辭——這個訴求呼應著俄國政府的聲明。

這一切混亂全都由一個象徵性的輕慢之舉所引發：蘇聯解體十六年後，愛沙尼亞政府終於決議，將一座蘇聯軍人銅像，以及銅像周圍的少數第二次世界大戰陣亡者墳墓，從塔林市中心移走。

在該國的俄裔人口看來，這些墳墓和那座六英呎半高的青銅紀念碑，是為了紀念蘇聯付出慘重犧牲，擊敗愛沙尼亞的納粹占領軍。但在多數愛沙尼亞人看來，它們反倒令人想起隨後嚴酷的蘇聯占領時期，其特徵包括大量人口被放逐到西伯利亞，以及長達數十年的經濟停滯。

這座銅像多年來一直是愛沙尼亞與俄國，以及與該國內部俄語人口之間緊張關係的觸發點。當愛沙尼亞政府在二〇〇七年四月下旬發掘蘇聯陣亡軍人墳墓，將這些墳墓連同銅像一併遷移到市郊一處軍人公墓，親俄的愛沙尼亞人湧入塔林市中心，憤怒地群起騷亂。

易維斯不情不願地離開塔林，仍然擔憂著暴動持續升高。因此，那天大清早他在農舍二樓的臥室中醒來，第一件事就是打開自己的 MacBook Pro 筆記型電腦，瀏覽愛沙尼亞最大報《信差報》（*Postimees*）網站，查看暴動情況，以及俄國要求罷黜他的政府之最新進展。但這個新聞網站不可思議地無法讀取。他的瀏覽器連線請求逾時，留給他一行錯誤訊息。

他試著瀏覽其他愛沙尼亞媒體的網站，它們也都斷線了。他的電腦無線網路卡出問題了嗎？還是路由器有問題？但顯然不是，他很快就發現英國《金融時報》（*Financial Times*）可以順利讀取。接著易維斯嘗試幾個愛沙尼亞政府網站，它們同樣無法連線。

易維斯打電話聯絡他的資訊管理員，詢問阿勒瑪的網路連線可能出了什麼問題。困惑的總統技術專員告訴易維斯，這個問題不只他遇到。愛沙尼亞的網站似乎對所有人斷線。愛沙尼亞整個國內網路很重要的一部分，不知為何癱瘓了。

過去十年來，愛沙尼亞從蘇聯統治時期的停滯脫穎而出，成為全世界數位發展最活躍的國家之一。網際網路成了愛沙尼亞人生活的骨幹：該國百分之九十五的公民在網路上辦理銀行業務，將近百分之九十的所得稅在線上申報，該國甚至成為全世界第一個實現網路投票的國家。易維斯自己由於先後在部長及總統任內推動其中許多項倡議而大受讚揚。如今看來，他出力打造的這個網路友善程度獨一無二的社會，也正在獨一無二地經歷一次以網路為中心的崩解。

正當易維斯在偏遠的農舍裡點遍斷線的網站，他意識到某些比單純技術故障更嚴重的事態正在上演。看來他似乎意外踏進了戰爭的迷霧中，在衝突的緊要關頭，卻感受到戰略上的盲目與孤絕。

「這是什麼事情的前奏嗎？」他自問：「到底是怎麼回事？」

*

攻擊在前一天夜晚就已經開始。希拉爾・阿瑞萊德（Hillar Aarelaid）早有預期。

這位愛沙尼亞電腦緊急應變小組（Computer Emergency Response Team, CERT）組長已經監看駭客論壇好幾天，看著使用化名的人物策劃採取行動，對愛沙尼亞網站施放一波垃圾流量，以報復青銅戰士像被移走。他們要求志願者從各自的電腦將一連串重複的「ping」指令瞄準一長串目標，匯聚成為一股暴力的分散式阻斷服務攻擊，淹沒這些網站的伺服器。

第一波洪流襲來時，阿瑞萊德正在愛爾蘭某個小鎮的酒吧裡，他在附近一所警察學校完成兩星期的鑑識訓練之後，正在喝一杯健力士啤酒。電話響了，愛沙尼亞電腦緊急應變小組的同事打來電話。「開始了，」那人告訴他。這兩個愛沙尼亞人以典型的簡潔，同意對攻擊行動展開監控，並以先前計畫好的反制措施回應：和各個網站的管理員合作增加頻寬，將備援伺服器連線，並過濾惡意流量。曾任巡警的阿瑞萊德言簡意賅，剪了平頭，始終留著鬍渣，他講了不到十秒就掛斷電話，回去喝健力士啤酒。

隔天早上，正當易維斯總統還在愛沙尼亞南部，為了農舍的網路連線百思不得其解，阿瑞萊德的同事在塔林機場迎接他，並向他簡報攻擊者的進展。惡意資料的洪流持續增長，目標清單也在增加。多數媒體網站，以及從國防部到國會的多處政府部門網站都正在遭受轟炸——這波彈幕射擊強大到其中許多網站這時已經斷線。

阿瑞萊德仍然不為所動。這種類型的分散式阻斷服務攻擊，是欠缺才華的駭客輕易就能做到的事，通常只為了勒索一點小錢。他仍然相信，對這種惱人之事的慣常回應，會在駭客們厭倦了軍備競賽時獲勝。「我們可以處理這種事，」阿瑞萊德告訴電腦緊急應變小組的同事。他認為這次攻擊只不過是場「網路暴動」，是塔林街頭上演的即興混亂延伸到網際網路。

但到了攻擊的第三天，阿瑞萊德痛苦地看清了事態：這些可不是平淡無奇的關閉網站行動，正常應對阻止不了它們。每次試圖封阻惡意流量的串流，攻擊者們就會改變技術，避開過濾器重新展開轟炸。愈來愈多電腦被收編，為他們的有毒流量添加火力。個別志願攻擊者已經由犯罪駭客所掌控，由數萬部被奴役的電腦組成的龐大殭屍網路取代，其中包括惡名昭彰的俄羅斯商業網路（Russian Business Network），這個著名的網路犯罪組織，對網際網路上很大一部分垃圾郵件及信用卡詐欺活動難辭其咎。這意味著從越南到美國，全世界被惡意軟體感染的個人電腦，如今都在練習向愛沙尼亞發射消防水柱般的數據流。

攻擊者的目標也轉變了，從區區阻斷服務攻擊發展到竄改網頁，將網站內容替換成納粹卍字徽，以及畫上了希特勒鬍鬚的愛沙尼亞總理照片，所有這些協同一致的努力，都是要把愛沙尼亞人描繪成反俄的法西斯分子。目標清單也同樣以荒誕的比例增長，從銀行到套利電子商務網站，再到塔林公寓住宅區的社區論壇，無一倖免。「二十個、五十個、一百個網站，再也不可能應對這些數字了，」阿瑞萊德說：「到了星期天，我們明白了正常應對不會有效。」

週一早上，阿瑞萊德在塔林市中心的電腦緊急應變小組辦公室，與成為攻擊目標的重要政府及商務網站管理員會商。他們一致同意，採取嚴厲新措施的時候到了。他們不再試圖過濾已知的惡意流量來源，而是逕行將來自愛沙尼亞境外的網路連線全部列入黑名單。

隨著愛沙尼亞的網路管理員逐一實行黑名單措施，伺服器受到的壓力隨之解除：源自愛沙尼亞國內的極少量攻擊流量，輕易就被吸收了。但這個策略必然有其代價：它切斷了愛沙尼亞媒體與世界其他地方的聯繫，使它無法分享關於國內暴動及遭受數位轟炸的報導。這個小國成功地封鎖了外國的攻擊者，但它也對外封鎖了自己。

*

網路封鎖過後的數日之內，愛沙尼亞電腦緊急應變小組展開了解除該國網際網路隔絕的緩慢過程。阿瑞萊德和同事們與世界各地的網路服務供應商合作，費心確認並過濾支援這些全球流量來源的惡意主機。攻擊仍在增長、變異和轉換來源——直到攻擊開始一星期後，它們終於戛然而止。

但在隨之而來怪異恐怖的間歇中，愛沙尼亞的防衛者們知道，攻擊者還會捲土重來。五月九日當天，俄國歡慶勝利日，這個國定假日是為了紀念蘇聯歷經四年不可估量的損失與犧牲，終於擊敗希特勒。駭客論壇的交流內容清楚表明，下一波攻擊要留給這個充滿象徵意義的日子，並號召數位抗爭者同志們共襄盛舉。「你不同意愛黨衛尼亞（eSStonia）的政策嗎？」某處俄文論壇上一篇貼文提問，把愛沙尼亞國名拼法改成黨衛軍的ＳＳ，以突顯所謂愛沙尼亞與納粹的關聯。「你或許以為自己不能影響局勢？你可以在網際網路發揮影響！」[17]

「行動會很盛大，」另一篇貼文寫道：「計畫是要幹掉他媽的愛沙尼亞網路（Estonnet）（笑）。」

五月八日，幾乎就在莫斯科時間一到午夜，徵用將近一百萬臺電腦組成的數十個殭屍網路，對愛沙尼亞發射另一波彈幕，將五十八個網站同時斷線。[18]

那一夜及其後數日之間，阿瑞萊德和他交上朋友的網路服務供應商通力合作，濾除新的惡意流量。但攻擊進入第二波，某些駭客也跳脫了區區暴力氾濫攻擊。他開始看到更加精密的攻擊，利用軟體弱點讓駭客得以短暫癱瘓網路路由器，將仰賴網際網路的系統斷線，包含自動提款機和信用卡系統。「你到商店去，想要付錢買牛奶和麵包，」阿瑞萊德說：「你在店裡不能刷卡付帳。你也不能從自動提款機領錢。於是你只能離開，買不到牛奶和麵包。」

但隨著升級的攻擊曠日持久，它們也開始失去了對愛沙尼亞網站管理員，以及愛沙尼亞人民的震撼與威懾效果。按照阿瑞萊德的說法，他和全國的資訊管理員們，對於攻擊發展出一種典型愛沙尼亞式的處之泰然。他們每天晚上都上床睡覺，任由攻擊者盡情任意破壞他們的目標。然後防衛者隔天早上起床，將他們找到的混亂清理乾淨，過濾新的流量，並且重開路由器，在上班日開始前將

17 Davis, "Web War One," *Wired*, Sept. 2007, https://www.wired.com/2007/08/ff-estonia/ .

18 Eneken Tikk, Kadri Kaska, and Liis Vihul, "International Cyber Incidents: Legal Considerations," 2010, 20, http://ccdcoe.org/ .

全國數位基礎設施重新上線。阿瑞萊德說，就連更精密的路由器攻擊都只有暫時效果，重新啟動就能治癒。

他將這種堅守圍城的例行公事，與愛沙尼亞人歷經數千年磨練而成，承受冬季零度以下低溫和每天僅僅數小時日照的能力相提並論。「你去上班，天是黑的。你回家，天還是黑的。很長一段時間，你看不到一點光，所以你對這種事都有了準備。」阿瑞萊德說：「你自己準備好柴火。」

*

攻擊在整個五月起起伏伏，直到月底終於減少，爾後消失。它們留下的問題即使過了十年，還是沒有得到確切解答：攻擊的幕後主使者是誰？他們想要達成什麼目的？

發現自己置身於事件震央的愛沙尼亞人，像是阿瑞萊德和易維斯，自始即確信俄國政府——而不只是該國的愛國駭客——出手策劃並執行了轟炸愛沙尼亞。在最初微弱零散的惡意流量過後，攻擊的時機和技術似乎都變得太過精良、太過專業，不可能是流氓激進駭客（hacktivist）的作為。究竟是誰在協調由看似大不相同的俄國犯罪集團控制的數十個殭屍網路？資安公司亞珀網路的一份分析報告同樣發現，有一批吐露實情的流量來源子集，與早先針對俄國反對黨總統候選人，坦率批評克里姆林宮的加里．卡斯帕洛夫（Garry Kasparov）網站進行的分散式阻斷服務攻擊有所重疊。[19]

「這件事很有組織，誰能組織這種事？罪犯嗎？不對。」阿瑞萊德說：「這是政府行為，而俄國政府最想做這種事。」

其他置身於攻擊中心的愛沙尼亞人，則將它們看成是非政府駭客與政府指使者之間的某種夥伴關係——或者，在俄羅斯商業網絡這類幫派的例子裡，網路罪犯聽從克里姆林宮的恩主指揮，換取國家執法部門對他們的生意視而不見。「這就像封建制度。你可以做某種生意，是因為你地盤上的某個主子准許你做，而你向他納貢。」攻擊發生時擔任愛沙尼亞最大銀行——漢薩銀行（Hansabank）資安主任的揚恩・普里薩盧（Jaan Priisalu）說：「主子要去打仗的話，你也跟著去打仗。」二〇〇七年初，俄國的主子確實要去打仗了，或至少為了新冷戰而調節溫度。愛沙尼亞攻擊前兩個月，普丁在慕尼黑安全會議登臺，發表了一篇創造歷史的嚴厲演說，痛斥美國和北約組織造成了他所見的全球地緣政治之危險失衡狀態。他抨擊後冷戰「單極」世界的概念，這樣的世界裡沒有一股競爭力量能夠制衡美國及其盟友的權力。

普丁顯然感受到了這個正在崛起的單一超級強權集團之直接威脅。畢竟，就在三年前，愛沙尼亞與波羅的海三國的另外兩國——立陶宛和拉脫維亞一同加入北約組織，頭一次將這個集團帶到俄國的家門口，與聖彼得堡相距不到一百英里。

「北約將它的前線兵力部署在我國國界上，」普丁在慕尼黑會議的演講中這麼說。他繼續表示，北約的擴張代表了「降低互信層次的嚴重煽動性因素。我們有權公開質問：北約擴張針對的是誰？」普丁沒有說出口的答案，當然是俄國——以及他本人。[20]

19 Davis, "Web War One."
20 "Putin's Prepared Remarks at 43rd Munich Conference on Security Policy," *Washington Post*, Feb. 12, 2007, https://www.washingtonpost.com/wp-dyn/content/article/2007/02/12/AR2007021200555.html.

當愛沙尼亞遭受的網路攻擊強度在三個月後達到高峰，普丁也毫不隱藏地表示讚許，即使他的政府否認一切責任。在五月九日的勝利日演說中，他不言而喻地認可了駭客的行動：「褻瀆戰爭英雄紀念碑的那些人，是在羞辱他們自己的人民，挑動新的不和與不信任。」他對莫斯科紅場上的群眾說道。[21]

儘管如此，北約卻始終不把愛沙尼亞的網路攻擊，當成俄國國家針對北約會員國之一的公然侵略行徑。根據明載北約規範的《華盛頓條約》（《北大西洋公約》）第五條，對北約任一會員國的攻擊，都會被視為攻擊北約全體會員國，受到同等的集體回應。但在網路攻擊第一週，易維斯總統開始和他的駐外大使討論時，大使們告訴他，北約其他會員國絲毫不願考慮援引公約第五條回應俄國挑釁。畢竟這只是網路上的區區一次攻擊，不是危害人命的實體戰爭行動。

易維斯說，他要求自己的外交官們轉而探聽公約第四條，條文內容只是在某一會員國安全蒙受威脅時，召集北約各國領袖「協商」。派駐各國的聯絡官很快就回報答案：就連這更為緩和的一步都行不通，他們要如何確認俄國幕後主使了這些挑釁？畢竟，北約各國外交官和領袖幾乎不了解分散式阻斷服務攻擊的運作方式。這些流量的來源似乎是自由工作的俄國駭客和罪犯，或者更令非專業觀察者困惑的，來自世界各國被劫持的電腦。

易維斯說，暗藏在這一切無所作為之下的，還有另一層動機：他形容這是西歐北約會員國與面臨俄國威脅的東歐國家之間的某種斷裂。「有一種感覺認為是『那兒發生的事』，『他們和我們不同』。」易維斯模仿著他所謂西歐北約會員國的「傲慢、自大」口吻，這麼說道：「噢，那些東歐人，他們不喜歡俄國人，所以他們搞砸了就怪在俄國頭上。」

到頭來，北約基本上沒有採取任何行動與俄國對質，並應對愛沙尼亞受到的攻擊。看來，普丁試驗了一種能讓某個北約會員國受傷掛彩，還能貌似有理地撇清責任的新方法，使用的是幾乎不可能追溯到克里姆林宮的工具。他也經由這種開創性的大規模破壞新型態，正確估計了北約缺乏捍衛其東歐會員國的政治意志。

在某些圈子裡，愛沙尼亞這兩個月發生的事，逐漸被看成是第一場網路戰，或者更有創意地稱為「第一次網路大戰」（Web War I）。實際上，這些網路攻擊並不像任何真正的戰爭那樣帶來重大災禍：「電戰珍珠港事件」的威脅仍遠在未來，但俄國政府看來仍然演示了一種對敵國政府及公民社會無差別實施、前所未見的破壞型態，而且它還能逍遙法外。

21 Guy Faulconbridge, "Russia's Putin jabs at Estonia at WW2 parade," Reuters, May 9, 2007, https://www.reuters.com/article/uk-russia-putin-estonia-idUKL0957951620070509.

第十三章
SANDWORM

重現：喬治亞

天黑數小時後，哈圖娜·姆什維多巴茲（Khatuna Mshvidobadze）得知俄國戰車正朝著她的所在位置開來。

二〇〇八年八月十一日夜晚，姆什維多巴茲正在前蘇聯加盟共和國——喬治亞首都提比里斯（Tbilisi）市中心，北約資訊中心的辦公室加班工作。她當時是這個機構的副主任，喬治亞國防部運用這個部門，爭取讓這個高加索山區小國成為北約同盟的一分子。這一群人的工作多半是舉辦活動，勸說媒體為喬治亞與黑海對岸的西方鄰國結盟提供充分理據。但在二〇〇八年夏天，北約資訊中心發現自己多了個更加急迫的新工作重點：抵抗克里姆林宮支配俄國入侵喬治亞相關輿論口徑的企圖。

戰爭在數日前爆發。俄國將部隊和炮兵開進了喬治亞境內兩處意圖脫離的地區——阿布哈茲（Abkhazia）和南奧塞梯（South Ossetia）。喬治亞軍隊的反應則是發動先制攻擊。八月七日，他們炮轟南奧塞梯城鎮茲辛瓦利（Tskhinvali）的軍事目標，試圖在這場他們看來由於克里姆林宮挑釁而不可避免的衝突中爭取主動。但他們的計畫顯然沒有考慮到俄軍鋪天蓋地的回應力道。

俄國宣告要保護阿布哈茲和南奧塞梯脫離喬治亞的壓迫，出動二萬五千多名兵力、二千輛自走炮車、二百架戰機和四十架直升機湧入這個小國。這樣的數量讓兵力不到一萬五千人的喬治亞陸軍，和只有少少八架戰機、二十五架直升機的空軍頓時相形見絀。[22]開戰第二天，克里姆林宮自第二次世界大戰以來首度出動黑海艦隊，派出一隊軍艦跨海而來，封鎖喬治亞沿海。不過數日工夫，這個國家就已落居下風，陷入重圍。

到了八月十一日，俄軍從意圖脫離喬治亞的兩處地區出發，深入喬治亞境內，攻下了哥里城（Gori），將喬治亞攔腰切斷。當天晚間，俄軍戰車已經蓄勢待發，準備從哥里推進四十英里直取首都。

對於在提比里斯市中心的辦公室工作的姆什維多巴茲來說，八月十一日那一夜是她生命中最混亂的時刻。首先，她的辦公大樓網路由於不明原因斷線，讓她幾乎不可能進行對抗俄軍宣傳的工作——這類宣傳包括喬治亞人在南奧塞梯和阿布哈茲屠殺平民的虛假陳述。

在變本加厲的無助感之中，她接到了上司，也就是北約中心主任打來的電話。數日前，主任前往南奧塞梯前線，以記者身分報導持續進展的衝突，將機構交由她的副手姆什多巴維茲代管。這時，上司要警告姆什多巴維茲：俄軍即將進軍提比里斯，所有人都必須撤離。

22 Ariel Cohen and Robert E. Hamilton, "The Russian Military and the Georgian War: Lessons and Implications," Strategic Studies Institute, June 2011, https://www.files.ethz.ch/isn/130048/pub1069.pdf .

隨後一小時，姆什多巴維茲和員工們為了敵方可能占領預作準備，刪除機敏檔案，銷毀他們害怕落入俄國人手中的文件。接著，在最後一波混亂中，全市各地的電力突然切斷——可能是入侵軍進行實體破壞所致。當員工終於倉促離開停電的大樓各奔東西，已是午夜時分。

當時，北約資訊中心位於提比里斯市瓦克區（Vake District）一條後街上的某棟玻璃帷幕大樓中，這個時髦的街區在喬治亞的蘇聯時代，做為該市知識分子的住所而著稱。姆什多巴維茲步行一個街區，來到附近一條更繁忙的街道上，看見一幕社會徹底瓦解的景象。斷電讓街燈陷入黑暗，因此只有來往車燈照亮人行道。駕駛們都發狂了，完全不顧交通規則，奮力穿越號誌燈熄滅的交叉路口——讓她想要過馬路都沒辦法。在她徒勞地招呼計程車之際，其他不顧一切的行人跑過她身邊，有些人害怕地尖叫或哭泣。

姆什多巴維茲決心回家找妹妹，姊妹兩人同住在城市另一端的公寓裡。但她聯絡不上妹妹，也無法打電話叫車來接她：行動電話斷斷續續，因為提比里斯人拚命打電話，電信業者的網路招架不住。

直到半小時後，終於有個駕駛在一片喧囂中看見了她，讓她搭上車。在那之前，她都被凍結在十字路口，看著城市陷入恐慌。「那是很可怕、很瘋狂的情況。你得置身於戰區才能理解那種感受。」她說：「所有這些想法都在我腦中盤旋。我想著我妹妹、我家人、我自己。我想著我國家的未來。」

*

荷西．納札里歐（Jose Nazario）早在將近一個月前就預見了喬治亞戰爭即將發生——不是從高加索山區的前線，而是從他在密西根州的辦公室。納札里歐在亞珀網路這家追蹤網路攻擊的公司擔任資安研究員，那個七月早晨，他來到位於安娜堡（Ann Arbor）密西根大學校園南端一個街區之外的公司辦公室上班，以平常的例行公事開始這一天：檢查前天夜晚殭屍網路大戰的後果。

為了即時分析整個網際網路上的數位衝突，亞珀運行一套名為銀翼殺手（BladeRunner）的系統，以其追蹤殭屍電腦的目的而得名。它是一套由千百萬個「蜜罐」（honeypots）構成的誘捕系統之一部分——這些蜜罐是世界各地在亞珀伺服器上運行的虛擬電腦，每一臺都有意讓駭客入侵，收編進入某個殭屍網路裡大批被奴役的個人電腦之中。亞珀將這些電腦運用為某種實驗對象集體，從它們身上採集惡意軟體樣本，以及對於該公司商業模式更加重要的，監控殭屍電腦從殭屍網路的命令和控制伺服器接獲的指令。這些指令讓他們得以確認駭客鎖定的目標，以及攻擊火力強度。

那天早上，納札里歐檢閱銀翼殺手時，出現了不尋常的結果。一個龐大的殭屍網路將它有毒的「ping」指令洪流，指向喬治亞總統米哈伊．薩卡希維利（Mikheil Saakashvili）的網站。這個網站顯然受到夠多的惡意流量折磨而斷線。淹沒網站伺服器的查詢字串包含一組不尋常的字詞，似乎是殭屍網路管理者發出的訊息：「勝利＋愛＋在＋俄羅斯」（win+love+in+Rusia）。

那組不尋常、拼字又略有錯誤的字串，立刻向納札里歐示意：這次攻擊並非常見的罪犯勒索關閉網站，而是具有政治意涵。看來更像是出自前一年以彈幕轟擊愛沙尼亞的那些殭屍網路之手，他和亞珀的其他員工都曾入迷地追蹤過它們。

「它用原來的俄文唸起來可能更順口，」納札里歐談到那段訊息：「但它的意思很明確。」他打電話給討論網路地緣政治衝突時最愛找的其中一個人：約翰．霍奎斯特，那時仍是國務院的一名青年分析師，專攻網路安全及東歐問題。

霍奎斯特來到國務院數月以來，他和納札里歐建立起了互利互惠的友誼。渴望取得亞珀網路攻擊資料的霍奎斯特首先聯絡納札里歐，在他來到華府推銷商品的一次旅行中，讓他搭便車到機場。納札里歐也同樣有興趣聽取霍奎斯特對於亞珀所追蹤的那些攻擊，從外交政策脈絡上提供的見解。從那時候起，這兩個男人就發展出一個慣例：霍奎斯特會在納札里歐華府行程的尾聲來接他，他們會開車到水晶城（Crystal City）的西班牙餐廳哈勒歐（Jaleo）晚餐。他們會在那兒討論針對從愛沙尼亞到印古什（Ingushetia）、車臣的各式各樣目標發動的最新攻擊，然後趕往機場送納札里歐搭機回家。

納札里歐發現了喬治亞總統網站遭受攻擊之後，他和霍奎斯特很快就把整體狀況拼湊起來：俄國與喬治亞的緊張對立已經瀕臨決裂。如同烏克蘭，喬治亞新近連任的親西方總統，正在推動該國加入北約組織。倘若喬治亞加入了北約，它就象徵著北約迄今為止擴張進入俄國勢力範圍最遠之處。當然，這個想法本身就足以激怒克里姆林宮。

作為回應，俄國則以所謂維持和平部隊的名義，逐漸增加派駐在阿布哈茲和南奧塞梯的兵力。當喬治亞向北約抗議俄國正在不動聲色地威脅該國主權，它多半遭到無視，並被警告不要與強大的鄰國挑起爭端。同時，小規模衝突和突發暴行，則在意圖脫離並受到俄國支持的喬治亞境內地區爆發，爆炸事件和不時發生的火拚，造成一些分離主義者以及喬治亞軍警傷亡。

這時，在納札里歐和霍奎斯特看來，俄國政府——或至少是與政府目標一致的俄國愛國駭客——正在運用新工具對喬治亞施加更大壓力，那些工具正是它與愛沙尼亞爭鬥時試用過的。只差在這次的網路攻擊，可能成為一場真槍實彈戰爭的前奏。

那場實戰在八月七日到來。過了一天，一波幾乎同步的分散式阻斷服務攻擊，打擊了三十八個網站，包括內政部、喬治亞國家銀行、國會、最高法院、英美兩國駐提比里斯大使館，總統的網站也再次遭殃。一如在愛沙尼亞，駭客竄改了某些網站內容，張貼薩卡希維利與希特勒並列的照片。而這些攻擊似乎經由統籌協調：它們開始的時間彼此相隔半小時，並持續進行毫不減弱，直到八月十一日中午過後不久為止，就在俄國開始談判停火協議之時。[23]

一如在愛沙尼亞，這些攻擊不可能直接與莫斯科扯上關係。如同所有殭屍網路攻擊，它們也同時來自四面八方。但資安公司安全工程（SecureWorks），以及非營利組織影子伺服器基金會（Shadowserver Foundation）的研究員，仍能將這些攻擊與俄羅斯商業網路聯繫起來，也就是旗下殭屍網路也促成了愛沙尼亞攻擊的同一群網路罪犯，還有經由阻止喬治亞（StopGeorgia.ru）這類網站組織起來的更草根駭客。[24]

在某些例子裡，數位與實體攻擊看似神奇地協調一致。比方說，就在俄軍飛機開始空襲之前，駭客襲擊了哥里市政府部門及新聞媒體的網站。

23 前引書，頁四五。

24 Jose Nazario and Andre Dimino, "An In-Depth Look at the Russia-Georgia Cyber Conflict of 2008," http://www.shadowserver.org/.

「他們怎麼知道飛機要在哥里丟炸彈，而不是首都？」安全工程公司研究員唐・傑克森（Don Jackson）問道：「從我直接看到的狀況判斷，相當程度上有著真正的協調和（或）指揮。」[25]

喬治亞戰爭過後攻讀政治學與網路安全政策博士學位，如今擔任安全研究員和諮詢顧問的哈圖娜・姆什維多巴茲表明，如今幾乎可以無需懷疑，克里姆林宮直接介入網路攻擊。「你需要多少跡象？」她問道，聲音帶著一絲憤怒：「俄國政府的行為就是這樣。他們利用代理人、寡頭、罪犯讓歸因變得更困難，給予俄國推諉的餘地。這種把戲再也不管用了。我們知道你是誰、你在搞什麼鬼。」

對於約翰・霍奎斯特來說，攻擊的其中一個細節在他心中一直揮之不去，這個線索他會儲存在記憶裡，卻沒想到在六年後追蹤沙蟲時又再度浮現。轟炸喬治亞的許多駭客都在使用一種惡意軟體，控制及指揮他們的數位大軍，這種軟體當時仍是早期版本，但會逐漸發展成一種更加精密的網路戰工具：黑能源。

*

俄國與喬治亞在二〇〇八年八月十二日達成停火協議。其後數日，俄軍戰車仍繼續開進喬治亞領土——在最終掉頭撤離之前，他們還要挑釁最後一次。他們不曾進入首都。炮擊停止了，俄軍艦隊也解除了黑海的封鎖。

但俄國從短暫的喬治亞戰爭得到的收穫卻很實在。它鞏固了親俄分離主義者對阿布哈茲和南奧塞梯兩地的控制，在大約百分之二十的喬治亞領土上給了俄國永久的立足點。[26] 一如二〇一四年在烏克蘭的做法，俄國並不試圖征服或占領弱小的鄰國，而是要把它鎖進一場「凍結的衝突」中，在自己的國土上永遠處於低層次戰爭狀態。像姆什維多巴茲那樣的許多喬治亞人，對於國家成為北約一分子，從此受到保護不被俄國侵略的夢想，被迫無限期擱置。

俄國的網路攻擊在那場戰爭中發揮了什麼作用？實際上沒有作用，姆什維多巴茲這麼說。「那時候甚至沒人想到網路的事，誰都一無所知，」她說。畢竟，當時的喬治亞不是愛沙尼亞。每一百個喬治亞人只有七人用過網際網路。[27]而他們的擔憂比起網路連不上更加直接——像是迫擊炮彈在他們的城市和鄉村四處爆炸，戰車則緩緩開向他們的家園。

但網路攻擊在國內和國際層面，都導致了更廣泛的混亂。它們讓喬治亞人民聯絡西方，分享他們自身對於與俄國戰爭之敘述的一個關鍵管道失去作用。比方說，對於人們普遍認為挑起戰端的是喬治亞炮擊茲辛瓦利，而非俄國先前數週不動聲色地在喬治亞境內聚集兵力和軍需物資，姆什維多巴茲至今仍然憤憤不平。

但比起網路攻擊的實際效果更重要的，或許是它們創下了歷史先例。在此之前，沒有一個國家曾經這麼公然結合駭客破壞戰術與傳統戰爭。俄國人試圖在戰爭的每一個領域都宰制敵手：地面、

---

25 Joseph Menn, "Expert: Cyber-attacks on Georgia Websites Tied to Mob, Russian Government," *Los Angeles Times*, Aug. 13, 2008, https://latimesblogs.latimes.com/technology/2008/08/experts-debate.html.

26 Luke Coffey, "10 Years After Putin's Invasion, Russia Still Occupies Parts of Georgia," *Daily Signal*, March 1, 2018, https://www.dailysignal.com/2018/03/01/10-years-after-putins-invasion-russia-still-occupies-parts-of-georgia/.

27 Eneken Tikk, Kadri Kaska, and Liis Vihul, "International Cyber Incidents: Legal Considerations," 2010, 68, http://ccdcoe.org/.

海上、空中，如今還有網路。喬治亞是這種融合了數位與實體的混合戰（hybrid warfare）新風味第一次粗殘的實驗。

如今反思喬治亞和愛沙尼亞兩次衝突，霍奎斯特都看到了日後即將發生之事的早期原型。幕後操刀的俄國駭客在技術或資源上，都與沙蟲相去甚遠。但他們暗示了一個無限制、無差別數位攻擊時代的來臨，幾乎不考慮軍人與平民之分。

「駭客關閉電力？我們還沒到那一步，」霍奎斯特說：「但無論網路戰會怎麼發展，毫無疑問，都從這裡開始。」

第十四章
SANDWORM

重現：震網

二〇〇九年一月，就在巴拉克・歐巴馬就職前數日，他與小布希總統（President George W. Bush）會面，討論一個籠罩於行政機密最高等級之中的主題。對於多數國家安全問題，即使是啟動核彈發射的指揮程序這種敏感問題，小布希都交由下屬向繼任總統簡報。[28]但對於這個題目，他認為有必要親自向歐巴馬說明。小布希要他的繼任者承諾繼續一項史無前例的計畫。這是小布希時期的國家安全局研發多年的一項工作，但這時才剛開始獲得成果：運用一段日後被稱為「震網」的程式碼，這是有史以來最精密的網路武器。[29]

震網孕育於兩年多前一個極其嚴峻的兩難困境。當伊朗的強硬派總統馬哈茂德・艾哈邁迪內

---

28 Sanger, *Confront and Conceal*, 201.
29 David Sanger, "Obama Order Sped Up Wave of Cyberattacks Against Iran," *New York Times*, June 1, 2012, https://www.nytimes.com/2012/06/01/world/middleeast/obama-ordered-wave-of-cyberattacks-against-iran.html.

賈德（Mahmoud Ahmadinejad）在二〇〇五年掌權，他就公然誇示發展該國核子能力的意圖。其中包括將鈾濃縮到可用於核動力的程度。但國際監察團體指出，伊朗只有一座核能發電廠，而這座核電廠已經有了俄國供應的濃縮鈾。他們懷疑伊朗的動機大不單純：艾哈邁迪內賈德想要的是核子武器——以色列很可能將這種渴望看成是在威脅該國的生存，整個中東局勢恐將因此一發不可收拾。[30]

伊朗政府早在一九八〇年代就試圖取得核武，當時它正與伊拉克陷入一場殘酷的戰爭，而它懷疑伊拉克領袖薩達姆・海珊正試圖自行製造核彈。但兩國的核武野心都未能真正實現，隨後數十年間，伊朗邁向世界核子強權的進展斷斷續續。

但艾哈邁迪內賈德在二〇〇五年夏天當選總統後不到兩個月，他就廢棄了伊朗與國際原子能總署（International Atomic Energy Agency, IAEA）簽訂，停止該國核進程的協議。該國在簽署這項協議之前，正在伊朗中部城市納坦茲的沙漠地下二十五英呎處，興建兩座二十七萬平方英呎，大半位於地下的設施。這些巨大地堡的用途，是要將鈾濃縮到核武等級的純度。在艾哈邁迪內賈德命令下，納坦茲的工作加快了步伐。[31]

二〇〇五年時，美國情報部門估計伊朗需要六到十年研發一枚核彈，以色列情報部門估計的時間，則是更短的五年。但在伊朗重啟納坦茲的核濃縮計畫之後，以色列情報部門將核彈完成的估計時間縮短到兩年。以色列人私下告知美國官員，核彈恐怕在六個月內就能投入使用。危機迫在眉睫。[32]

隨著期限愈逼愈近，小布希的國家安全團隊提出兩個選項，但都毫無吸引力。美國可以容許伊朗不可預測且極其好鬥的政府獲得一種殺傷力強大的武器，或者對納坦茲發動飛彈攻擊——訴諸戰爭行為。事實上，在這個兩難境地的任何一邊，戰爭似乎都是不可避免的結果。要是伊朗膽敢進行到距離實現核武野心只差一步的程度，以色列的強硬派政府也必定準備好自行對伊朗發動攻擊。「我需要第三個選項，」小布希一再對他的顧問們說。[33]

這第三個選項就成了震網。那是個誘人的概念：為了廢掉伊朗核子計畫而設計的一段程式碼，效果一如在納坦茲沙漠深處實施的實體破壞行動，而且無需承擔全面出兵進攻的風險或附帶損害。五角大廈的戰略司令部（Strategic Command）和當時稱為特定入侵行動辦公室（Tailored Access Operation, TAO）的國家安全局駭客攻擊菁英團隊，以及名為八二〇〇部隊（Unit 8200）的以色列網路安全部隊，開始合作研發一件前所未有的惡意軟體。它不僅能夠破壞納坦茲的關鍵設施，更能加以摧毀。

到了二〇〇七年，能源部的一系列國家實驗室都取得了伊朗正在使用的同一部 P 1 離心機，這個閃閃發亮的圓柱體跟電線桿一樣厚，高度將近六英呎半。數月以來，這些實驗室都不動聲色地測試這些機器的物理性質，實驗純粹經由數位指令摧毀它們的可能方法。[34]（其中有些測試在愛達荷國家實驗室進行，大約就在該實驗室的研究員們從事極光入侵演示，展現他們能用幾行程式碼摧

30 Zetter, *Countdown to Zero Day*, 70.
31 前引書，頁八一。
32 前引書，頁八三。
33 Sanger, *Confront and Conceal*, 191.
34 前引書，頁一九八。

毀一臺巨大的柴油發電機同一時間。策劃了極光工作的麥克・阿桑提，拒絕答覆關於震網的任何問題。）

就在這些測試開始後沒多久，小布希的情報顧問將一部只用程式碼就摧毀的離心機之金屬碎屑陳列在桌上給他看。總統對此刮目相看。他准許一個部署這種高明惡意軟體的計畫，行動代號「奧運會」（Olympic Games）。[35]它即將證明，它做為網路戰工具的精密程度，讓愛沙尼亞和喬治亞的網路攻擊相形之下宛如中世紀的投石機。

小布希的總統任期在二〇〇九年初屆滿時，奧運會行動仍在初期階段。震網才剛開始展現自己滲入並損害伊朗核濃縮過程的潛能。因此小布希和歐巴馬召開了緊急交接會議，由卸任總統親自向繼任者說明這項網路戰任務的地緣政治重要性與微妙程度，這樣的行動以往從來不曾被嘗試過。歐巴馬聽進去了。他不只是選擇繼續震網作戰而已，他還要大幅加以擴充。

*

對於人類存續很幸運的是，將鈾濃縮到驅動全世界毀滅力量最強的武器所需的純度，是一道錯綜複雜得荒誕不經的程序。從地裡開採出來的鈾礦石，內含的同位素多半是鈾二三八（uranium-238）。其中含有的鈾二三五（uranium-235）不到百分之一，能夠用於核裂變，釋放出摧毀整座城市所需能量的，正是此一銀色金屬的這種質量較輕型態。核能發電需要的鈾約有百分之三到五的鈾二三五，但核子武器所需的鈾核心，這種更罕見的同位素含量必須高達百分之九十五。

離心機就在此時派上用場。要將鈾濃縮成為可用於炸彈的材料，必須將它轉化為氣體，抽送到離心機長長的鋁製圓柱裡。圓柱體內深處有個槽，一端由馬達轉動，轉速高達每分鐘數萬轉，使得槽外緣以超音速移動。從中心推向旋轉之槽壁的離心力達到重力的百萬倍，將質量較重的鈾二三八分開，使得鈾二三五得以抽取出來。要達到武器等級的濃度，這道程序必須由一組離心機「串列」不斷反覆進行。正因如此，像是深藏於納坦茲地下的這樣一個核濃縮設施，就需要數以千計這種高聳易碎、設計精良的旋轉機器，密密麻麻宛如森林。[36]

震網的用途正是這種工作不可見的完美搗亂者。

從二〇〇八年某個時候起，納坦茲的工程師們開始遭遇一個離奇的問題：在看似隨機的時間裡，總有一臺離心機會旋轉到失控，它的內槽轉速快到精心打造的軸承再也不堪負荷。在其他情況下，槽內壓力會增加到將它推出軌道。然後這個旋轉的圓柱就會以超音速撞上它的外殼，從內部撕裂這部機器——如同愛達荷國家實驗室的柴油發電機，在一年前的極光測試中把自己開膛剖肚那樣。

納坦茲的作業員無法從離心機的數位監測系統中，讀出任何足以解釋離心機突然自毀的徵兆或警訊。但自毀持續發生。最後，設施的管理者們會指派員工坐在現場，實地觀察離心機，尋找任何可能解釋這個謎團的跡象。他們不得不停用一百六十四部離心機組成的整個串列，試圖隔絕這個問題。全都沒用。

---

35 Kaplan, *Dark Territory*, 206.
36 Ivan Oelrich and Ivanka Barzashka, "How a Centrifuge Works," Federation of American Scientists, https://fas.org/issues/nonproliferation-counterproliferation/nuclear-fuel-cycle/uranium-enrichment-gas-centrifuge-technology/centrifuge-works/ .

「這些故障的目的是要讓他們覺得自己愚蠢，事情也正是這樣發生。」機密的奧運會行動其中一名參與者，後來對《紐約時報》記者大衛・桑格（David Sanger）這麼說。[37]在伊朗科學家試圖為反覆發生的災害咎責時，美國和以色列情報部門看到了內部紛爭的跡象。其中一些人被開除了。

隨著時間逐漸過去——也隨著歐巴馬政府開始領導這次行動——納坦茲的離心機問題只是變本加厲。二〇〇九年末到二〇一〇年初，緊張地監控伊朗核反應過程的國際原子能總署官員看到了證據，其中顯示伊朗人將停用的離心機從核濃縮設施運走的速度，遠遠超出通常的故障率。據一名國際原子能總署官員指出，當時納坦茲的八千七百部離心機就有多達二千部損毀。[38]

換言之，奧運會行動正在收效。美國和以色列駭客把他們的數位破壞程式碼，植入了將中東帶向戰爭邊緣的機械程序核心，並以不可思議的精準破壞這個過程。震網讓他們達成這項巨大成就，甚至沒讓目標察覺到自己正在遭受攻擊。一切都依照計畫進行——直到二〇一〇年夏天，震網背後的駭客掌控不住自己的發明，向全世界揭露了它。

*

震網被發現的開端，就跟多年以後沙蟲集團被發現一樣：從一個零日漏洞開始。

二〇一〇年六月，一家位於白俄羅斯明斯克，鮮為人知的防毒軟體公司VirusBlokAda，發現該公司其中一名伊朗客戶的電腦，陷入反覆當機和重開機的迴圈。該公司的研究員調查這些當機的起源，得出了精密程度遠遠超出他們想像的結果。一種極其隱匿、名為rootkit的惡意軟體，深藏在這臺電腦的作業系統內部。當他們分析這個rootkit，他們的發現更加令人震驚：它經由一個強大的零日漏洞，利用 Windows 系統顯示隨身碟內容的方式感染了這部電腦。被感染的隨身碟接口一插入電腦的連接埠，這個惡意軟體立刻跳出來，在主機裡自行安裝，不向使用者透露一點痕跡。[39]

VirusBlokAda 在一個資安論壇上發布了關於這個惡意軟體的通告之後，資安大廠賽門鐵克（Symantec）的研究員隨即跟進。其後數月，他們繼續對付這個惡意軟體，金．澤特（Kim Zetter）探討震網最為完整可靠的著作《零日倒數》（*Countdown to Zero Day*）之中，詳實記錄了這個偵探故事。光是這個惡意軟體的大小和複雜程度就令人嘆為觀止：它有五百千位元組的程式碼，比他們每日處理的一般惡意軟體大了二十到五十倍。當研究員們逆向還原程式碼內容，他們發現其中還包含了另外三個零日漏洞，讓它得以毫不費力地在 Windows 主機裡蔓延——一整套內建、自動化的精湛駭客技法軍火庫。

資安社群裡誰也記不得看過哪個惡意軟體會在一次攻擊同時運用四個零日漏洞的。如同微軟最終依據程式碼中的檔名給予這個軟體的名稱，震網輕易就成了真正流行過的網路攻擊中最為精密的一種。

到了那年夏末，賽門鐵克的研究員蒐集到更多片拼圖：他們發現這個惡意軟體已經傳染到了世界各地三萬八千臺電腦，但其中二萬二千臺被感染的電腦在伊朗。他們也查明了這個惡意軟體與西

37 Sanger, *Confront and Conceal*, 199–200.
38 Zetter, *Countdown to Zero Day*, 3.
39 前引書，頁六至十一。

門子的STEP七軟體相互作用。那個應用程式是該軟體的其中一種型號，讓工業控制系統作業員得以監控設備並送出指令。[40]分析師查出，震網的目標在某種程度上似乎與實體機器相關——很可能是在伊朗。直到二〇一〇年九月，德國研究員拉爾夫．蘭格納（Ralph Langner）深入研究這個針對西門子軟體的程式碼之後得出結論，震網的目標是摧毀一種十分特定的設備：核濃縮離心機。[41]

有了這最後一個發現，研究員們也就能夠把震網錯綜複雜的攻擊鏈之中一切關聯全都組合起來。首先，這個惡意軟體是為了跳過氣隙而設計的：伊朗的工程師已經夠小心，將納坦茲的網路與網際網路完全切斷。因此這個惡意軟體就像高度演化的寄生蟲，轉而利用人為連結，從隨身碟接口感染及散播。它在接口裡會保持潛伏、不被注意，直到其中一個隨身碟恰好插入核濃縮設施的孤立系統裡。（西門子的軟體工程師可能是這個惡意軟體的載體，或者，這個隨身碟惡意軟體也有可能由納坦茲內部的某個人類間諜蓄意植入。）[42]

震網一滲入氣隙網路之後，就會像瓶中船那樣展開，無需與創作者互動。它會不動聲色地經由其琳琅滿目的零日漏洞技術散播，追獵某臺運行西門子STEP七軟體的電腦。當它發現一臺，就會埋伏起來，然後釋放其破壞酬載。震網會把它的指令注入所謂的可編程邏輯控制器之中——也就是與設備連接，溝通實體機器與數位信號的小型電腦。一旦受到感染，可編程邏輯控制器所控制的離心機就會暴烈地自毀。這個惡意軟體還會展現最後一絲才智：它在發動攻擊之前會預先錄下設備的反饋，然後在執行暴力自毀時向設施作業員播出這段預錄內容，讓觀測西門子程式顯示的作業員完全看不出異狀，直到回天乏術。[43]

震網的唯一缺陷在於它「太過」有效。在電腦安全研究員之間，實際上有這麼一句格言：蠕蟲的散播終將脫離創作者掌控。這個蠕蟲也不例外。震網的傳播遠遠超出納坦茲的目標之外，感染世界各地一百多國的電腦。除了在納坦茲的離心機地洞之外，這些附帶感染並未導致實體毀壞。但它們暴露了這個極機密惡意軟體，乃至一次歷時數年、耗資千百萬美元的作戰行動。[44]震網的意圖一經明確揭示，美國和以色列很快就成了發明它的主嫌。（但還要再過兩年，才會由《紐約時報》頭版的一篇報導確認這兩國的參與。）[45]

當震網的存在公諸於世，歐巴馬政府召開一連串緊張的會議，決定下一步何去何從。他們應當在這個計畫確切牽連到美國之前將它終止嗎？他們估計，伊朗工程師得知問題的真正根源，進而修補軟體弱點，將震網永久封殺，只是時間早晚而已。

但幕後操縱這種蠕蟲的美國人和以色列人，反倒決定最壞的情況也不過如此。於是為了孤注一擲，他們又釋出了最後一系列震網版本，設計得比原始版更具攻擊性。在伊朗工程師修補好弱點之前，這個惡意軟體又摧毀了將近一千部離心機，演示了最後一堂網路破壞的大師課程。[46]

40 前引書，頁二八到三〇。
41 前引書，頁一七七。
42 Sanger, *Confront and Conceal*, 196.
43 前引書，頁一九八。
44 前引書，頁二〇三。
45 Sanger, "Obama Order Sped Up Wave of Cyberattacks Against Iran."
46 Sanger, *Confront and Conceal*, 206.

*

震網永遠改變了這個世界看待國家資助的駭客攻擊之方式。在納坦茲那些故障的離心機裡，網路戰的前沿大步躍進，從俄國二〇〇七和二〇〇八年所發動，如今已顯得原始的網站破壞，發展到神乎其技的自動化實體摧毀。

今天，歷史仍在權衡，布希和歐巴馬下令執行這次網路攻擊的行政決策，是否值得因此而付出的代價。按照某些美國情報分析師的說法，震網將伊朗的核子計畫延後一年，甚至兩年，為歐巴馬政府爭取到決定性的時間，將伊朗帶回談判桌前，直到二〇一五年達成核協議。[47]

但其實，對付納坦茲的行動獲得的這些遠程勝利並不這麼明確。即使陷入混亂、離心機大量報廢，該設施實際上在整個二〇一〇年內加快了核濃縮的速率，朝向可用於炸彈材料的進展不時達到二〇〇八年速率的一點五倍。倘若真有效果的話，震網恐怕也只是讓艾哈邁迪內賈德計畫的加速放慢了些。[48]

震網又付出什麼代價？最為顯著的是，它頭一次向全世界揭露了美國（更小程度上還有以色列）最精銳國家駭客的全副技能和攻擊力量。它也向美國人民揭示了關於美國政府和美國網路安全優先順位的前所未知之事。畢竟，發掘了震網所使用的四個零日漏洞的駭客們，並沒有將這些漏洞回報給微軟，讓它們受到修補而不致危害其他使用者。他們反倒暗中利用這些漏洞，使得全世界使用Windows系統的主機，全都有可能遭受他們用來入侵納坦茲的同樣那些技術攻擊。當國家安全局選擇讓該局特定入侵行動辦公室的駭客們濫用這些軟體缺陷，它就將軍事進攻的優先順序放在防衛平民之前。

誰能說得清楚，美國政府究竟私藏多少同樣強大的零日漏洞？即使歐巴馬政府和川普政府都保證過，美國政府協助修補的弱點比它私藏的更多，美國政府暗藏數位軍火庫的恐懼，多年來仍然困擾著網路安全社群的防衛者們。（事實上，過不了幾年，那一大堆零日漏洞會在一場荒唐且自我毀滅的慘敗中發生反效果。）

但在更廣泛、更抽象的意義上，震網也讓全世界得以更清楚地想像惡意軟體造成重大災害的潛能。在全球各地的暗房裡，國家資助的駭客注視著美國的發明，反觀自身缺乏創意的作品，決心有朝一日要迎頭趕上震網確立的新標準。

同時，世界各地的政治領袖與外交官都從震網看到了一套新規範的創立，不只在於它的科技進展，也在於地緣政治。美國膽敢動用一種先前從未有國家使用過的武器。要是這種武器日後用來對付美國及其盟友，它又怎能標舉原則反對？

經由程式碼摧毀實體，已經成了全球賽局裡一條可被接受的規則嗎？就連曾任國家安全局和中央情報局局長的麥可・海登（Michael Hayden），似乎都對這個新的先例感到震驚。「有人破釜沉舟，突破了常規。」海登在《紐約時報》的專訪裡說道。西方各國的網路戰宣導者們始終懼怕的，那種能夠從世界上任何一處關閉或摧毀實體設備的攻擊，已經發生了，而美國人首先發動了這種攻

47 前引書，頁二〇七。
48 *Zetter, Countdown to Zero Day*, 361.

擊。「不論你對效果有什麼想法——而我認為，摧毀一組伊朗離心機串列有益無害——你都不得不將它說成是一次針對關鍵基礎設施的攻擊。」海登如此總結。[49]

震網並非「網路九一一事件」或「電戰珍珠港事件」。它是高度針對特定目標的行動，即使蠕蟲擴散到脫離創作者掌控，其損害仍精準地局限於它明確鎖定的受害者。但事實仍然不變：為了試圖阻止伊朗加入美國在六十五年前原爆廣島和長崎所開始的核武軍備競賽，美國觸發了另一種形式的軍備競賽，而這種軍備競賽有著不可預知的嚴重後果。

「有點像是一九四五年八月，」海登後來在一場演講中這麼說：「有人剛用了一種新武器，而這種武器再也無法收起來不用。」[50]

49 Sanger, "Obama Order Sped Up Wave of Cyberattacks Against Iran."

50 Paul D. Shinkman, "Former CIA Director: Cyber Attack Game-Changers Comparable to Hiroshima," *U.S. News & World Report*, Feb. 20, 2013, https://www.usnews.com/news/articles/2013/02/20/former-cia-director-cyber-attack-game-changers-comparable-to-hiroshima.

PART 3

SANDWORM

第三部 進化

摧毀事物的力量，正是對它的絕對控制。

第十五章
SANDWORM

警訊

二〇一五年末，就在震網開啟了實體世界遭受數位威脅的潘朵拉魔盒五年後，第一隻妖魔終於從魔盒裡現身。那妖魔便是沙蟲集團。

烏克蘭遭受的耶誕節停電攻擊，表明了俄國駭客確實在發動網路戰——可說是歷史上第一次真正規模廣泛的網路戰。他們和震網的發明者都跨越了同一條界線，從數位入侵進入了真實破壞。他們同時從軍事越界侵入了民生，將針對愛沙尼亞和喬治亞的無限制混合戰策略，與精密程度和危險性大幅提高的駭客入侵技術結合在一起。

但即使在二〇一六年一月下旬，世界上也只有少數人意識到這個正在進行中的威脅。其中兩位是麥克·阿桑提和羅伯·李。阿桑提從美國代表團前往烏克蘭的事實調查行程返國之後，他無法和李分享自己得知的情況，因為相關部門在相關資訊周邊設下了「僅供官方使用」這道防火牆。但李經由研究烏克蘭聯絡人和他分享的網路記錄檔，以及其他鑑識證據，已經對一次超乎尋常、由諸多部分構成的入侵行動，拼湊出剖析報告：黑能源、KillDisk、覆寫公司韌體以封阻防衛者、透過電話進行分散式阻斷服務攻擊、讓現場電力備援失能，最後則是劫持設施作業員控制權的幽靈滑鼠攻擊。

沒有任何方法能阻止沙蟲再次攻擊。李和阿桑提一致認為，他們跟政府的官僚遊戲周旋太久。該是發布完整報告，警告全世界的時候了。

但在李和阿桑提彙整調查結果之際，他們得知白宮「仍然」堅持，在國土安全部工業控制系統緊急應變小組向公用電業發布警告之前，烏克蘭停電事件的細節不得向大眾公開。當那篇報告終於在三月下旬發布——沙蟲進攻後兩個月——其中一段說明讓李大發雷霆：「公開報告表示黑能源（簡稱BE）軟體在公司電腦網路中發現，但務必注意：黑能源在這次事件中的角色仍屬未知，有待進一步技術分析。」

李和阿桑提對於黑能源在這次攻擊中的運用方式都很清楚：正是這個植入受害主機中的遠端存取木馬程式，啟動了精心策劃的連串入侵，由此導致駭客打開了電力公司的斷路器。

李認為，工業控制系統緊急應變小組的這段說明，實際上是在掩蓋事實。藉由質疑黑能源在攻擊中的角色，甚至質疑它是否存在於電力公司網路中，國土安全部掩蓋了一個關鍵事實：植入這種惡意軟體的駭客們，僅僅一年前也用了同一種工具鎖定美國公用電業——美國人同樣面臨危險。

「傳達的訊息是：『這跟我們無關；這是烏克蘭的事。』」李說：「他們誤導了整個社群。」

*

隨後數週，李說他在會議場合和電話中向國土安全部、能源部、國家安全局，甚至中央情報局的熟人們抗議，堅稱白宮和緊急應變小組都在對一次嚴重且前所未見的全新駭客威脅輕描淡寫，這一威脅不僅籠罩烏克蘭，更逼近西歐和美國。他甚至在系統網路安全協會網站上發布了一篇憤怒的部落格貼文。按照李如今的總結，那篇貼文的要旨如下：「全都是放屁。人民需要知道。」真正的文本在歷史裡佚失了；出於政治慎重起見，阿桑提要求李刪文。

同時，李和阿桑提也為了他們對停電攻擊能夠公開揭露的內容，而與白宮抗爭數週之久，白宮官員們堅持一項又一項修改，要求刪去他們認定為機密的細節。一個月過去，系統網路安全協會研究員們，被迫經由北美電力可靠度公司下屬單位、需向國會答詢的電力資訊分享與分析中心（Electricity Information Sharing and Analysis Center, E-ISAC）發布他們的報告，而不經由行政部門。歐巴馬政府直到最後一刻都反對報告發布。

即使到了那時，李說自己整個春季都在對抗著受到誤導或過度樂觀的政府官員，這些官員告訴公用能源事業，烏克蘭的攻擊不可能發生在美國。能源部和北美電力可靠度公司的代表們安撫配電調度員，說烏克蘭人用了盜版軟體、網路沒有安全防護，甚至沒有運行防毒軟體。按照李和阿桑提的說法，這些全都不是事實。

但最重要的是，李堅稱美國政府犯下了一個無可挽救的更大錯誤：不只是警告大眾及沙蟲潛在攻擊目標慢了半拍，或淡化沙蟲的危險性，更沒有向沙蟲集團本身，或其他任何可能效尤的人發出訊息。

自從一九九〇年代晚期網路戰的最初警訊開始，多年來駭客引發的停電始終是讓將領們、配電調度員，以及資安達人夜不成寐的噩夢局面。他們數十年來一直在想像和推演他國軍方對輸電網發動網路攻擊。就連柯林頓總統在烏克蘭停電事件將近十五年前，都曾疾呼要對那種數位攻擊最基本的型態做好準備。

如今，在李看來，這一刻終於到來，而美國政府卻只不過是把這樣的事件隱瞞起來。或許最危險之處在於，政府連一篇譴責攻擊行動的公開聲明都沒發過。「我們多年來一而再、再而三談論這條紅線，然後，當有人跨越了紅線，我們卻一言不發，」李說：「政府要有人站出來說，我們絕不容忍對民用基礎設施進行網路攻擊。」

事實上，就在一年前，聯邦政府「曾經」發出過李所要求的這種回應，即使是針對一種較不新奇的攻擊型態。二〇一四年十二月，化裝成激進駭客團體，自稱「和平守護者」（Guardians of Peace）的北韓駭客透露，他們侵入了索尼影業（Sony Pictures）的伺服器，以報復索尼的喜劇電影《名嘴出任務》（*The Interview*）描繪暗殺北韓獨裁者金正恩的情節。入侵者摧毀數千部電腦的內容，竊取大量機密資料並在隨後外洩於網際網路，數週之間三三兩兩地公開，包括四部尚未上映的劇情長片。[1]

索尼遭受破壞後數週之內，聯邦調查局發布公開聲明，迅速將北韓指認為禍首，揭穿了激進駭客這一欺敵身分。聯邦調查局局長詹姆士・柯米（James Comey）更發表公開演說，逐一列舉北韓涉案的證據，包括駭客是如何多次意圖使用代理電腦，卻未能按照原定計畫使用，從而暴露了與他們早先入侵行動相關的網際協定位址——這些蛛絲馬跡都追溯到金氏政權。[2] 歐巴馬總統本人在白

1 Peter Elkind, "Inside the Hack of the Century," *Fortune*, June 25, 2015, https://fortune.com/longform/sony-hack-part-1/ .

宮的一場記者會上對這次攻擊發言，向全世界發出警告，美國不會容忍北韓的數位挑釁。「他們造成許多損害，我們也會予以回應。我們會給予成比例的回應，而且會在我們選定的地點、時間，以我們的方式回應。」歐巴馬總統說。[3]（這一回應的確切性質從未得到確認，但北韓確實就在數日後遭遇全國大斷網，美國政府則在下個月宣布對金氏政權實施新的金融制裁。）「這次事件也指出了，我們需要與國際社會合作，」歐巴馬繼續說：「開始就網際網路與電腦如何運作，訂定一些十分明確的使用規則。」

但在一年後，當俄國駭客發動了一場規模遠遠更大，也更危險的攻擊，深入民用基礎設施，卻沒有一位政府官員發表聲明，提及成比例的回應或國際「使用規則」。甚至沒有一個美國政府部門點名俄國是侵犯者，即使任何觀察此事的研究員都能獲得許多線索。歐巴馬政府實質上默不作聲。

李堅稱，美國和全世界失去了有史以來僅此一次的機會，無法決定性地確立一套規範，在網路戰的新時代裡保護平民。「這是錯失的機會，」他說：「要是你說絕不容許什麼事發生，然後真的發生了卻若無其事，你實際上就是在縱容它。」

*

事實上，歐巴馬政府專責網路安全的最高官員從來不曾懷疑沙蟲斷電攻擊的嚴重性。一月下旬，就在前往烏克蘭的代表團飛回華府之後不久，J・麥可・丹尼爾坐在艾森豪行政大樓（Eisenhower Executive Office Building）一間戒備森嚴、就在西廂（West Wing）地面層上方的戰情室裡，聽取國土安全部官員對於事實調查行程成果的簡報。丹尼爾仔細聆聽著，他是一名輕聲細語的職業文官，面容和善而緊張，頭髮略顯稀疏。接著他沿著走廊走回辦公室，和自己的員工們開會，由員工們撰寫一份報告呈交國家安全顧問，繼而上呈歐巴馬總統。

丹尼爾和白宮助理們討論總統應當得知的內容時，他發現自己對於攻擊者的明目張膽高聲驚嘆。「我們顯然破釜沉舟、突破了常規，」他記得自己這麼說，呼應著三年前麥可・海登對震網的評價：「這是全新事物。」

丹尼爾自豪於歐巴馬政府對國家資助的駭客挑釁劃定明確界線的努力。他的團隊和司法部、國防部、國務院及商務部等處的歐巴馬政府官員合作，對外國駭客的惡行施以嚴厲報復。例如在二〇一四年，中國網路間諜連年劫掠美國智慧財產之後，歐巴馬政府的司法部確認了中國人民解放軍駭客部隊五名成員的姓名，並以刑事罪名起訴他們。[4] 隔年，國務院則揚言若再繼續經濟間諜行動，將對中國施加制裁。中國國家主席習近平大致上被迫讓步，簽署協議承諾兩國不得彼此入侵私營部門目標。群擊（CrowdStrike）和火眼等資安公司報告，中國入侵幾乎立刻下降——據群擊估計，下降了九成——這是網路安全外交一次史無前例的勝利。[5]

---

2 Andy Greenberg, "FBI Director: Sony's Sloppy North Korean Hackers Revealed Their IP Addresses," *Wired*, Jan. 7, 2015, https://www.wired.com/2015/01/fbi-director-says-north-korean-hackers-sometimes-failed-use-proxies-sony-hack/ .

3 "Remarks by the President in Year-End Press Conference," Dec. 19, 2014, https://obamawhitehouse.archives.gov/the-press-office/2014/12/19/remarks-president-year-end-press-conference .

4 "U.S. Charges Five Chinese Military Hackers for Cyber Espionage Against U.S. Corporations and a Labor Organization for Commercial Advantage," Department of Justice, May 19, 2014, https://www.justice.gov/opa/pr/us-charges-five-chinese-military-hackers-cyber-espionage-against-us-corporations-and-labor .

北韓攻擊索尼影業也得到幾乎同樣有力的回應。歐巴馬政府隨後還會起訴一群伊朗的國家駭客，指控他們以分散式阻斷服務攻擊對付美國銀行，並刺探紐約州北部一座美國水壩的電腦系統。（他們鎖定攻擊的波曼大道水壩〔Bowman Avenue Dam〕只有大約二十英呎高。駭客們有可能本來是要攻擊更龐大也更重要的俄勒岡州波曼水壩〔Bowman Dam〕。）[6]這一切強硬的懲治作為，傳達了這樣的訊息：任何外國入侵美國公司，或以數位手法破壞美國基礎建設，都別想逍遙法外。

然後發生了針對烏克蘭的一次全面性真正網路戰爭行動，同樣這些外交官和安全官員卻默不作聲。為什麼？

麥可．丹尼爾初步得知這次停電時立即產生的思路，或許可以提供解答：當國土安全局在耶誕隔天打來一通電話，向他示警沙蟲的這次攻擊，他的第一反應是驚恐。「我們一直擔心的事真正發生了。」但沒過多久，他記得自己有了完全不同的感受。「我的第二反應是多少鬆了口氣，它不是美國的國內事務。[8]」

丹尼爾對於俄國駭客樂意攻擊民用基礎設施一事深感憂慮。更壞的是，這些人看來就是僅僅一年前刺探過美國基礎設施的同一群駭客。他完全沒有停電攻擊運用的技術僅限於烏克蘭目標這種幻想。「我們在美國也有這些系統，我們不能說這些系統比烏克蘭運行的系統更安全多少。」他後來對我說。事實上，美國輸電網更高的自動化程度，或許意味著可被攻擊之處更多。「我們就算沒有更脆弱，至少也同樣脆弱。」（等到美國代表團從烏克蘭返國，丹尼爾也幾乎不再懷疑俄國政府實際上幕後主使了攻擊。「要是它走路像鴨子，叫聲也像鴨子的話……」他說。）

但即使如此，當沙蟲終於動手，它是在烏克蘭實施攻擊的，距離美國邊界四千英里遠。丹尼爾的如釋重負就是這樣來的：烏克蘭不是美國。它甚至不是北約會員國。因此，對美國政府而言，這在官方立場上就是他國問題。

5 Andy Greenberg, "Obama Curbed Chinese Hacking, but Russia Won't Be So Easy," *Wired*, Dec. 16, 2016, https://www.wired.com/2016/12/obama-russia-hacking-sanctions-china/ .

6 Joseph Berger, "A Dam, Small and Unsung, Is Caught Up in an Iranian Hacking Case," *New York Times*, March 25, 2016, https://www.nytimes.com/2016/03/26/nyregion/rye-brook-dam-caught-in-computer-hacking-case.html .

第十六章 SANDWORM

奇幻熊

或許，若是時間充裕的話，歐巴馬政府就會出聲譴責沙蟲集團的網路戰行徑，並經由演說、起訴或制裁實施懲治，以儆效尤。但到了二〇一六年六月，它的注意力完全被另一次駭客挑釁給劫持了——這次更加逼近要害。

六月十四日，《華盛頓郵報》揭露，民主黨全國委員會數月以來遭受不只一組，而是兩組俄國政府資助的駭客入侵。兩個月前由民主黨全國委員會延攬，負責分析這次入侵的資安公司群擊，發表了一篇部落格貼文，確認這兩組侵入民主黨網路內部的人馬分別是安逸熊（Cozy Bear）和奇幻熊（Fancy Bear），這兩個團隊多年來一直在該公司監控下實施間諜行動，從美國國防部和白宮到航空太空及國防承包商，無一倖免。[7]

根據多年的調查結果，群擊公司將奇幻熊與俄軍總參謀部情報總局（GRU）聯繫起來。隨後又揭露，安逸熊隸屬於俄羅斯聯邦對外情報局（SVR）。[8]（這兩隻「熊」的名稱，來自群擊公司按照駭客出身的國家，以不同動物稱呼駭客團隊的命名系統——俄國是「熊」、中國是「貓熊」、印度是「老虎」，諸如此類。）「這兩個敵人都為了俄羅斯聯邦政府的利益，從事大規模的政治及經濟間諜行為；據信，它們都與俄國政府強大而高效的情報部門密切相關。」群擊公司的分析寫道。[9]

換言之，這些團隊似乎專注於俄國從月光迷宮時期以來持續進行的無聲網路間諜行為，而非沙蟲才剛開始演示的更加招搖、破壞更大的網路戰手段。（事實上，群擊也追蹤了沙蟲的攻擊行動。該公司給予這個集團的代號是巫毒熊〔Voodoo Bear〕。）

但雖然民主黨全國委員會的駭客入侵並非破壞性的網路戰行為，它卻也證明了並非尋常的間諜行動。就在入侵的消息見報後二十四小時，一名自稱古奇法二點零（Guccifer 2.0）的人物出現在推特上，張貼數條通往同一個部落格的網站連結，向全世界自我介紹。那篇貼文題為「民主黨全國委員會伺服器被一個獨行俠駭客入侵」（DNC Servers Hacked by a Lone Hacker）。「世界知名的網路安全公司群擊宣布，民主黨全國委員會伺服器遭受『精密的』駭客團隊入

7 Ellen Nakashima, "Russian Government Hackers Penetrated DNC, Stole Opposition Research on Trump," *Washington Post*, June 14, 2016, https://www.washingtonpost.com/world/national-security/russian-government-hackers-penetrated-dnc-stole-opposition-research-on-trump/2016/06/14/cf006cb4-316e-11e6-8ff7-7b6c1998b7a0_story.html.

8 Huib Modderkolk, "Dutch Agencies Provide Crucial Intel About Russia's Interference in US-Elections," *Volksrant*, Jan. 25, 2018, https://www.volkskrant.nl/wetenschap/dutch-agencies-provide-crucial-intel-about-russia-s-interference-in-us-elections~b4f8111b/.

9 Dmitri Alperovitch, "Bears in the Midst: Intrusion into the Democratic National Committee, Opposition Research on Trump," *CrowdStrike*, June 15, 2016, https://www.crowdstrike.com/blog/bears-midst-intrusion-democratic-national-committee/.

侵。」古奇法二點零油嘴滑舌地說：「該公司這麼重視我的技術，我非常開心。但其實非常、非常容易。」[10]

這篇貼文接下來的內容震驚了全世界：從民主黨全國委員會伺服器竊取的真實文件片段。其中包含以共和黨總統初選領先者唐納・川普為對象的一份敵情研究檔案，一些政策文件，還有一份按照姓名及金額列舉的捐款人名單。「這些文件的主要部分，數千份文件與郵件，我都給了維基解密（WikiLeaks）。他們很快就會發表。」古奇法二點零寫道：「幹他的光明會（Illuminati）和他們的陰謀！」

這裡提到的「光明會」，以及古奇法二點零的名稱，都是為了傳達某種搗蛋的激進駭客形象，他們偷竊及洩露強權的文件，以顛覆腐敗的社會秩序。最初的古奇法是一位名叫馬塞爾・勒赫・拉札爾（Marcel Lehel Lazăr）的羅馬尼亞業餘駭客，他入侵許多備受矚目人物的電子郵件信箱，包括柯林・鮑爾（Colin Powell）、洛克斐勒家族，以及前總統小布希的妹妹等人。[11]

古奇法二點零開始展現出一個狂妄自大的東歐電腦叛客（cyberpunk）人格面具，他崇拜最初的古奇法、愛德華・史諾登，以及朱利安・亞桑傑（Julian Assange）這樣的人物。「我個人認為，我是全世界最優秀的駭客之一。」他在一段常見問題說明裡寫道。[12]

當群擊堅稱古奇法二點零只是一層容易拆裝的偽裝，意圖掩蓋民主黨全國委員會入侵幕後的俄國國家駭客，古奇法二點零以含糊其詞的否認回嗆：「他們就是搞砸了！他們什麼都證明不了！」他寫道：「我聽到的就是一堆廢話，無憑無據的理論和某人的估計。」

但實際上，俄國人的假面具幾乎馬上露出破綻。英國情報機構政府通信總部（GCHQ）的一名前任員工麥特・泰特（Matt Tait）發現，俄國人發表的第一份文件——川普敵情報告檔案裡，包含了俄語的格式化錯誤訊息。不僅如此，檔案裡的詮釋資料（metadata）顯示，它曾在一臺電腦上以「費力克斯・捷爾任斯基」（Feliks Dzerzhinsky）這個使用者名稱開啟過。這條線索近乎滑稽地透露了實情：捷爾任斯基是蘇聯祕密警察的創始人，他的銅像一度矗立在蘇聯國安會總部大門前。[13]

當科技新聞網站《主機板》（*Motherboard*）經由推特聯繫上了古奇法二點零，而這名駭客同意經由即時訊息受訪，《主機板》記者羅倫佐・弗朗切斯奇－比奇耶拉伊（Lorenzo Franceschi-Bicchierai）機智地拋出一連串英文、羅馬尼亞文和俄文問題，讓他措手不及。古奇法二點零用結巴的英文和羅馬尼亞文回答問題，並抗議自己不懂俄文。弗朗切斯奇－比奇耶拉伊隨後向羅馬尼亞人和語言專家出示這段對話記錄，他們指出了語言學的小細節，顯示古奇法二點零的書寫方式就像俄國人，他的羅馬尼亞文答覆則顯然是從 Google 翻譯找來。俄國駭客們看來甚至不想為了他們的幌子，費心招募一個真正的羅馬尼亞人。[14]

---

10 Guccifer 2.0, “Guccifer 2.0 DNC’S Servers Hacked by a Lone Hacker,” June 15, 2016, http://guccifer2.wordpress.com，存檔參看：http://bit.ly/2FOMwEE。

11 Matei Rosca, “Exclusive: Jailed Hacker Guccifer Boasts, ‘I Used to Read [Clinton’s] Memos . . . and Then Do the Gardening,’” *Pando,* March 20, 2015, http://pando.com.

12 Guccifer 2.0, “FAQ from Guccifer 2.0,” June 30, 2016, http://guccifer2.wordpress.com，存檔參看：http://bit.ly/2Mwo3V6。

13 Thomas Rid, “How Russia Pulled Off the Biggest Election Hack in U.S. History,” *Esquire,* Oct. 20, 2016, http://cs.brown.edu/people/jsavage/VotingProject/2016_10_20_Esquire_ProofPutinWasBehindClintonEmailHack.pdf.

*

古奇法二點零的不攻自破幾乎無關緊要。駭客們將川普的敵情研究文件寄給新聞網站《高客》（*Gawker*），該網站對這個檔案發表一篇報導，獲得五十萬次點擊，從而剝奪了民主黨人挑選適當時機揭發川普醜聞的能力。[15]不久，維基解密遵照先前承諾，也開始規律地持續公開駭客竊取的資料；畢竟，朱利安．亞桑傑的機密外洩團隊，向來不太講究自己的「解密」資料是來自吹哨者還是駭客。

如今有了維基解密確認可信度，包括《紐約時報》、《華盛頓郵報》、《衛報》、《政治人》（*Politico*）、*BuzzFeed*、《攔截》（*The Intercept*）在內的各個新聞媒體，也開始跟進報導這些文件。被揭露的內容十分真實：結果顯示，民主黨全國委員會私下偏袒候選人希拉蕊．柯林頓（Hillary Clinton），將希拉蕊推定為民主黨總統候選人，而非其初選對手伯尼．桑德斯（Bernie Sanders），即使委員會自居為黨內中立仲裁者這一角色。全國委員會幹部暗中討論詆毀桑德斯的方法，包括針對桑德斯的宗教信仰，以及桑德斯陣營人員涉嫌竊取希拉蕊陣營選民資料一事策動公開質問。[16]

全國委員會主席黛比．沃瑟曼．舒爾茲（Debbie Wasserman Schultz）遭受最沉重的打擊。駭客竊取的電子郵件揭露，她私下在信中寫到桑德斯的競選總幹事是個「該死的騙子」，桑德斯「當不上總統」。被竊取的電子郵件首度公開剛過一個月，她就辭職下臺。[17]

但駭客們並不滿足於依靠維基解密，民主黨全國委員會也不是他們唯一的受害者。隨後數月間，古奇法二點零竊取的民主黨全國委員會電子郵件，也開始出現在一個名為華府解密（DCLeaks）的新網站上，那兒還有其他被竊取的電子郵件，對象從共和、民主兩黨國會議員，到敦促對俄國入侵烏克蘭採取更積極應對的空軍將領菲利普·布瑞德洛夫（Philip Breedlove），不一而足。[18] 儘管華府解密試圖表現出另一個吹哨者「解密」網站的模樣，但資安公司 ThreatConnect 很快就確認它是俄國奇幻熊駭客的掩護身分之一，根據在於該網站的目標資料與已知的奇幻熊入侵行動互相重合，華府解密的註冊資料也留下了線索。[19]

---

14 Lorenzo Franceschi-Bicchierai, "Why Does DNC Hacker 'Guccifer 2.0' Talk Like This?," *Motherboard,* June 23, 2016, https://www.vice.com/en/article/d7ydwy/why-does-dnc-hacker-guccifer-20-talk-like-this .

15 Sam Biddle and Gabrielle Bluestone, "This Looks Like the DNC's Hacked Trump Oppo File," June 15, 2016, http://gawker.com/this-looks-like-the-dncs-hacked-trump-oppo-file-1782040426 .

16 Kristen East, "Top DNC Staffer Apologizes for Email on Sanders' Religion," *Politico,* July 23, 2016, https://www.politico.com/story/2016/07/top-dnc-staffer-apologizes-for-email-on-sanders-religion-226072 ; Mark Paustenbach, "Bernie Narrative," via WikiLeaks, sent May 21, 2016, http://wikileaks.org，存檔參看：https://wikileaks.org/dnc-emails/emailid/11056。

17 Jordain Carney, "Wasserman Schultz Called Top Sanders Aide a 'Damn Liar' in Leaked Email," *Hill,* July 22, 2016, https://thehill.com/blogs/ballot-box/presidential-races/288904-wasserman-schultz-sanders-aide-a-damn-liar ; " 'This Is a Silly Story. (Sanders) Isn't Going to Be President,' " *Boston Herald,* July 24, 2016, https://www.bostonherald.com/2016/07/24/this-is-a-silly-story-sanders-isnt-going-to-be-president/ ; Dan Roberts, Ben Jacobs, and Alan Yuhas, "Debbie Wasserman Schultz to Resign as DNC Chair as Email Scandal Rocks Democrats," *Guardian,* July 25, 2016, https://www.theguardian.com/us-news/2016/jul/24/debbie-wasserman-schultz-resigns-dnc-chair-emails-sanders .

18 Lee Fang and Zaid Jilani, "Hacked Emails Reveal NATO General Plotting Against Obama on Russia Policy," *Intercept,* July 1, 2016, https://theintercept.com/2016/07/01/nato-general-emails/ .

要是還有誰懷疑奇幻熊幕後策動了這些連續發生的資料匯出行動，這份不確定性在二〇一六年九月，也隨著該集團對世界反運動禁藥組織（World Anti-Doping Agency）發動新一波攻擊而煙消雲散。該組織在俄國多項運動代表隊被查獲普遍而有計畫地使用體能增強藥物（Performance-enhancing drug）之後，提議禁止所有俄國運動員參加那一年的夏季奧運會，普丁政府對此大發雷霆。為了報復，奇幻熊集團竊取並公布了網球明星威廉絲姊妹（Venus & Serena Williams）、體操選手西蒙・拜爾斯（Simone Biles）的病歷，表明她們也同樣使用了可以被解讀成（持續）提供運動優勢的藥物。這一次，他們明目張膽地嘲弄批評者，將這些外洩的內容，發布於貼滿美工圖和熊的GIF動圖的奇幻熊網站上（Fancybears.net）。[20]

奇幻熊崛起成了情報分析師所謂「影響力行動」（influence operations）自以為是的實行者。更確切地說，他們正在運用俄國情報機構一種由來已久的做法，叫做「黑材料」（kompromat）：從蘇聯時代開始，獲取政治對手的不光彩資訊，並以策略性的洩露及誣衊運用這些資訊，操弄公共輿論的這套傳統。

沙蟲駭客們是隱蔽且專業的破壞者。反之，奇幻熊看來卻是無恥而粗俗的宣傳工作者。這時他們為普丁服務，任務是幫助川普當選總統。

二〇一六年美國總統選舉，並非奇幻熊第一次運用自己的技術影響選舉。二〇一七年五月，多倫多大學一個名為公民實驗室（Citizen Lab）的資安研究員團隊找到了鑑識證據，證明奇幻熊集團同樣幕後操縱了二〇一四年入侵烏克蘭中央選舉委員會的親普丁激進駭客團隊網路金鵰。如同古奇法二點零和華府解密，網路金鵰不過是另一個幌子。

奇幻熊集團使用的技術多半簡單。相較於沙蟲二〇一五年耶誕節斷電這類行動，它們實際上是原始的。但奇幻熊最粗陋的手法之一，卻也成了最有效的手法：一個粗製濫造的假冒登錄頁面。十月七日，維基解密開始發布新一系列的外洩資料，這次直接從希拉蕊競選總幹事約翰・波德斯塔（John Podesta）的電子郵件帳號竊取而來。前一年三月，波德斯塔被一封基本的釣魚郵件騙到，那封信將他導向一個假造的Gmail網站，要求他提供使用者名稱和密碼，他也如實交出。當然，這個網站是奇幻熊設下的陷阱。[21]

維基解密在隨後數週內流出了取自這個陷阱的大量希拉蕊陣營黑材料。被揭露的內容包括希拉蕊向華爾街聽眾不公開演說的八十頁嚴格保密講稿。其中一段內容提到，政治人物需要擁有「公」與「私」兩種不同立場，她的批評者將這段話解讀為她承認了欺騙選民。另一段內容似乎呼籲「開放邊界」，激怒了主張強硬限制移民的人們。[22]媒體每天的轟炸令希拉蕊陣營在選戰倒數時刻難以招架。

*

19 Sean Gallagher, "Candid Camera: Dutch Hacked Russians Hacking DNC, Including Security Cameras," *Ars Technica*, Jan. 26, 2018, https://arstechnica.com/information-technology/2018/01/dutch-intelligence-hacked-video-cameras-in-office-of-russians-who-hacked-dnc/ .

20 Andy Greenberg, "Russian Hackers Get Bolder in Anti-Doping Agency Attack," *Wired*, Sept. 14, 2016, https://www.wired.com/2016/09/anti-doping-agency-attack-shows-russian-hackers-getting-bolder/ .

21 Raphael Satter, "Inside Story: How Russia Hacked the Democrats' Email," Associated Press, Nov. 4, 2017, https://apnews.com/dea73efc01594839957c3c9a6c962b8a/Inside-story:-How-Russians-hacked-the-Democrats'-emails .

22 "HRC Paid Speeches," email via WikiLeaks, sent Jan. 25, 2016, http://wikileaks.org，存檔參看：http://bit.ly/2RRtcNA。

波德斯塔遭受駭客攻擊，也消除了對於奇幻熊作用的最後一絲疑慮：資安公司安全工程發現，欺騙了波德斯塔的那個假冒 Gmail 網站網址，是由縮短網址服務 Bitly 的一個帳號所創造，它也同樣曾用來對付奇幻熊的其他數百名受害者，從烏克蘭官員到專攻俄國問題的學者及記者。[23]

當然，川普對俄國介入的證據置之不理，並沉湎於傾瀉而來的大量醜聞。「我愛維基解密！」他在一場造勢上宣告。[24]而在另一個場合，他嘲弄著說，希望俄國駭客也入侵了希拉蕊架設在家中、引發爭議的私人電子郵件伺服器，並請求駭客再把她的電子郵件公布幾千封。但大多數時候，川普則以虛無主義的語氣，否認這些洩密事件由克里姆林宮促成，他反倒暗示駭客同樣很可能是中國人或某個「體重四百磅」的獨行俠，或者民主黨入侵了自己人。[25]川普的混淆幫了奇幻熊大忙：即使在數月之後的二〇一六年十二月，仍然只有將近三分之一的美國人相信俄國干預美國大選，還有百分之四十四的人懷疑，四分之一的人無法確定。[26]

克里姆林宮是否真正期望採取影響力行動改變二〇一六年美國大選結果，始終無法確知。自從希拉蕊．柯林頓在歐巴馬政府的國務卿任內，普丁對她的仇恨就幾乎無法掩飾，他或許就只想讓她的總統任期揹上不堪負荷的政治包袱。當然，俄國官員一再否認與攻擊行動有任何關聯。但無論他們設想過什麼結果，他們都成功讓美國民主的核心陷入混亂。

二〇一六年十月，我在曼哈頓金融區的一處公園，和群擊公司首席技術官季米特里．阿爾佩羅維奇（Dmitri Alperovitch）見面時，距離投票日只剩數週時間，他看來幾乎不由得要讚賞這些駭客的成效，就在四個月前，他的公司首先揭發了他們的行動。

「我想，他們已經獲頒勳章了。」他懊惱地說：「他們的成果完全超乎想像。」[27]

事實上，奇幻熊真正的光榮時刻再過三個星期才到來：唐納・川普贏得美國總統選舉。

*

J・麥可・丹尼爾在二〇一二年成為歐巴馬政府專責網路安全工作的最高階官員之後，首先採

---

* 這些外洩資料最強大的效果，或許是將人們的注意力從《華盛頓郵報》十月七日公布的一段令人震驚的影片轉移開來：川普在電視節目《前進好萊塢》（*Access Hollywood*）的攝影棚中吹噓，他曾未經同意便擅自伸手抓住女性陰部。維基解密在這段影帶公開僅僅數小時後，就發布了第一批波德斯塔的外洩資料。

23 "Threat Group 4127 Targets Hillary Clinton Presidential Campaign," June 16, 2016, http://www.secureworks.com，存檔參看：http://bit.ly/2RecMtu。

24 Mark Hensch, "Trump: 'I Love WikiLeaks,' " *Hill*, Oct. 10, 2016, https://thehill.com/blogs/ballot-box/presidential-races/300327-trump-i-love-wikileaks.

25 Andy Greenberg, "A Timeline of Trump's Strange, Contradictory Statements on Russian Hacking," *Wired*, Jan. 4, 2017, https://www.wired.com/2017/01/timeline-trumps-strange-contradictory-statements-russian-hacking/.

26 Jake Sherman, "POLITICO/Morning Consult Poll: Only One-Third of Americans Say Russia Influenced 2016 Election," *Politico*, Dec. 20, 2016, https://www.politico.com/story/2016/12/poll-russia-hacking-2016-election-232842.

+ 本書付印之時，川普在俄國干預美國選舉的過程中與俄國政府勾結的程度仍然不明。但特別檢察官羅伯・穆勒（Robert Mueller）的調查揭露，川普團隊的多位成員，以及長子小唐納・川普（Donald Trump Jr.）都曾與克里姆林宮官員及其他俄國籍人士會面，這些人提供有損希拉蕊名聲的資訊，小川普則熱切接受。身為總統候選人的川普，也削弱了共和黨保衛烏克蘭不受俄國侵略的立場，同時極力達成一項價值數十億美元的交易，要在莫斯科興建川普大廈（Trump Tower）。

27 Andy Greenberg, "Trump's Win Signals Open Season for Russia's Political Hackers," *Wired*, Nov. 9, 2016, https://www.wired.com/2016/11/trumps-win-signals-open-season-russias-political-hackers/.

取的重大措施之一，就是在二〇一三年飛往莫斯科，敲定一條「網路熱線」（cyber hotline）。這條熱線運用半世紀前為了防範核戰帶來末日而首創的美蘇協定，旨在成為白宮與克里姆林宮之間傳遞網路攻擊相關訊息的公開管道，是為了避免誤解導致不必要的對立升高和開戰，而設置的某種安全閥。丹尼爾將這個安排描述成一套「美化的專用電子郵件系統」。

二〇一六年十月七日，丹尼爾在任內第一次，也是唯一一次使用這條熱線發送訊息給普丁，回應俄國明目張膽的選舉干預。他重新表述了這則訊息：「我們知道你們在進行這種活動。停止。住手。」[28] 同日，國土安全部和國家情報總監辦公室發布公開聲明，表示美國情報部門已正式達成共識，如同網路安全研究員四個月來所指出的，認定俄國政府是竊取電子郵件的源頭。[29]

最後，在歐巴馬總統任期屆滿前夕，他的政府將回應升級，加入了制裁俄國情報部門的新措施，以懲罰他們干預選舉的駭客行徑，實際上是要阻止他們與美國公民及公司行號從事任何生意。這道命令將三十五名俄國外交官逐出美國，並沒收美國境內兩處俄國政府建築群。戰略與國際研究中心（Center for the Strategic and International Studies）專攻網路安全的研究員詹姆士・路易斯（James Lewis），將美國政府的反應描述為「冷戰以來對俄國間諜行動的最大規模報復措施」。[30]

但對於俄國的斷電攻擊這一問題，白宮通往克里姆林宮的熱線卻始終不發一語。沙蟲送出了不言自明的訊息。這時它可以繼續進行，不受懲罰。

第十七章
SANDWORM

反社會

選舉投票當夜，麥可・馬托尼斯（Michael Matonis）早早就上床睡覺。他看到了川普獲勝的可能性提高。但他選擇就此想當然爾認為希拉蕊・柯林頓會一如預期地勝選，於是讓自己睡過中間那些插曲，直到勝選再醒，而不要整個晚上都緊張地咬指甲。

清晨五點鐘，他被床邊的短波收音機喚醒，立刻聽了新聞報導，並且迸出一串漫長而發自內心、充滿髒話的牢騷。

28 Bill Whitaker, "When Russian Hackers Targeted the U.S. Election Infrastructure," CBS News, July 17, 2018, https://www.cbsnews.com/news/when-russian-hackers-targeted-the-u-s-election-infrastructure/ .

29 "Joint Statement from the Department of Homeland Security and Office of the Director of National Intelligence on Election Security," Oct. 7, 2016, https://www.dhs.gov/news/2016/10/07/joint-statement-department-homeland-security-and-office-director-national .

30 Andy Greenberg, "Obama's Russian Hacking Retaliation Is Biggest 'Since the Cold War,' " *Wired,* Dec. 29, 2016, https://www.wired.com/2016/12/obama-russia-hacking-sanctions-diplomats/ .

二十七歲的資安研究員馬托尼斯，有一頭濃密的黑色捲髮，他那時住在紐約州奧爾巴尼（Albany），但那一夜原先計畫在布魯克林老家舉行派對——與其說為了慶祝希拉蕊獲勝，更是要宣告從此不用每天看到川普的臉出現在電視上。得知了令人震驚的選舉結果之後，馬托尼斯和朋友們很快就把派對重新構思成某種情緒支持團體。於是他仍然搭上了南下的美國國鐵（Amtrak）列車，再從賓州火車站（Penn Station）設法穿越悲痛溢於言表的紐約市，抗議和哀悼的標語在地鐵月臺和店面櫥窗上張貼著。

馬托尼斯抵達紐約市時，原先預計要在威廉斯堡（Williamsburg）一帶閒晃，找些好吃的土耳其或巴西美食。但他很快就發覺自己消沉得連民宿都走不出去。所以即使名義上正在休假，他還是打開筆電，用工作轉移注意力。

馬托尼斯所在的研究員團隊直屬於約翰．霍奎斯特，二〇一六年稍早，火眼公司併購iSight之後，霍奎斯特那時已經成為這家資安公司的網路間諜行為分析主任。做為日常獵捕的一部分，馬托尼斯自行開發軟體工具，能夠自動掃瞄VirusTotal之類的惡意軟體源料（feeds），尋找異樣的蛛絲馬跡，它們可能是國家資助的駭客留下的足跡——他稱之為「網路淘金」（cyber gold panning）。

那天一大早，他的其中一個過濾工具就向他發出了結果，而他太過分心未能細讀。這時他仔細鑽研它的起源：有人把一段惡意程式碼上傳到VirusTotal，該程式碼運用一個微軟Office腳本，自我安裝在受害者的主機上，如同黑能源在二〇一五年下半年攻擊中的行徑。新的惡意軟體看來是一個用於遠端存取受害者主機的新後門程式，它不尋常地運用加密的即時通訊軟體Telegram與它的命令和控制伺服器聯繫。但馬托尼斯追蹤黑能源攻擊夠密切，看出了兩者的編碼方式類似。

這個後門程式包裝在一個用西里爾字母寫成的Word文件檔裡。當馬托尼斯將這個檔案放進Google翻譯，他發現這是一份以烏克蘭文寫成的儲存硬體與伺服器價格清單，看來是引誘烏克蘭資訊技術系統管理者上鉤的誘餌。「我只能想到一個團體會做出這種事，用這種獨特的方式。」他說。自從將近一年前的烏克蘭停電以來，沙蟲完全沉默。在襲擊輸電網的傑作之後，這個集團看來甚至有可能消失了。除了包含馬托尼斯和他的上司霍奎斯特，以及羅伯·李在內少數幾個頑固執迷的人，大半個美國資安社群對於俄國駭客入侵的注意力，幾乎都完全轉向了奇幻熊的干預總統選舉。

馬托尼斯這時看到俄國斷電駭客再次現身的最初徵兆。「我的天哪，」馬托尼斯坐在布魯克林租屋處的廚房餐桌前思忖著：「我想，我發現了沙蟲第二版。」

*

二〇一六年八月，第一次耶誕節停電八個月後，雅辛斯基已經從星光傳媒離職。他確定了，面對一場看似鎖定烏克蘭社會每一階層的襲擊，單單保衛一家公司是不夠的。儘管沙蟲自停電以來靜止不動，但雅辛斯基知道，這個集團花了長長幾個月推動入侵，下一波攻擊可能已經啟動。他對這些駭客們的工作需要更全面的觀點，而烏克蘭對於沙蟲逐漸成為的這類明目張膽、冷酷無情的攻擊者組織，也需要更有條理的應對。「光明一方仍然分裂，」他對我說起受害者之間對於駭客四分五裂的應對。「而黑暗一方團結一致。」

於是雅辛斯基在基輔一家名為資訊系統安全夥伴（Information Systems Security Partners, ISSP）的公司，接任研究與鑑識主管一職。該公司在資安業界並沒有多大名氣。但雅辛斯基加入的目的，是要運用他自己的職位，讓資訊系統安全夥伴成為烏克蘭數位圍攻的受害者必定仰賴的第一線應急人員。

他轉職沒過多久，彷彿就在同一時間，烏克蘭全國就遭受了另一次更廣泛、更沉重的波狀攻擊。從十二月起，就在火眼的麥可・馬托尼斯及世界各地其他研究員看出沙蟲重振旗鼓的最初徵兆過後一個月，雅辛斯基開始得知烏克蘭其他機構及基礎設施公司，如同二〇一五年一般，遭到同一群毀滅性駭客鎖定攻擊。這些受害者最終包含了烏克蘭的退休基金、國庫、海港管理局，以及基礎設施部、國防部和財政部。每個案例都跟前一年一樣，攻擊的終點是在目標硬碟裡進行KillDisk式的引爆。

駭客們再度攻擊烏克蘭鐵路局，這次將該公司的線上訂票系統停擺數日之久，就在假日旅行旺季之中。而在財政部的攻擊中，邏輯炸彈刪除了數兆位元組的資料，摧毀該部百分之八十電腦裡的內容，刪去了該部擬訂的來年國家總預算案草稿，並使其網路在隨後兩週完全斷線。

換言之，駭客們新的這波冬季攻勢，在規模和命中目標時精算的痛苦兩方面，都與前一年的攻擊匹敵，乃至更勝一籌。但資安研究員在十二月最初那幾週探究受害各公司的記錄檔時，他們看得出來施虐者也在試用新的欺敵形式。例如在其中一輪攻擊裡，駭客們改寫了KillDisk的程式碼，使它不只癱瘓受害者的主機，也在電腦螢幕上顯示一張令人難忘的圖像。

這張圖——首先由斯洛伐克資安公司ESET的研究員發表，他們也在密切追蹤烏克蘭遭受的第二波攻擊——不只是植入受害者電腦裡的一個檔案而已。它反倒以某種駭客的誇張表現，費盡心思編寫惡意軟體的程式碼，使它在程式碼每一次啟動時，都會被Windows的圖形介面繪製出來。由此產生的圖像是在一片多色的一與零背景上，浮現出的一副螢光綠色和黑色的低解析度翹鬍子面具。面具上方和下方各有一行字：「我們是反社會」（WE ARE FSOCIETY）、「加入我們」（JOIN US）。[31]

駭客們借用了電視劇《駭客軍團》（*Mr. Robot*）裡虛構的無政府駭客之象徵符號，或許是要在一次明顯井然有序、由國家資助的破壞行動之上，編織一層隨心所欲、草根虛無主義的外衣。（事後回想，他們或許也多少透露了自己的意圖：在《駭客軍團》劇中，反社會〔FSociety〕駭客們永久摧毀了一個龐大金融集團的檔案記錄，抹消了成千上萬人的債務，使得世界經濟陷入混亂——一年之內，這個故事情節彷彿預知了未來。）

第二輪攻擊中，駭客們換了另一套詭計：他們不再使用激進駭客的偽裝，而是採用網路犯罪掩護，在受害者被毀損的主機裡貼滿勒贖訊息，要求支付比特幣：「很抱歉，但你的資料已順利完成加密，你可以選擇失去資料，或支付二百二十二比特幣。」[32]

沙蟲們似乎改裝了他們的幌子，模仿駭客奸商之間愈來愈時髦的一種手法：網路罪犯們不再試圖盜取信用卡，或其他必須轉賣才能賺錢的資料，他們發現自己可以藉由加密受害者的硬碟，要求受害者付錢解鎖而直接敲詐錢財。只有受害者（在指定期限內）交出贖金，勒索著才會送出密鑰為

31 Anton Cherepanov, "The Rise of TeleBots: Analyzing Disruptive KillDisk Attacks," *We Live Security* (ESET blog), Dec. 13, 2016, http://www.welivesecurity.com，存檔參看：http://bit.ly/2B6Lgc3。

32 Chris Bing, "Early Indications Point to Sandworm Hacking Group for Global Ransomware Attack," *Cyberscoop*, June 30, 2017, https://www.cyberscoop.com/petya-expetr-sandworm-eset-ukraine-ransomware/.

資料解密。有些勒索軟體陰謀專業到了甚至包含線上客戶支援的地步，藉由向受害者確保真能取回資料，增加他們付錢的可能性。

但這些營利陰謀即使殘忍，其中多數仍只向受害者索取數百或數千美元。按照二〇一六年末的比特幣匯率換算，這個計畫所要求的金額超過十五萬美元。看來，沒有人愚蠢到付錢。ESET的研究員也發現，就算真有人付錢，惡意軟體裡也沒有解密機制。勒贖要求反倒只是在沙蟲自前一年以來持續實施的同一套KillDisk式資料摧毀手法上，多加一層混淆而已。

雅辛斯基看得出來，駭客們不只在進化，也在實驗。蟄伏一年後重新現身的他們，危險性和欺騙能力更是前所未見。烏克蘭的網路戰加劇了。接著，這場愈演愈烈的瘟疫持續兩星期後的一個週六夜晚，在雅辛斯基和家人們坐在基輔公寓沙發上觀賞電影《神鬼駭客：史諾登》過後不久，沙蟲展示了它的十八般武藝。

*

二〇一六年十二月十七日，一位名叫歐列格．扎伊琴科（Oleg Zaychenko）的青年工程師，正在基輔市北界之外烏克蘭國家電力公司（Ukrenergo）的變電所裡，進入十二小時夜班的第四小時。他坐在一間蘇聯時代的老舊控制室裡，控制室的牆上鋪著米紅兩色的類比式控制面板，從地板延伸到天花板。變電所的虎斑貓阿札（Aza）覓食去了；陪伴扎伊琴科的就只有房間角落一臺電視機，播放著流行音樂影片。

他正在用紙筆填寫日誌，記錄著又一個平靜無事的週六晚上，這時站內警報突然響起，鈴聲震耳欲聾持久不息。在他的右邊，扎伊琴科看見兩盞指示輸電系統迴路狀態的燈號由紅轉綠——在電機工程師反直覺的普遍語言裡，這是迴路被關閉的跡象。

這位技師抄起他左邊的黑色桌機電話，打給烏克蘭國家電力公司總部的一位調度員，向他警告這個例行的不幸事故。當他打電話時，又一盞燈由紅轉綠。然後又一盞。扎伊琴科的腎上腺素開始作用了。在他著急地向遠方的調度員說明情況之際，燈號持續轉換：由紅轉綠、由紅轉綠。八盞、然後十盞、然後十二盞。

隨著危機升高，電話那頭的調度員指示扎伊琴科跑到室外，檢查設備是否遭受實體損壞。就在那一刻，第二十個，也是最後一個迴路被關閉，控制室的燈光連同電腦和電視一起熄滅。扎伊琴科已經在黃藍兩色的制服外披上一件外套，奔向門口。

烏克蘭國家電力公司的北基輔變電所，正常來說是一片龐大而熱鬧的叢林，電力設備綿延超過二十英畝，規模超過十二個足球場。但在扎伊琴科踏出建築物，走進夜晚寒冷刺骨的空氣中，氛圍卻是前所未有地怪異恐怖：三部戰車大小的變壓器與建築物並排，負責供應首都大約五分之一的電力，此時完全靜止。

直到那時為止，扎伊琴科仍習慣性地在心中逐一核對緊急狀態清單。當他跑過被癱瘓的機器，腦海中第一次浮現這個想法：製造停電的駭客又發動攻擊了。

這次，攻擊轉向烏克蘭電網循環系統的更高層級。破壞者們拿下的不是那些分出毛細管狀電力線的配電站，而是擊中動脈。單單一個北基輔輸電變電所就有兩百千瓩發電量，電力負載比起二〇一五年攻擊毀壞的五十多個配電站相加起來更多。

所幸，系統只被切斷了一小時——還沒久到讓水管結凍，或讓當地人民開始恐慌——烏克蘭國家電力公司的工程師們就開始手動關閉斷路器，將一切重新連線。即使如此，當一小時之久的午夜停電籠罩了雅辛斯基位於基輔北郊的家，他感受到的驚懼，還是超過了身為資安顧問這些年來所經歷的任何一次網路攻擊。

雅辛斯基對我說，他一直都試著對這些洗劫他國家的入侵者們維持一種不帶感情的想法。比方說，他試圖完全迴避攻擊者身分這個問題，堅稱這些人的姓名或國籍，並非對其入侵之分析，或防範其攻擊之策略的一部分。（這種拒絕貿然插手歸因問題的表現，在資安業界很普遍。但雅辛斯基更是推到極致，他甚至在我提及攻擊者是俄國人時，假裝責備地晃了晃手指頭。）

雅辛斯基始終寧願把自己的工作看成一盤棋局，在抽象層面上合理分析對手的舉動，不受任何個人心理影響。他論證，投入太多情緒，會讓思考被自己的憤怒、執迷或私利損害，由此開始犯錯。「你需要冰冷、清澈的頭腦，」雅辛斯基說：「想要打好比賽的話，你就不能憎恨對手。」但當停電蔓延到他自己的家，他承認這件事跨越了新的邊界。他對我說，這就好像「被人搶劫」。「這是某種侵犯，你在這一刻意識到你的私人空間不過是幻覺。」

停電發生二十四小時內，烏克蘭國家電力公司的員工公開確認，停電確實由另一次網路攻擊引發，一如雅辛斯基當下所猜想。烏克蘭國家電力公司和烏克蘭安全局（SBU，烏克蘭安全機構，部分職能在該國相當於美國國家安全局）決定由烏克蘭自行處置及應對。這次不會有美國代表團了。因此當資訊系統安全夥伴公司聯繫烏克蘭國家電力公司，向他們提供服務，這項工作自然而然交給雅辛斯基。

＊

二〇一七年初，在烏克蘭國家電力公司基輔總公司的一次會議上，該公司將一個硬碟交給資訊系統安全夥伴公司，裡面裝滿數兆位元組的記錄檔，是雅辛斯基展開鑑識分析所需要的。一如在星光傳媒的經驗，他細讀這些記錄檔好幾星期，從中爬梳可能透露駭客蹤跡的任何異常之處，而駭客們在入侵的每一點上，全都試圖完美模仿被滲透的受害者之正常行為——雅辛斯基稱之為「在針海裡撈針」。

追蹤同一批駭客一年多之後，雅辛斯基知道要在哪裡找到他們的足跡。到了一月底，資訊系統安全夥伴公司幾乎完全彙整出入侵行動的剖析報告。他對烏克蘭國家電力公司的資訊管理員做了一場簡報，向他們呈現解剖報告，將長達六英呎的印表紙製成的駭客行為時間軸攤開在他們面前。雖然公司提供給他六個月的記錄檔，但駭客得以存取公司系統的時間看來有可能更早得多：二〇一六年一月，也就是第二次停電之前將近一年，烏克蘭國家電力公司發現了侵襲星光傳媒、TRK傳媒及鮑里斯波爾機場的同一種黑能源惡意軟體感染。雅辛斯基猜想，即使電力公司努力掃毒，入侵者還是在烏克蘭國家電力公司系統內部某處神不知鬼不覺地維持了立足點，耐心靜候時機。

為了在烏克蘭國家電力公司網路內部的不同電腦之間遊走，他們運用一種名為可愛貓（Mimikatz）的常見駭客工具，它是為了利用舊版Windows系統裡可從電腦記憶體內取得密碼的一種安全監督功能而設計出來。可愛貓從那團轉瞬即逝的黑暗中抽取憑證，好讓駭客能運用這些憑證一再存取一部電腦，或存取受害者帳號能在同一網路裡登入的其他電腦。駭客們也運用了另一種更隱祕的手法，這種手法能讓他們在應用程式意外當機時挖掘記憶體，取得出錯程式殘留在「記憶體轉儲檔案」（crashdump）資料裡的機敏憑證——有點像是從一臺熄火的車裡抽走鑰匙並迅速複製。

有了這些竊取的憑證，駭客們最終得以存取烏克蘭國家電力公司網路內一個近乎綜觀全局的資料庫伺服器，它有時被稱為「歷史學家」（historian）。那個資料庫的功能是記錄電力公司的一切操作，從實體設施蒐集數據，讓數據可被商業網路取用。對於入侵者而言，它提供了連接烏克蘭國家電力公司網路傳統資訊端與工業控制系統端不可或缺的橋樑，後者包括能夠控制斷路器的工作站。

那個歷史學家資料庫不只是從電力公司的電腦蒐集數據而已。更危險的是，它還有能力向公司電腦發送某些指令。按照雅辛斯基的敘述，駭客劫持了那項功能，將這個資料庫變成一把「瑞士刀」，能夠運行駭客選定的任何程式碼。最終，那些程式碼包含了在烏克蘭國家電力公司的實體變電所設施跟前植入攻擊用的酬載，然後如同二〇一五年那樣，無情地切換開關，切斷數十萬人民所需的電力。

攻擊者們似乎將焦點從二〇一五年的攻擊轉移開來，當時他們運用大量羞辱手法洗劫了三家區域電力公司，從電力公司本身的備援發電機到電話系統，無不攻擊。但這次他們反倒以全心全意的專業手法，直接侵入輸電系統。「在二〇一五年，他們就像一群殘暴的街頭霸王，」生於烏克蘭的德國工業控制系統專家瑪莉娜・克羅托菲爾（Marina Krotofil）說，她當時任職於漢威聯合（Honeywell），在資訊系統安全夥伴公司的分析過程中，向雅辛斯基提供過建議：「二〇一六年，他們成了忍者。」

但這些破壞者安裝的最後一批酬載，在雅辛斯基看來卻是某種黑盒子。他看得出來，駭客在午夜攻擊之前安裝了一批動態連結程式庫（dynamic-link library），即「.dll」檔，本質上是可供他們召喚的幾組指令。但工業控制系統是資安領域內自成一格的晦澀學科，即使雅辛斯基具有鑑識傳統資訊系統的知識，他仍無法憑一己之力破譯那些「.dll」檔。他的朋友，也是工業控制系統問題不可或缺的專家克羅托菲爾，在烏克蘭國家電力公司調查的工業控制系統部分一路協助指導他。但由於他與電力公司簽訂的保密條款，他無法和她分享那些「.dll」檔。

雅辛斯基向烏克蘭國家電力公司的工程師們出示那些檔案，他們告訴他，其中的程式碼包含著以一種特殊協定寫成的指令——他們的斷路器設備所能理解的某種電腦語彙。這些檔案以某種方式觸發了駭客斷電行動製造破壞的最後一步。至於如何觸發，往後數月間仍是不解之謎。

＊

同時在美國，第二次烏克蘭停電事件在資安社群裡引起了短暫共鳴，從圍繞著俄國著重攻擊總統選舉的狂熱中偷回一丁點關注。如同李對我敘述的，這是歷史上頭一次有一群駭客展現出自己既有能力，也有意願反覆襲擊關鍵基礎設施。他們在多次不斷演進的攻擊中淬鍊自己的技能。而且他們已經在美國輸電網裡安裝過一次惡意軟體。

李論證，這一切全都意味著美國電力事業和政府官員，必須將俄國不斷升級的網路戰行動看成不只是烏克蘭的問題，更是美國自身的問題。「理解美國輸電網的人都知道，這種事也會在此發生。」他對我說。

當我在電話中向北美電力可靠度公司首席安全官馬歇爾．薩克斯（Marshall Sachs）提及這個論點，他則對這樣的威脅輕描淡寫。他堅稱，美國電力公司已經從烏克蘭的受害學到了教訓。薩克斯指向自己和其他人為美國電力業者舉辦，教導他們這些攻擊事件的巡迴簡報，向業者們反覆灌輸必須強化基本網路安全實踐，任何時候一有可能就切斷關鍵系統遠端存取。他也指出，即使烏克蘭輸電網攻擊是如此精密，它們甚至也沒有真正釀成災害：畢竟，電力確實恢復了。

「很難說我們沒有弱點。連接上其他事物的任何事物都有弱點。」薩克斯說：「但跳躍到暗示輸電網只差千分之幾秒就要崩毀，就是不負責任。」

但李反駁，對沙蟲這類駭客而言，美國可能為他們提供了更好攻擊的目標。美國的電力公司對於網路安全更加敏感，但它們也比烏克蘭的電力公司更自動化、更現代，由電腦控制的設備更多。

換言之，它們提供給駭客的數位「攻擊面」比某些舊式系統更多。

他也論證，美國工程師手動修復反覆斷電的經驗，也比烏克蘭這樣的國家更少。烏克蘭的地區電力公司，乃至基輔的烏克蘭國家電力公司，全都遠比美國電力業者更習慣於常見設施故障導致的停電。它們有一隊隊卡車待命開往各個配電站，手動恢復電力，正如二〇一五年第一次駭客襲擊時，烏克蘭電力公司的應對方式。並非每一家過度自動化的美國電力公司都配備這種全員出動，在現場的手動操控機制。「關閉美國輸電網會比烏克蘭更難，」李說：「讓它持續關閉可能更容易。」

隨著沙蟲的實力和自負增長，有個問題仍未得到解答：它敢不敢像攻擊烏克蘭那樣攻擊美國？畢竟，攻擊美國電力事業，幾乎肯定會導致美國政府立即施加嚴重報復，即使在俄國侵略所引發的一場區域戰爭中進行的同類攻擊，幾乎沒讓美國官員嘀咕一聲。

沙蟲第二次攻擊輸電網那時，有些網路安全分析師主張，俄國的目標只不過是要以美國自己的網路戰策略還治其人：莫斯科藉由熄滅基輔的燈火——同時展現自己有能力侵入美國輸電網——發出訊息，警告美國不得對俄國或其盟友嘗試震網類型的攻擊，像是對敘利亞獨裁者巴沙爾・阿薩德（Bashar al-Assad），美國在敘利亞內戰中支持反阿薩德的革命勢力。

照這個觀點看來，這一切全是威懾賽局。正如一位人稱 Grugq，影響廣泛的匿名駭客及資安分析師，在第二次烏克蘭斷電後發表的一篇部落格文字：「這場昂貴的閃燈要是看成一次影響力行動，為的是向西方示意俄國擁有西方自身所確信的那種『真正網路戰的網路武器』，更能說得通。」

「俄國如今已經兩次把烏克蘭的燈光關了再開。」他寫道：「要是第一次測試成功，沒有理由在同一次攻擊行動中測試兩遍。他們要確定西方接收到了訊號。」[33]

但任職國家安全局期間參與過很多次戰爭演習想定的李，卻能夠想像俄國要是認為自己被逼到牆角，就會以攻擊美國電力事業做為報復措施——例如，要是美國揚言要阻礙莫斯科在烏克蘭或敘利亞的軍事利益。「當你否認一個國家投射實力的能力，」他論證：「它就非得來個迎頭痛擊。」

當然，李和他這樣的人們已經推演了這種噩夢十多年之久。目前看來，網路末日始終不曾降臨美國本土。但在奇幻熊干預總統選舉之後，俄國人的張狂似乎沒有極限。克里姆林宮干預過烏克蘭選舉，卻不曾真正遭受到惡果；然後它就對美國運用了同樣手法。俄國駭客關閉了烏克蘭的電力而不受懲罰；由此完成類推並不困難。

對於這時已經觀察沙蟲攻擊升級長達兩年多的約翰・霍奎斯特來說，下一步再清楚不過。二〇一六年基輔遭受攻擊後三週，他就在推特寫下一段預測，並釘選在個人檔案以流傳後世：「我發誓，當沙蟲團隊終於釘死了西方的關鍵基礎設施，而人們的回應卻彷彿有多麼出乎意料，我真的會抓狂。」

*

二〇一七年三月一個陰沉的日子裡，一輛計程車在基輔資訊系統安全夥伴公司總部前的停車場放我下車。當時這家公司位於烏克蘭首都一處工業區的一間低矮建築物裡，四周圍繞著泥濘的操場和傾頹的高樓大廈——蘇聯持續留給這個國家的眾多紀念品其中幾項。

當我在屋裡找到歐列克西・雅辛斯基，我們在這家公司的「網路實驗室」（Cyber Lab）坐下，這間暗房裡有張圓桌，上面覆蓋著他為烏克蘭國家電力公司攻擊行動繪製的同一種網路地圖，長長的紙捲上顯示著節點與連結，複雜一如波赫士的迷宮。每一張地圖都代表沙蟲一次入侵行動的時間軸。到那時為止，這個駭客集團已是消耗雅辛斯基許多時間精力的工作焦點接近兩年，從它最初襲擊星光傳媒開始。他對我說，還沒有辦法確切知道，究竟有多少烏克蘭機構在不斷升高的網路攻擊行動中遇襲：任何統計都很有可能低估。每一個眾所周知的目標，同時就至少還有一個不承認遭受入侵的隱瞞受害者，而且還有其他目標甚至還沒察覺系統裡的入侵者。

事實上，雅辛斯基說，下一波數位入侵即使在那時恐怕都已經展開。在他身後，兩位年紀更輕、蓄著鬍子的資訊系統安全夥伴公司員工正專注於鍵盤和螢幕，拆解公司就在前天從新一輪釣魚郵件裡收到的惡意軟體。雅辛斯基逐漸相信，攻擊隨著季節而循環：一年最初幾個月裡，駭客們打下基礎，悄悄滲透目標、擴散它的存在。到了年尾，他們就釋放出攻擊酬載。雅辛斯基提到，即使他當時正在分析前一年的輸電網攻擊，二〇一七年十二月將要發生的奇襲都已經灑下種子。

雅辛斯基對我說，為下一輪攻擊預作準備就像是「為了期末考逼近而讀書」。他斷言，他和烏克蘭至今為止所面對的，可能只不過是一連串實測。

他用一個俄文字總結攻擊者的意圖：「poligon」，練兵場。雅辛斯基說，即使在破壞最烈的攻擊裡，駭客們都可以造成更嚴重的後果。他們可以不只摧毀財政部的儲存資料，還能一併摧毀備援資料。他們或許可以將烏克蘭國家電力公司的變電所斷線更久，或對輸電網造成永久的實體損

33 The Grugq, “Cyberwar via Cyberwar During War,” *Risky Business*, March 6, 2017, https://risky.biz/20170306/ .

害——阿桑提、李等美國分析師，在我和他們的談話中也提到這點。「他們還在跟我們玩，」雅辛斯基說。每一次，駭客們都在實現可能做到的最大損害之前退卻，彷彿要把自己的真正實力保留到未來的某次行動。「我們只能期望他們還沒玩夠。」

雅辛斯基並非圍繞著烏克蘭網路戰，發展出這套預知未來新理論的唯一一人：國際觀察家們也開始設想，俄國正在把烏克蘭變成一個測試實驗室，試行日後可能對西方發動的數位戰術。還有哪個地方比起普丁自身勢力範圍內這處無所顧忌的熱戰環境，更適合訓練克里姆林宮的駭客軍團？「手套脫下了。這是一個你可以幹到窮凶惡極，而不被報復或追訴的地方。」北約大使肯尼斯・吉爾斯對我說：「烏克蘭不是法國或德國，很多美國人在地圖上都找不到它，於是你可以在那兒練兵。」

在那道忽視的暗影中，俄國不只是將自身科技能力推到極致而已，約翰・霍普金斯大學（Johns Hopkins）戰略及軍事研究教授托瑪斯・里德（Thomas Rid）這麼說。它也在試探國際社會所能容忍的限度。「他們在探測紅線，探測他們做什麼事可以逍遙法外。」里德對我說：「你向前推，看看會不會被推回來。不被推回來的話，你就試著再走一步。」

當駭客們不再打這種表演賽，而是釋放出他們的全副實力，情況又會是怎樣？二〇一七年春天造訪期間，在基輔資訊系統安全夥伴公司那間昏暗的密室裡，雅辛斯基向我坦承，他不知道下一次攻擊會是何種型態。或許是另一次更嚴重的停電，或者可能鎖定襲擊某處供水設施。不管是什麼，他說，他都確信這次攻擊會如同他在自己家中感受到的停電那樣，遠遠延伸到我們長年理解的網際網路範圍之外，進入實體世界的基礎設施之中。

在他身後，逐漸變暗的午後光線透過了百葉窗，讓他的臉孔成了一團黑色輪廓。「網路空間本身不是攻擊目標。它是媒介。」雅辛斯基說：「運用你的想像。」

第十九章
SANDWORM

工業摧毀者／崩潰覆寫

結果證明，雅辛斯基並不是唯一一個鑽研烏克蘭國家電力公司停電事件鑑識證據的人。向西六百英里處，另一位資安研究員安東・切列帕諾夫（Anton Cherepanov）不只追蹤電力公司網路內部同樣那些足跡而已；他也在填補雅辛斯基的拼圖中遺失的片段，即使這兩人當時都還不知道。

沙蟲在十二月十七日發動斷電攻擊後五天，切列帕諾夫在他的電腦裡，開啟了象徵著資訊系統安全夥伴公司對烏克蘭國家電力公司入侵事件分析之中，最後不解之謎的同一組「.dll」檔案。切列帕諾夫當時正任職於斯洛伐克資安公司ＥＳＥＴ總部的主營運中心（Main Operations Center），這個開放式設計辦公室有好幾排工作站，全都面向一面鋪滿螢幕的牆，螢幕上顯示著ＥＳＥＴ防毒軟體找到的惡意軟體源料之視覺化。該公司稱這個房間為「休士頓」，向美國航空太空總署致敬。

ＥＳＥＴ公司的辦公室位於奧帕克塔（Aupark Tower）十六樓，這棟公司大樓矗立於斯洛伐克首都布拉提斯拉瓦（Bratislava）南岸。大樓俯瞰多瑙河的景色十分迷人，而在河對岸，布拉提斯拉瓦城堡（Bratislava Castle）隱約浮現於該城歷史街區上方。但在十二月的那一天，切列帕諾夫完全沉迷於在他面前兩個螢幕上展開的那個程式碼。他獨自工作：「休士頓」除了他之外空無一人。ESET幾乎所有其他員工都開始了耶誕節假期，只有身為俄國人的切列帕諾夫不在十二月慶祝耶誕節，而是在一月初慶祝正教聖誕節。

切列帕諾夫在二〇一二年解答了ESET用於徵才的一道五部分逆向還原及加密難題之後，從俄國城市車里雅賓斯克（Chelyabinsk）搬到了斯洛伐克。這時，他看著位居烏克蘭國家電力公司斷電事件核心的那些「.dll」檔，發現了一個加入ESET五年來所面對過最令人困惑的謎題。仔細捲動程式碼尋找可資辨識的字串，再加上密集查詢Google，他看得出來這些檔案其實並非單一攻擊酬載，而是四批不同酬載，每種都各自為了以一種不同的工業控制系統協定發送指令——協定是由特定電力設備組件理解的數位術語。

這個程式碼與他在ESET任職期間，分析成千上萬用於犯罪及國家資助的駭客發明時所見過的一切完全不同。「那是我無法理解的事物。多數惡意軟體很簡單：它竊取某些密碼，加密硬碟，抹除資料。這東西卻不一樣。」切列帕諾夫說：「我意識到這個耶誕節會很漫長。」

ESET公司和切列帕諾夫從前排座位上，觀察鄰國烏克蘭在二〇一六年後半遭遇的惡意軟體轟炸：該公司長久以來都在銷售烏克蘭最為普及的其中一種防毒程式，而它的防毒軟體安裝程式系列，則讓它早早就取得了困擾該國的惡意軟體樣本。（事實上，即使資訊系統安全夥伴和火眼兩家公司都在私下分析這些攻擊，ESET卻是公開發布沙蟲對烏克蘭第二次閃擊戰諸多細節的第一家公司。在約翰・霍奎斯特的研究員將這些入侵分類為沙蟲再臨之際，ESET則自行把幕後主使攻擊的駭客們命名為遠距機器人〔TeleBots〕，名稱來自攻擊者首先安裝於受害者主機，以

Telegram為基礎的後門程式。）因此當這波攻擊在耶誕前一週，以破壞烏克蘭國家電力公司的變電所告終，ESET立刻自行開始分析史上第二次駭客造成的停電。

切列帕諾夫拒絕透露ESET如何取得位居烏克蘭國家電力公司入侵事件核心的程式碼。但當他檢視其中包含的那批「.dll」檔案，它們一開始也跟烏克蘭研究員雅辛斯基數週後取得相同程式碼時一樣高深莫測。儘管如此，他已經可以感受到它們的重要性。他在那個冬日檢視這些酬載程式數小時之久，即使太陽已經落入布拉提斯拉瓦西方、奧地利邊界彼端的群山後面，他還是待在寂靜的ESET辦公室螢幕之前。

切列帕諾夫告訴妻子，他們必須取消原先排定到塞爾維亞度假的行程。新年到來時，他還在逆向還原這組程式碼，從它所使用晦澀難解的工業控制系統協定挖掘出使用說明，並逐步分析其功能。

ESET的員工們在一月初重返崗位，他終於向他們說明自己所發現這個不同凡響的破壞工具：這個惡意軟體就像某種自行驅動的斷電機器人。一旦被安裝在連接上斷路器之類設備的電腦裡，它就用來定位這些實體機器，執行它自己的自動發現，並將組態數據回傳給操作者。接著，當攻擊時刻來臨，它就能夠以這些「.dll」檔內包含的四種工業控制系統協定之中任何一種，直接對受害者的設備「說話」。

在烏克蘭國家電力公司的例子裡，這四種協定其實只用了一種，而它顯然開啟了烏克蘭國家電力公司北基輔變電所的每一部斷路器。因為只要運行這種惡意軟體的主機仍然保持連接，它就會以某種連珠炮般的速射火力一再重複「開啟」指令。即使調度員試圖關閉斷路器恢復電力，它也會立刻以數位方式再被重重敲開。

換言之，駭客們發明了一種自動化的網路武器，實施他們前一年執行的同一項任務，但如今速度已是凡人所不可及。他們不再用看不見的鬼手逐一手動點開斷路器，而是發明了一套惡意軟體，以機器般神速的殘酷效率執行攻擊。

「我的天哪，」切列帕諾夫在ＥＳＥＴ的上司羅伯・李波夫斯基（Robert Lipovsky）記得自己在切列帕諾夫概括他的調查結果時這樣想著：「這是我們從震網以來所處理的最大一件事。」

事實上，不可避免的後果已經發生了。美國的其中一個敵國終於創造出了自己的震網：史上第二種直接攻擊實體世界的程式碼。

＊

ＥＳＥＴ將這個惡意軟體命名為工業摧毀者（Industroyer），運用的是它破壞工業控制系統的罕見能力。[34]該公司知道自己正在對一個創造歷史的發現保密。但即使在切列帕諾夫用盡假期，完全逆向還原了這個惡意軟體之後，ＥＳＥＴ卻出於某種費解的理由，又對他的調查結果嚴格保密了將近六個月。

ＥＳＥＴ員工提出的理由包含需要確認及再確認他們的發現，他們簽署的保密協議，以及透

34 Anton Cherepanov, "Win32/Industroyer: A New Threat for Industrial Control Systems," ESET paper, June 12, 2017, http://www.welivesecurity.com，存檔參看：http://bit.ly/2Tan4N2。

過中間人與烏克蘭當局分享研究成果的複雜程度。直到二〇一七年六月，ＥＳＥＴ才終於準備好最終發表報告，介紹它在烏克蘭國家電力公司斷電事件核心發現的這個程式碼。

ＥＳＥＴ預定最終發布公開報告，揭露工業摧毀者的四天前，ＥＳＥＴ研究員在一個週四聯繫了羅伯．李。他們想要向他預告自己的發現，讓這位曾在美國國家安全局任職、批判不假辭色，出力促成了對於第一次烏克蘭斷電事件最詳盡評論的基礎設施安全專家，能提供可靠意見支持他們的分析。他們小心翼翼地寄給他工業摧毀者的一部分程式碼，以及預定發表的部落格貼文草稿。

李立刻對他所見事物的嚴重性大驚失色。他眼前的這個程式碼，將他對於沙蟲網路戰手法升級所確信的一切，全都結晶為一個單一、具體的程式片段。「這是第一件對民用基礎設施造成破壞的惡意軟體，」他驚詫地指出，就連震網也只限於對付軍用目標。「這可是大事。」

李要求提供完整程式碼，但ＥＳＥＴ回絕。對ＥＳＥＴ很不巧的是，他們低估了李頑強的好奇心與毫不遮掩的野心，更別提他有多麼樂意惹怒資安產業的同儕。

於是李將自行查明這個惡意軟體的任務，交給了他新成立的工業控制系統安全公司德拉哥斯（Dragos）的員工們。該公司運用ＥＳＥＴ的程式碼片段作為指紋，開始爬梳自己的惡意軟體樣本來源。李說，數小時內，他們就在一臺被轉變成沙蟲行動之所謂開發用伺服器（staging server）的電腦上，發現相符的結果。

開發用伺服器對於駭客發揮了某種戰場前哨基地的功能，這個跳接點（hop point）可以讓他們儲存入侵工具，爾後對目標啟動入侵工具，而不洩露他們自己的來源。李告訴我，德拉哥斯以某種方式——他拒絕更進一步說明——存取那個伺服器，並從該處取得了ＥＳＥＴ找到的相同程式碼。

就在ＥＳＥＴ預定公布其發現之前不到七十二小時，德拉哥斯的研究員們開始加速撰寫自己的報告。該公司的六位主要逆向還原工程師全都從遠端工作，他們設立一個公開的視訊會議頻道。從橫跨三個時區的六個州內各自的家庭辦公室裡，他們開始拆解酬載程式碼，彼此協同合作，幾乎不眠不休。李本人從他在馬里蘭州郊區的家庭辦公室推動著整個七十二小時的衝刺過程，喝著一瓶日果科菲穀物威士忌（Nikka Coffey Grain Japanese Whisky），以及二十四罐裝紅牛能量飲料（Red Bull）。只有在週一早上六點，德拉哥斯自己的報告完成之時，他才讓自己小睡兩小時。

數小時後，兩家公司各自發布了報告。德拉哥斯踏出了爭議性的一步，他們自行為這個程式命名：崩潰覆寫（Crash Override）。[35]這個名字將惡意軟體裡一個名為「crash.dll」，觸動惡意模組的快速啟動元件，與它是用來反覆開啟斷路器，比作業員能夠加以關閉的速度更快，藉此覆蓋掉手動操作指令的事實結合起來。它也影射了一九九五年的電影《網路駭客》（*Hackers*）片中主角的化名。（當微軟和美國電腦緊急應變小組〔US-CERT〕在那個週一對這個程式碼發布警告，它們稱之為「崩潰覆寫」，而非「工業摧毀者」。這樣的輕慢，使得切列帕諾夫和震怒的ＥＳＥＴ團隊至今無法原諒李。）

業界勾心鬥角暫且不論，德拉哥斯和ＥＳＥＴ兩方的報告在關於製造停電的惡意酬載最令人擔憂的許多發現上，倒是所見相同。不管它會被稱為崩潰覆寫還是工業摧毀者，都沒有簡單的補救

35 "CRASHOVERRIDE: Threat to the Electric Grid Operations," Dragos report, June 12, 2017, http://dragos.com/。存檔參看 http://bit.ly/2HyuTuB。

辦法。要是駭客能夠把這個自動化惡意軟體植入電力公司的網路深處，如同沙蟲對付烏克蘭國家電力公司那樣，它就會利用工業控制系統的預期特徵，發送與正當操作員無從區別的指令。「無法用修補程式排除，無法處理，」李說：「這是無從修復的攻擊。」

更壞的是，破壞的自動化性質，意味著沙蟲這時已在烏克蘭實施過兩次的那種斷電行動，可以被擴充為同時針對全國或全區各地不同目標的行動。李估計，二〇一五年的攻擊需要多達二十名駭客手動劫持電腦，逐一點開斷路器。如今他指出，同樣規模的一隊人馬可以同時在十個或十五個電力設施目標中植入自己的自動推進惡意軟體，並將程式碼設定在某一時間啟動，就像定時炸彈那樣。他從駭客的觀點解釋，「你可以很有把握，它不用跟你互動就會造成破壞。」

最後，這個惡意軟體的酬載還包括它自己的資料抹除工具，名為「haslo.dat」（烏克蘭文「放火」），用來摧毀日標系統的全部資料。瑪莉娜．克羅托菲爾幾個月後也跟進發表了她對這個程式碼的分析，她形容這個功能既試圖延長停電時間，也是清理滅跡步驟，以阻止隨後的鑑識分析找出這個惡意軟體。在這個例子裡，由於天大的幸運，這個清理功能不知為何卻失效了。「他們並不想燒焦這個工具，」她對我說，使用的駭客術語「燒焦」（burn）是指程式被揭露，出其不意的要素因而消滅。「我們本來不該看到它的。」

這個惡意軟體最令人憂慮的面向之一，只在ESET報告裡簡略提及：沒錯，它是用來以四種不同的輸電系統協定傳送指令，在烏克蘭國家電力公司斷電事件中，只有一種實際用上。但這個程式碼也是高度模組化的。這些協定可以同樣簡單地換成其它協定——包括美國使用的協定。「我向這個惡意軟體的發明者致敬，因為它到處都能運行。」克羅托菲爾後來這麼說：「這東西的好處在於，你在任何國家、任何變電站都可以啟動它。」

沙蟲正在利用烏克蘭測試技術，以便有朝一日在西歐或美國重施故技，這個想法如今不只是個抽象理論了，它已經得到研究員們發現的工具之實際運作方式證實。這個惡意軟體的用途看來不只是一次性使用的手榴彈，而是一套可重複使用、適應能力強的武器系統。

沒有人會只為了實施一次性、一小時的斷電，而發明這樣一件獨特的惡意軟體，又花了一年時間鑽進受害者的網路裡將它植入。「這看來是一件為了鎖定『其他』地點而製造的惡意軟體。」李對我說：「關於這次攻擊，沒有任何一點看來像是單一事件。它被製造、設計和運行的方式，讓它看來像是要多次使用，而且不只用在烏克蘭。」

*

就在李和德拉哥斯公司他的研究員們發表報告，揭露崩潰覆寫這一惡意軟體的同一週，李應邀向白宮的國家安全會議成員們簡報。他與國土安全部、能源部、中央情報局和國家安全局的代表們同坐在一間大會議室裡，向他們解釋這個程式碼的發現，是如何代表世界各地的輸電網都面臨著一種獨特、可被擴充且萬用的威脅。

一開始，李以為川普政府對於第二次烏克蘭斷電事件，或許正準備採取第一次斷電發生時顯而易見缺乏的那種回應。「每個人都意見一致，沒有人感到困惑，人人都知道這件事很重要。」李說。

但簡報後幾天過去、幾星期過去，李再也沒聽到下文。最後，當他聯絡上一名白宮人員，他被告知，他所提報關於俄國攻擊輸電網的惡意軟體這項資訊，已經傳達到國家情報總監丹・柯茨（Dan Coats），再由柯茨寫成一則消息上呈川普總統。按照李的說法，得到的回應是「我們沒興趣討論這件事」。

對電腦和數位安全的理解淺薄得惡名昭彰的川普，或許只因為對一切「網路」事物置之不理就忽視了這個消息。但是據李所言，歷經幾層過濾，從總統那兒輾轉傳給他的訊息，說的是崩潰覆寫這個消息「時機不對」、「太過政治」。換言之，隨著俄國對於川普勝選發揮何種作用的相關爭議開始滋長，包含「俄國的」和「駭客」這兩個詞的任何一句話，無論上文下理，看來川普都沒興趣討論。（我多次請求白宮評論李對這些事件的描述，而白宮始終不予回應。）

要是川普察覺到這類消息可以在政治上用來反對他，他想得沒錯。二〇一七年六月下旬，十八位民主黨參議員和無黨派參議員伯尼・桑德斯聯署致函總統，信中引述德拉哥斯公司的成果，請求川普指示能源部，針對俄國政府破壞美國輸電網的能力進行新的分析。他們也要求調查克里姆林宮既已實施，意圖危害美國電力事業、管線，或其他能源基礎設施的任何舉動。

「對於優先維護能源網之網路安全，及採取任何有意義行動抵抗網路侵略之口頭承諾，貴政府至今仍未予支持，吾人深感憂慮。」議員們寫道。白宮始終不予答覆。36

李很快就對於崩潰覆寫的消息成了政黨間互踢的皮球而懊惱，但令他更加灰心的是，一年前的歷史正在重演：另一個白宮看來正在掩蓋另一次烏克蘭斷電攻擊。「一場網路攻擊頭一次帶著可被擴充的能力切斷電力，對全世界人民都造成影響，卻連幾句回應都得不到，」李說：「那很荒謬。」

*

德拉哥斯公司研究員們在瘋狂衝刺七十二小時解析崩潰覆寫，又名工業毀滅者的過程中，錯失了某些內容。事實上，羅伯．李告訴我，ＥＳＥＴ公司報告中敘述的一部分程式碼，是德拉哥斯找到的惡意軟體版本中欠缺的。顯然，它並沒有在攻擊烏克蘭國家電力公司時用上，就連能不能發揮作用都不清楚。但在某種意義上，它卻是最能預示未來的線索。

切列帕諾夫爬梳工業毀滅者程式碼來到一個段落，留意到它被編程而送出一串奇怪的十八位元數字字串。當他用 Google 查詢這串數字，他找到關於西門子 Siprotec 保護電驛裝置一處已知弱點的支援說明——保護電驛在電力設備的功能，是維護安全的緊急斷電開關。將那個十八位元數字字串封包傳送到一個西門子 Siprotec 盒子，它就會停止回應。唯有手動重啟才能再度喚醒它。[37]

當麥克．阿桑提在懷俄明州的家中讀到ＥＳＥＴ的工業毀滅者報告，那個 Siprotec 詭計立即突顯在他眼前。畢竟，保護電驛正是他一直擔心可能被入侵的裝置，屆時不只是破壞而已，更會「摧

36 Maria Cantwell, Ron Wyden, Brian Schatz, Sherrod Brown, Tammy Baldwin, Martin Heinrich, Chris Van Hollen, Christopher Coons, Al Franken, Bernard Sanders, Richard Durbin, Jack Reed, Edward Markey, Tammy Duckworth, Mazie K. Hirono, Thomas Carper, Patty Murray, Christopher Murphy, Jeanne Shaheen, Open Letter to President Trump, June 22, 2017, https://www.energy.senate.gov/services/files/7E986259-2284-4FD3-A9ED-F2E7E6EE21CB.

37 "Advisory (ICSA-15-202-01) Siemens SIPROTEC Denial-of-Service Vulnerability," ICS-CERT advisory, July 21, 2015, https://us-cert.cisa.gov/ics/advisories/ICSA-15-202-01.

毀」實體設備。自從他領導極光演示，展現保護電驛遭人惡意改動時可能造成何等規模的災害，才剛過了十年。

沙蟲軟體利用的那處弱點，不同於他所設計的極光攻擊，其實並未改變保護電驛的邏輯以造成危險後果。它只是讓保護電驛休眠。但這種技術要是與其他種類的變電所破壞結合起來，還是能夠導致更加永久的損害：讓保護電驛失效，並擾亂某些組件的電負載，駭客們就有可能熔解電線或燒毀變壓器，這樣的後果讓停電一小時相形之下彷彿無害的鬼抓人遊戲。「要是你看過變壓器火災的話，那很巨大，」阿桑提說：「大片黑色濃煙突然變成了火球。」

二〇〇七年，他首先向全世界警告駭客將對電力系統發動實體毀壞。這時，有人似乎朝著十分名符其實的極光式攻擊首先踏出了幾步。當阿桑提在遙遠的蒂頓山脈（Teton mountain range），從兩層樓的家庭辦公室望向窗外，他感受到自豪與激烈的恐懼怪異地混雜在一起。「有著想像未曾落空的那份滿足，」他說：「但還有恐懼：他們現在開展出這些新能力。」

他的極光夢魘如今幾乎就要實現。「這是真的。」他自忖：「它正在發生。」他在整整十年前瞥見的那個未來，已經到來了。

PART 4

SANDWORM

第四部 極致

突然，沙霧中鑽出一群排列整齊的發光體——巨大的弧線帶著亮晶晶的輻條平地拔起，赫然竟是沙蟲的血盆大口。沙蟲組成一排高牆，每條沙蟲背上都載滿弗瑞曼人，一路勢如破竹般突襲過來。一片嘶嘶聲中，弗瑞曼長袍在風中飛舞，楔型隊伍直插平原上混亂的戰場。

第二十章
SANDWORM

快桅

在哥本哈根這個晴朗而美好的夏日午後，全世界最大海運集團開始陷入心智喪失。埃彼穆勒－快桅集團（A. P. Møller-Maersk）總公司，座落在哥本哈根港口微風吹拂，鵝卵石鋪面的濱海大道旁。建築物的東北角豎立著一根高掛丹麥國旗的船桅，藍色玻璃窗的六層樓房俯瞰著水面，面向丹麥王室停泊遊艇的碼頭。而在大樓的地下室，員工們可以在公司的禮品店裡瀏覽，店內備有印著快桅商標的提袋與領帶，甚至有一組罕見的該公司巨大的3E級貨輪樂高積木模型，這艘船和它旁邊平放著的帝國大廈差不多大小，船上堆放的載貨尺寸同樣與帝國大廈相仿。

這家禮品店裡還有一個技術支援中心，資訊人員就坐在收銀員身旁的單獨一張辦公桌前。二〇一七年六月二十七日下午，困惑的快桅員工開始三三兩兩聚集在服務臺旁，幾乎人手一臺筆記型電腦。其中一些筆電的螢幕上顯示著這樣的訊息「C磁碟檔案系統修復中」，以及不可關閉電腦的簡單警告。其他筆電則更加超現實地顯示「噢噢，你的重要檔案被加密了」，要求支付價值三百美元的比特幣解密。

而在對街，一位名叫亨利克・延森（Henrik Jensen）的資訊管理員，正在快桅總公司建築群的另一區工作，這棟裝飾華麗的白色石造建築，數百年來一直是王室海圖與航圖檔案館。* 延森正忙著為快桅集團將近一萬八千名員工準備一份軟體更新，這時他的電腦自動重開機。

他悄悄地低聲咒罵。延森以為這意外的重開機又是快桅中央資訊部門一次典型的唐突之舉，這個幾乎不討人喜歡的實體位於英格蘭，負責監督這個法人帝國的大半部分，集團旗下的八個事業單位從港口、物流延伸到石油探勘，在全球一百三十個國家有五百七十四個辦公室。

延森抬頭詢問，他所在的資訊人員開放式設計辦公室裡，還有誰的工作也被這麼粗暴的中斷。當他探出頭來，他看著房間裡其他每一臺電腦的螢幕迅速地接連熄滅。

「我看到螢幕變黑一波。黑，黑，黑。『黑黑黑黑黑』。」他說。延森和他鄰座的同事們很快就發現，這些個人電腦全都不可逆轉地被鎖定了。重開機的結果只是讓它們顯示出其他快桅員工所見的比特幣勒贖訊息。

在快桅總公司各處，這場危機的完整規模開始變得清晰。半小時內，快桅員工們就在走廊上東奔西跑，向同事們吼叫著，要他們在惡意軟體感染之前關掉電腦或從快桅網路斷線，他們這時意識到了，每一分鐘可能就意味著又有數十部，甚至數百部電腦被破壞。技工們衝進會議室，在會議進行中關掉電腦。員工們不久就跨越了遭到這個依然成謎的惡意軟體癱瘓的門禁卡出入口，將警告傳

* 亨利克・延森並非真實姓名。如同我採訪過的幾乎每一位快桅員工、客戶或生意夥伴，延森害怕公開講述這個故事會帶來不利後果。

向大樓的其他部門。

公司資訊人員用了驚慌的兩個多小時，將整個快桅集團的全球網路斷線。這個過程告一段落時，全體員工都奉命關閉電腦，將電腦留在辦公桌上。每個辦公隔間的數位電話，也因為緊急切斷網路而變得無用武之地。

下午三時前後，快桅的一名主管走進延森和十多位同事焦急地等待消息的辦公室，要他們回家去。快桅的網路受到嚴重破壞，就連資訊人員都無計可施。該公司有些作風更加老派的經理人命令自己的團隊留在辦公室裡。但許多員工就是離開了——少了電腦、伺服器、路由器或桌機電話，他們變得完全無所事事。

延森步出辦公樓，走進六月下旬午後的溫暖空氣中。他和絕大多數快桅員工一樣，不知道何時能夠重返崗位。雇用他的這個海上巨人，負責在世界各地管理七十六個港口，擁有將近八百艘遠洋船舶，包括載貨數千萬噸的貨輪，象徵著全世界將近五分之一的貨運能力，這時卻動彈不得。

第二十一章
SANDWORM

影子掮客

史上最凶惡的網路攻擊正如任何一場完美風暴，是由眾多因素罕見地匯聚而成。其中最強大也最不穩定的先兆之一，不是別人，正是由美國政府間接提供的。

在傑克．威廉斯（Jake Williams）看來，為沙蟲帶來這項關鍵要素的那場慘敗，始於二〇一六年八月某個早晨，俄亥俄州某處的一間會議室——就在快桅集團的電腦螢幕熄滅前十個月。時年三十九歲的資安公司「演繹資安」（Rendition Infosec）創辦人威廉斯，和四位員工一同置身於一家企業客戶的辦公室裡，該企業的電腦網路遭受一群網路罪犯嚴重侵害。一切如常進行，威廉斯的人馬架起了筆電和顯示器，將客戶的其中一處會議空間改裝成了戰情室。他們前一夜工作到很晚，爬梳受害者的網路記錄檔，沒完沒了地和公司律師談話，然後睡了幾小時，早上七時前再度投身於犯罪現場。

威廉斯在那間戰情室架設的其中一個螢幕上打開了推特，為所有提及這家客戶公司的訊息創建了一個不斷更新的源料。他正在監看可能意味著公司尚未宣布，媒體也尚未報導的入侵消息被洩露給大眾的任何交流內容。就在這時，他看見零星幾條推文提及另一種不同的消息走露，不是他的客戶，而是地球上最機密的組織之一：美國國家安全局。

這些推文連回了一個名為「影子掮客」（@shadowbrokerss）的推特帳號，而這個帳號又連結到Pastebin網站上的一篇貼文，該網站是匿名駭客愛用的發布工具。威廉斯在那兒發現一篇由某種刻意模仿的破爛英文寫成的叫囂。

「！！！當心政府資助網路戰，還有那些從中得利的人！！！」訊息是這樣開頭：「你們花多少錢買敵方網路武器？」[1]

這篇貼文接著提出一個讓人意想不到的提議。駭客們宣稱他們達成了一項不曾有人做到過的成就（至少不曾公開過）：他們侵入國家安全局，竊取該局某些最機密的檔案。他們特別提到自己入侵了「方程式組織」（Equation Group），採用的是俄國資安公司卡巴斯基賦予震網發明者的名稱。不管這些「影子掮客」是誰，他們都自稱不但入侵國家安全局，更入侵國家安全局最頂尖的駭客隊伍，也就是名為「特定入侵行動辦公室」的美國政府最精銳網路間諜部隊。這時他們要把偷來的戰利品賣給開價最高的人：

我們追蹤方程式組織的流量。我們找出方程式組織的源範圍（source range）。我們入侵方程式組織。我們發現很多很多方程式組織的網路武器。你們看圖。我們免費給你們某些方程式組織檔案，你們看。這夠證明不？你們享用！！！你們打破很多東西。你們發現很多入侵。你們寫了很多字。但不是全部，我們要拍賣最好的檔案。

在訊息下方，這則貼文包含了他們上傳做為樣本的免費「證明」檔之下載網址，還有另一個加密檔案，據說其中包含一批機密駭客工具，照他們吹噓「比震網更棒」。影子掮客們要求想要觀看檔案內容的人向某個電子郵件信箱發送比特幣投標。他們明確規定，一經投標概不退款。只有出價最高的人能夠得到密鑰，解密這個傳說中的駭客行動聖盃。而在另一段怪誕的說明裡，影子掮客們還說，要是投標金額達到一百萬比特幣——當時的價值遠高於五億美元——他們就會公開釋出所有機密檔案。

最後，這則訊息以提及「有錢菁英」的一段不尋常文字結尾，影子掮客看來同時也在用竊取的國家安全局駭客工具威脅這些人，針對他們使用強迫推銷的話術。「我們來向菁英們說清楚。你們的財富和控制決定於電子資料。」他們寫道：「要是電子資料掰掰了，有錢菁英還剩什麼？大概只剩笨牛？『你覺得你是老大嗎？』有錢菁英們，送比特幣來，參加投標，或許對你們大有好處？」

表面看來，這篇貼文看來完全不像是出自技術高超到真能入侵國家安全局的駭客之手。幾乎故意破爛的英文，草率的標價系統，乃至「影子掮客」這個名字——顯然出自電玩遊戲《質量效應》（*Mass Effect*）的其中一個角色——看來都更像是無聊青少年的作品，而非沙蟲甚至奇幻熊這類國家資助的駭客集團之作。

但傑克·威廉斯還是下載了那些樣本檔。當他在自己的個人電腦上打開這些檔案，他驚訝

1 Shadow Brokers, "Equation Group Cyber Weapons Auction-Invitation," Aug. 13, 2016，原發表於 http://www.pastebin.com，存檔參看 http://bit.ly/2TfpEBt。

地發現其中包含一套工具，能夠悄悄侵入少數普遍使用的防火牆，包括思科（Cisco）和防特網（Fortinet）銷售的某些防火牆。[2]

事實上，它們不只是任意一種入侵防火牆的程式而已。在威廉斯看來，它們有著特殊意義。四年前，威廉斯從國家安全局離職，當時他自己就是特定入侵行動辦公室的一名駭客。即使到了現在，那項工作的高度機密性質，仍意味著他不能向我明說，自己是否認出了這些駭客工具來自他任職國家安全局的時候。但這麼說也就夠了，威廉斯知道，這些工具就像影子掮客們所說的那樣強大。「我毫不懷疑他們的真實性。」他說。

影子掮客們提供作為區區樣本的那些工具，不只是任意一種駭客程式而已，而是網路安全世界裡最罕見的商品，其中許多工具的用途都是要利用零日漏洞。即使這些檔案的創造時間似乎是二〇一三年，它們所針對的某些軟體漏洞，這些年來卻始終保持機密，直到影子掮客發布為止。[3]例如，思科最終會警告消費者，他們需要更改十一種不同思科產品的組態設定，以防範其中一種外洩的駭客工具襲擊，否則入侵者就有可能完全控制這些裝置。在某些例子裡，這可能意味著能夠完全攔截或改動全世界千百萬人所使用的網路系統之進出流量。[4]

威廉斯立刻就看得出來，每一個被外洩的樣本工具本身都危險到極點，而它們現在一起被丟進了公開網路之中，網路上任何一個惡棍都能運用它們引發混亂。要是影子掮客所言可信，他們手上擁有的工具還多得很。

演繹團隊在臨時戰情室裡檢視這些檔案，從剖析客戶遭受入侵的工作中暫時轉移注意力之際，威廉斯和他的一位員工互看一眼，這個人也曾在國家安全局和他共事過，對於眼前正在展開的事態，看來和他一樣沮喪。

最近十年的大多數時候，隨著世界上國家資助的駭客逐漸向網路戰推進，震網一直都是那場軍備競賽的巔峰。這一惡意軟體的高深物種，證明了美國情報及軍事行動實現不可能的數位黑暗藝術之承諾，以及沙蟲之類的美國對手要是動用同樣的武器，可能製造出何等危害。

但在那個八月早晨成形的這場災難，卻以更加名副其實的形式表現出來。取代了美國網路武器可能刺激對手自行研發網路武器的這種抽象恐懼，美國的駭客攻擊武器突然且直接地落入敵人手中。

*

在影子掮客發文之後的起初幾天內，這個集團的行動看來或許失敗了。他們沒能得到一百萬比特幣這個頭獎。反而在拍賣最初二十四小時內，根據比特幣區塊鏈的公開交易記錄，他們總共得到了不起的美元九百三十七元一角五分。[5]

2 Andy Greenberg, "The Shadow Brokers Mess Is What Happens When the NSA Hoards Zero Days," *Wired*, Aug. 17, 2016, https://www.wired.com/2016/08/shadow-brokers-mess-happens-nsa-hoards-zero-days/.
3 David Sanger, " 'Shadow Brokers' Leak Raises Alarming Question: Was the N.S.A. Hacked?," *New York Times*, Aug. 16, 2016, https://www.nytimes.com/2016/08/17/us/shadow-brokers-leak-raises-alarming-question-was-the-nsa-hacked.html.
4 "Cisco Adaptive Security Appliance SNMP Remote Code Execution Vulnerability," Cisco Security Advisories and Alerts, Aug. 17, 2018, http://www.tools.cisco.com，存檔參看 http://bit.ly/2CnkJAv。
5 Andy Greenberg, "No One Wants to Buy Those Stolen NSA-Linked Cyberweapons," *Wired*, Aug. 16, 2016, https://www.wired.com/2016/08/no-one-wants-buy-stolen-nsa-linked-cyberweapons/.

儘管如此，這場拍賣還是發揮作用，圍繞著國家安全局的機密外洩引發騷動。專家們多半同意，盈利動機可能只是幌子，影子掮客大概是國家資助的駭客，而不是網路罪犯，他們首先是要讓國家安全局難看。[6]至於傑克．威廉斯，他立刻就懷疑俄國。「只有一個政府有能力做這種事。」他篤定地說。

還有一個比較出人意表的前國家安全局人物，也提出類似的說法。三年前洩露該局大量極密文件的國家安全局吹哨者愛德華．史諾登，在推特上發表一連串推文，勾勒出一套更大的理論。他猜測影子掮客確實是俄國人，他們從一部做為該局駭客入侵行動某種戰場前哨基地之用的「開發用伺服器」竊取國家安全局的工具，而竊賊們的首要目的是羞辱國家安全局，並放送一個明確訊息：我們知道你們在幹什麼。「間接證據和常識都指出俄國負有責任，」史諾登寫道：「這或許是一次影響決策者計算，讓他們對於應當多麼嚴厲回應民主黨全國委員會遭受入侵一事產生疑惑的努力。」[7]

畢竟，影子掮客的初次現身，就發生在俄國駭客入侵民主黨全國委員會的消息見報僅僅兩個月後。史諾登設想，俄國正在運用入侵國家安全局之舉，迫使美國反觀自己對於俄國駭客肆無忌憚入侵的指控，並向聯合國警告，俄國同樣能夠揭發對手的入侵行動。

這個理論首先由國家安全局近期「另一次」最大規模的機密外洩事件之策動者——這人還在莫斯科尋求政治庇護，躲避美國執法機構——闡述出來，看來或許令人啼笑皆非。但即使國家安全局自稱史諾登曝光機密帶給他們多大損失，他卻從來不曾公開過真正的零日漏洞或駭客工具。其後數月間，影子掮客匯出的資料，證明了為害更甚於史諾登揭露過的任何機密——不僅對於美國情報機構，對於全世界也是如此。

＊

駭客們似乎在慢慢享受他們對國家安全局的凌遲。其後數月間，影子掮客會消失很久，然後自動再次現身，推銷新的外洩工具，在把國家安全局開膛剖肚，將該局的放射性內部機密到處棄置於網際網路之際，延長他們一手造成的混亂與焦慮。

他們洩露的第二批資料，在某些意義上規模更小——或許只是在提醒國家安全局，它的問題還沒解決。初次登場引起轟動兩個月後，影子掮客在萬聖節前一天發布另一份他們所竊取資訊的樣本，部落格發文題為「不給糖就搗蛋」。這次他們提交一份網際協定位址清單，他們說，這些位址象徵著曾被國家安全局運用為開發用伺服器的電腦，由此暴露了該局在全球各地機密駭客行動的廣大地圖。[8]

新的這批外洩資料與一則回應副總統喬・拜登（Joe Biden）數日前發言的訊息一同呈現出來，拜登點名俄國是民主黨全國委員會入侵事件的源頭，並承諾要由中央情報局採取某種報復措施。「我們發出了訊息，」拜登向國家廣播公司《與媒體見面》（*Meet the Press*）節目表示：「那會發生在我們選定的時間——在能夠造成最大影響的情況下。」[9]

---

6 同前引書。

7 史諾登推特發文，二〇一六年八月十六日，http://twitter.com，存檔參看 http://bit.ly/2RdZGwc。

8 Shadow Brokers, "Message#5 — Trick or Treat?" *Medium,* Oct. 30, 2016, http://Medium.com，存檔參看 http://bit.ly/2MvthQW。

「為什麼骯髒爺爺（DirtyGrandpa）威脅要中情局跟俄國打網路戰？」影子掮客回應：「最老套的控制把戲，是吧？搖旗吶喊、把問題怪在外部來源、不對失敗負責。但沒差，入侵民主黨全國委員會比方程式組織喪失能力更加更加重要。」夾槍帶棍的挖苦掩飾不了影子掮客對俄國干預美國選舉一事的防衛反應。

又過了六週，影子掮客看來失去了耐心。「影子掮客試著拍賣。人們不喜歡，」他們寫道：「現在影子掮客要嘗試直接交易。」他們決定把偷來的零日漏洞入侵技術拆開單賣。這次他們的發文包含一批檔案的截圖，讓人們一瞥他們仍然持有的眾多機密駭客軟體目錄。[10]

或許影子掮客草率的拍賣設定嚇跑了買家。或者也有可能，他們的全套牟利冒險都是精心設計的演戲。不管是哪種情況，到了一月，他們突然宣布自己的銷售公事失敗，他們要洗手不幹了。「別了，再會了人們。影子掮客要下市，退場了。繼續下去很冒險又鬼扯，賺不到多少比特幣。」他們寫道：「不管什麼理論，對影子掮客來說永遠都是關於比特幣。免費匯出和胡扯政治發言都是為了行銷關注。」[11]

接下來三個月，這個集團似乎消失了。資安產業有些人推測，這個集團的工作始終是為了聲東擊西，從俄國入侵選舉相關目標轉移焦點，隨著唐納・川普在二〇一七年初就任美國總統，他們也功成身退。「嬉戲結束了。」科技新聞網站《主機板》寫道。[12]

但如果國家安全局官員對於止血感到一絲寬心，那還太早。三個月後，二〇一七年四月，影子掮客再次現身，貼出了他們最初公布的原始加密檔案三十二字符密碼，就是那套他們起初宣稱「比震網更棒」的工具。

當全世界駭客將那個檔案解開，他們發現一大批駭客工具，全都瞄準 Linux、Unix 和 Solaris 作業系統，而非 Windows。其中許多工具都開發超過十年。看來，這些機密程式並不比震網更強。但它們意味著國家安全局的噩夢還在持續，看不見盡頭。

伴隨這次公布，影子掮客發表一篇漫無邊際的一千五百字公開信，呼籲川普與他的極右翼國族主義支持群眾保持聯繫，切勿屈服於「深層國家」（deep state）和「全球主義者」（globalists）。駭客們批判川普在敘利亞發動空襲，以報復俄國支持的該國獨裁者巴沙爾・阿塞德動用生化武器這一決策。他們這時宣稱，即使有各種理論指稱他們源自俄國，但他們其實原來是美國情報官員，後來成為出於良知反對政府的人。他們痛斥高盛投資集團（Goldman Sachs）、猶太復國主義者、社會主義者，以及批評俄國的人：

我們接受美國人和俄國人的共通點，多過和中國人、全球主義者或社會主義者的共通點。俄羅斯和普丁是國族主義者，也是全球主義者的敵人，例如：北約入侵和烏克蘭衝突。因此俄國和普丁

9 William M. Arkin, Ken Dilanian, and Robert Windrem, "CIA Prepping for Possible Cyber Strike Against Russia," NBC News, Oct. 14, 2016, https://www.nbcnews.com/news/us-news/cia-prepping-possible-cyber-strike-against-russia-n666636.

10 Shadow Brokers, "REPOST: TheShadowBrokers Message#6," Steemit, Dec. 2016, http://Steemit.com，存檔參看 http://bit.ly/2FPu4vt。

11 Shadow Brokers, "Message Finale," TheShadowBrokers.bit, Jan. 12, 2017，存檔參看 http://bit.ly/2CJn4wv。

12 Joseph Cox, "NSA Exploit Peddlers the Shadow Brokers Call It Quits," *Motherboard*, Jan. 12, 2017, https://www.vice.com/en/article/vv7ja4/nsa-exploit-peddlers-the-shadow-brokers-call-it-quits.

都是最好的盟友，直到打敗共同敵人，美國再度偉大為止。[13]

傑克．威廉斯和幾乎每一位國家安全局相關人士一樣，持續懷著癡迷夾雜著深刻焦慮的心情觀看影子掮客這場慘敗。在這個集團重新現身之後，他在資安產業的社群媒體網站 Peerlyst 發表一篇即時分析，陳述他那時認為顯而易見的事實：影子掮客的身分之一，顯然是克里姆林宮的另一次影響力行動。「俄國可能在利用影子掮客最新公布的內容，試圖控制新聞週期，減少敘利亞衝突得到的報導。」他如此寫道。[14]

隔天早上，預定要講授一堂訓練課程的他，在奧蘭多的旅館房間起床，查看推特。他立刻發現影子掮客回應了他的部落格文章。他們這時指名道姓在叫他，傑克．威廉斯。「@malwarejake 你這個前『#方程式組織』成員，真是大嘴巴，」他們在推特上寫道，標註他的使用者名稱：「影子掮客沒有公開揭發 #方程式組織成員的習慣，但不得不為了大嘴巴破例。」[15]

威廉斯從來不曾公開透露過自己曾是國家安全局人員，更不曾提過自己是影子掮客稱為方程式組織的特定行動入侵辦公室團隊一員。他小心地將生涯的這一段隔絕開來，只對同事和客戶說自己在國防部工作過。

但他就這樣被公開揭發了。他的呼吸都停了。「就像肚子被揍了一拳。」他說。

隨著這則訊息而來的，是空洞地指涉「零工」（OddJob）、「聚集列存儲索引」（CCI）、「Windows 後臺智慧型傳輸服務持久力」（Windows BITS persistence）等代號，以及涉及國家安全局反情報部隊「Q 群」（Q Group）的一項調查。威廉斯拒絕說明這些內容的意義。但他解釋，影子掮客藉著在推文裡包含這些指涉向他示意，他們不但知道他在國家安全局的所屬單位，還知道他的國家安全局生涯中極為具體的細節。「他們的訊息是，『這不是猜測』，」他說：「我們都知道。」

那樣揭露威廉斯的祕密，將會改變他的人生。既然他如今成了眾所周知的前特定行動入侵辦公室駭客，他再也不能前往那些容易遭受俄國或中國等國家所施加之法律或人身攻擊的地方。被影子掮客公開揭發之後幾個月，他接連取消前往捷克共和國、新加坡和香港的商務旅行。即使到了今天，他仍在外國政府可能追訴其過往駭客行為的恐懼中度日，就像美國試圖藉由自己的刑事起訴，對伊朗到北韓的外國駭客散播恐懼那樣。

但在看見自己的祕密被吐露的最初那一刻，威廉斯產生了一種更少理性、更多發自內心的反應：他感受到了國家安全局承受八個月之久的同一種侵害，只不過如今是在個人層面上。他意識到，影子掮客對他的知識，遠比他對他們的知識多出太多，他完全任由他們宰割。他們隨時都可以任意公開他剩下的私密歷史。

同樣的道理當然也適用於國家安全局剩下的機密。最惡劣的狀況還沒發生。

13 Shadow Brokers, "Don't Forget Your Base," *Medium*, April 8, 2017, http://medium.com，存檔參看 http://bit.ly/2CKzBQ5。

14 Jake Williams, "Russia 'Crosses the Rubicon' with Newest Shadow Brokers Dump," *Peerlyst*, April 9, 2017, http://www.peerlyst.com，存檔參看 http://bit.ly/2CJTIDG。

15 Shadow Brokers, Twitter post, http://twitter.com , April 9, 2017，存檔參看 http://bit.ly/2B38u2T。

第二十二章 SANDWORM

永恆之藍

當影子掮客最終決定釋出他們短暫而怪異的生涯裡最具殺傷力的外洩資料，他們對自身行動的解釋既非政治宣言、亦非牟利，而是純屬虛無主義。

「上星期影子掮客試著要幫人，」他們在二〇一七年四月十四日新發的貼文裡寫道，這裡指的是他們一週前的政治叫囂。「這星期影子掮客想要幹人了。」[16]

一如往常，他們貼出一個下載連結。「影子掮客不想做到這樣。太糟了，沒有人決定要付錢，好讓影子掮客閉嘴走人。」他們做出結論：「或許要是都能活過第三次世界大戰，影子掮客才會跟你們下週見。」

第三次世界大戰這句俏皮話，或許是指美國與北韓之間對立升高；北韓方面透露，他們很快就會擁有發射核彈攻擊美國任何地點的能力。或者是指他們外洩的檔案內容，本質上提供了同等的數位毀滅性。

新一批檔案是一條主礦脈，滿是影子掮客從一開始就承諾提供的那種極其強大的駭客工具。

嘲諷和戲弄了八個月之後，他們終於拋出國家安全局的各式各樣壓箱寶。下載這些檔案的資安分析師，從中數到二十多個不同的駭客工具，全都精良、專業，即使落入三腳貓駭客手中都會馬上造成大亂。

但國家安全局代名為永恆之藍（EternalBlue）的一套程式，尤其讓整個資安社群立即陷入狂亂。永恆之藍是為了利用一個在 Windows 8 之前幾乎每個版本都存在著的零日漏洞，這是 Windows 一個名為伺服器訊息區塊（Server Message Block, SMB），鮮為人知又老舊的功能裡存在的漏洞。伺服器訊息區塊讓電腦得以直接與另一部電腦共享資訊，例如檔案和印表機存取。其中存在著諸多要命的錯誤，讓任何人都得以向一部電腦發送伺服器訊息區塊訊息，對目標主機取得完整的遠端執行程式碼（remote code execution）。

有了永恆之藍，國家安全局駭客將這個漏洞的利用編程為一個簡單程式，得以侵入全世界千千萬萬電腦。然後他們對這個程式失去掌控。

「這件事要多大就有多大，」幾個月來一直在分析影子掮客外洩事件的英國資安分析師馬修・希基（Matthew Hickey）當時對我說：「這是網際網路的上帝模式（God mode）。」或者，按照我在《連線》雜誌的同事莉莉・海・紐曼（Lily Hay Newman）的說法：「一個高明而絕密的美國網路間諜工具，如今成了人民手中的鐵撬。」17

16 Shadow Brokers, "Lost in Translation," Steemit.com, April 14, 2017, http://www.steemit.com，存檔參看 http://bit.ly/2FQ7Auy。

但在影子掮客這次發布數小時後，微軟卻發表令人意外的聲明：永恆之藍利用的那個零日漏洞，技術上其實完全不是零日漏洞。該公司在三月時未做任何說明，就針對伺服器訊息區塊缺陷發布一個修補程式，抵銷了國家安全局的駭客技術，就在影子掮客洩露這套技術整整一個月前。《華盛頓郵報》隨後確認，國家安全局一得知影子掮客竊取的工具包括永恆之藍，就暗中向微軟警告這個缺陷。18

隨著安全修補程式可資利用的消息傳來，又產生了新的問題：究竟有多少人真的安裝這個修補程式？更新軟體防護在世界各地從來不是簡單的修補，反倒更像是一個複雜的流行病學問題。系統管理員忽視修補程式，或者不向所有電腦說明修補程式，或者跳過修補程式，唯恐修補程式影響自身所需的軟體功能，不然就是運行盜版軟體，因而根本不會收到修補程式。所有這些都意味著，取得安全更新修補主機漏洞這一過程的複雜和不完整，往往一如讓全世界人類都接受預防接種，即使疫苗已經發明很久。

其後數日，大量主機仍未安裝修補程式防範永恆之藍的跡象開始顯現。資安研究員無法直接確認永恆之藍攻擊的數量，但他們可以掃描網際網路，尋找另一個互補的國家安全局惡意軟體，名為雙重脈衝星（DoublePulsar），這個後門程式同樣是由影子掮客發布，為了由永恆之藍安裝在目標主機上。任何人向一部感染雙重脈衝星的電腦發出某種網路檢測指令（network ping），它就會報以一種可資識別的清楚答覆。

好奇的研究員們向整個網際網路一起送出這些「ping」指令。他們立刻收到數以萬計的獨特回應，每一個回應都可能顯示著一部被國家安全局萬能鑰匙入侵的電腦。19影子掮客發布後一週之內，這個數目已經超過十萬。兩週後，可能受害者的數目多達四十萬。[20]網際網路的永恆之藍夢魘還沒結束，它的完整規模即將清楚顯現。

*

某個週五下午二時半左右，馬庫斯·赫欽斯（Marcus Hutchins）吃過午餐，回到他位於英國濱海小鎮伊爾弗勒科姆（Ilfracombe）的在地炸魚薯條店裡，坐在臥室的電腦前，發現網際網路成了一片火海。

輕聲細語的英國人赫欽斯這時二十二歲，有一頭半受控的爆炸棕色捲髮，那天他本來應該從網路安全公司隱匿邏輯（Kryptos Logic）惡意軟體分析師的工作崗位上休假一天的，但赫欽斯不是個會在生活中劃出明確界線的人：他在家工作，他的家庭辦公室也就是他在父母家中的一樓臥室。那

---

17 Lily Hay Newman, "The Leaked NSA Spy Tool That Hacked the World," *Wired*, March 7, 2018, https://www.wired.com/story/eternalblue-leaked-nsa-spy-tool-hacked-world/.

18 Ellen Nakashima and Craig Timberg, "NSA Officials Worried About the Day Its Potent Hacking Tool Would Get Loose. Then It Did," *Washington Post*, May 16, 2016, https://www.washingtonpost.com/business/technology/nsa-officials-worried-about-the-day-its-potent-hacking-tool-would-get-loose-then-it-did/2017/05/16/50670b16-3978-11e7-a058-ddb23c75d82_story.html.

19 Dan Goodin, ">10,000 Windows Computers May Be Infected by Advanced NSA Backdoor," *Ars Technica*, April 21, 2017, https://arstechnica.com/information-technology/2017/04/10000-windows-computers-may-be-infected-by-advanced-nsa-backdoor.

20 "DoublePulsar," *Binary Edge* (blog), April 21, 2017, http://blog.binaryedge.io，存檔參看 http://bit.ly/2RNPiAq。

間臥室裝了三部強力的桌上型電腦——每一部都配備多重顯示器和水冷式散熱器，以順應高效能處理——還有兩部筆記型電腦，以及滿滿一架子燈號閃動的伺服器。

赫欽斯運用這套精心製作的臥室配備，營運他自己獨立自足的惡意軟體研究中心。他在伺服器設定上運行虛擬主機，得以模擬電腦的一切行為，以檢驗新的惡意軟體，安全地觀察其運行。其中一個螢幕顯示著他持續收集的垃圾郵件及釣魚郵件源料，他藉此分析其來源，以及往往夾帶在郵件附加檔裡的那些邪惡程式。

在另一個螢幕，赫欽斯打開一個英國網路安全研究論壇，他一直試著從那兒得知關於某種銀行詐欺惡意軟體的更多資訊。他發現一場危機正在展開。英國國民保健署（British National Health Service）遭受勒索軟體突如其來的伏擊。而且這並非愈益針對醫院和警察局等關鍵機構，加密資料做為人質的一般犯罪用勒索軟體。這是完全不同的東西：該署成千上萬部電腦都被感染，數量以超乎人力所及的速度增加。

受害的電腦被鎖定在一個紅色螢幕，要求受害者支付三百比特幣。「你的重要檔案被加密了，」訊息顯示：「或許你忙著找出方法恢復檔案，但不要浪費時間了。沒有我們的解密服務，誰都恢復不了你的檔案。」螢幕左方則有個倒數計時器，倒數七天，屆時駭客就會刪除解密檔案的密鑰，讓這些電腦裡的資料被永久打亂而無法回復。

研究者們稱這種新的勒索軟體為「想哭」（WannaCry）——這個名字是從它加密檔案之後，加進檔名裡的「.wncry」副檔名聯想出來的。[21]這個程式碼為何如此致命的理由，不久也一清二楚：它運用永恆之藍傳播。每一部被感染的主機都會掃描區域網路和網際網路，尋找尚未安裝修補程式防範那套國家安全局外洩工具的那些主機，運用它盡可能侵入最多其他電腦，然後重複進行。

隨著「想哭」擴散，混亂因而發生。英國各地區成千上萬人與醫師的預約遭到刪除。某些急診病房被臨時關閉，迫使病人移動更遠，前往僥倖躲過這次攻擊的其他醫院。[22] 赫欽斯看得出來，英國的災難只不過是全球災禍的一小部分。西班牙電信公司（Telefónica）也被攻擊了。[23] 俄羅斯聯邦儲蓄銀行（Sberbank）、德國鐵路公司（Deutsche Bahm）、法國車輛製造商雷諾（Renault），以及從中國的大學到印度的警察局那樣分布廣泛的目標，都被攻擊了。

美國純屬僥倖，至今為止多半被放過。但隨著這個勒索軟體的浪潮擴大，美國被它吞沒也只是幾小時，或甚至幾分鐘的問題。

一種不受控制的國家安全局零日驅動蠕蟲在世界各地製造混亂，這個夢魘已經成真了。結果則是前所未見最嚴重的一次勒索軟體發作。「我挑了他媽的糟到極點的一週休假，」赫欽斯在推特上寫道。[24]

21 Jakub Křoustek, "WannaCry Ransomware That Infected Telefonica and NHS Hospitals Is Spreading Aggressively, with over 50,000 Attacks So Far Today," *Avast* (blog), May 12, 2017, http://blog.avast.com，存檔參看 http://bit.ly/2FXxbRz。

22 Amyas Morse, "Investigation: WannaCry Cyber Attack and the NHS," U.K. National Audit Office, Oct. 24, 2017, https://www.nao.org.uk/wp-content/uploads/2017/10/Investigation-WannaCry-cyber-attack-and-the-NHS.pdf.

23 Agamoni Ghosh and India Ashok, "WannaCry: List of Major Companies and Networks Hit by Ransomware Around the Globe," *International Business Times,* May 16, 2017, https://www.ibtimes.co.uk/wannacry-list-major-companies-networks-hit-by-deadly-ransomware-around-globe-1621587.

24 Marcus Hutchins, Twitter post, May 12, 2017, http://twitter.com，存檔參看 http://archive.is/9CkQn。

*

一位化名「咖啡因」（Kafeine）的駭客友人，把一份「想哭」的程式碼寄給赫欽斯，赫欽斯隨即開始試著解析。首先，他在伺服器上啟動一臺虛擬電腦，包含任由勒索軟體加密的假檔案在內，並在那個隔離的測試環境裡運行程式。他立刻注意到這個惡意軟體在開始加密假檔案之前，向某個看來非常隨機的網址送出了查詢：iuqerfsodp9ifjaposdfjhgosurijfaewrwergwea.com。這讓赫欽斯感到別有用意，即使未必不尋常：一個惡意軟體像這樣回頭向某個網域發出「ping」訊息，通常代表著它與某處命令和控制伺服器之間的聯絡，可能在向被感染的電腦下達指示。

赫欽斯把那一長串網址複製到他的網頁瀏覽器裡，他驚訝地發現這個網址並不存在。因此他造訪網域註冊商便宜域名（Namecheap），花了美元十元六角九分買下這個貌不驚人的網址。赫欽斯希望藉由這個舉動，或許能從惡意軟體發明者手中，奪走「想哭」對於大批受害電腦的一部分控制權。至少他或許能獲得一個工具，監控被感染主機的數量及位置，惡意軟體分析師稱這個動作為「陷坑」（sinkholing）。

不出所料，赫欽斯一在他的雇主——隱匿邏輯支援的一群伺服器上設立那個網域，它馬上就被「想哭」在世界各地感染的每一部新電腦所發送的成千上萬連線給轟炸。赫欽斯這時可以親眼看到這次攻擊的巨大規模。當他在推特上提到這項工作，其他研究員、記者及系統管理員寄來的數百封電子郵件就開始淹沒了他，他們都想要對這場吞噬全球網路的瘟疫知道更多。靠著他的陷坑網域，赫欽斯此時忽然取得地球上別無他人擁有，關於這些感染的大量資訊。

接下來四小時，他回覆這些郵件，並狂熱地為他所繪製的追蹤世界各地所發生最新感染的地圖除錯。直到下午六時三十分，註冊網域將近四小時後，他的駭客友人咖啡因發給他另一位資安研究員達米安・胡斯（Damien Huss）所發表的一則推文。其中提出的一句簡短陳述震撼了赫欽斯：「網域既然被陷坑了，程式執行也就失效。」換言之，自從赫欽斯的網域首次上線開始，「想哭」的新感染仍持續擴散，但並未真正造成任何新的損害。這個蠕蟲看來被抵銷了。

胡斯的推文包含一小段他逆向還原了的「想哭」程式碼。程式碼的邏輯顯示，這個惡意軟體在加密任何檔案之前，首先檢查它是否連線到了赫欽斯的網址。要是沒有連上，它就繼續破壞這部電腦的內容。要是「確實」連上那個網址，它就只會停止動作。

赫欽斯還沒有找到這個惡意軟體的命令和控制位址。他找到它的緊急停止開關。他註冊的這個網域，是一種簡單而即刻地在全世界切斷「想哭」亂象的方法。這就彷彿他將質子魚雷打進死星的冷卻井，直入它的反應爐芯，將它炸掉而拯救了銀河系，卻在四小時內不知道自己做了什麼，或甚至沒發覺自己行動的效果。

當赫欽斯看到胡斯的推文，他的心跳開始加速。這是真的嗎？他需要親自測試確認。他在自己的伺服器上運行「想哭」感染的模擬，讓它連上自己的網域。果然，它就在連上網域的那一刻停止它的邪惡行徑。接著他再測試一次，這次封阻了惡意軟體連線到他的陷坑。在第二次測試中，電腦的檔案立刻就被加密，「想哭」的威脅性勒贖訊息在螢幕上跳了出來。測試確認了他的緊急停止開關有效。

赫欽斯的反應，恐怕是歷史上任何看見自己的電腦被勒索軟體癱瘓的人都不曾有過的。他從椅子上一躍而起，繞著房間跳來跳去，欣喜若狂。

*

「想哭」發明者的目的至今仍然成謎。他們想從漫天要價的勒索軟體陰謀裡盡可能賺到最多錢嗎？還是只想引發最大規模的全球混亂？不管目的為何，在惡意軟體裡設置一個緊急停止開關，看來都是一種出奇草率的自毀行徑。*

「想哭」程式的設計師們在其他方面也粗心大意。程式碼內建的付款機制實際上毫無用處：不同於設計得更精良的勒索軟體，「想哭」並沒有一套發送密鑰給已付款受害者的自動化機制，甚至不會記錄誰已經付款、誰還沒付款。當受害者明白這點，他們也就不再付錢。整套陰謀賺取的收入總計不到二十萬美元，比許多追蹤該軟體的惡意軟體分析師個人的年薪還少。[25]

有些研究員得出結論，認為「想哭」必定是太快釋出了，或許發明者們是在測試自己的蠕蟲，然後正如蠕蟲常常發生的狀況——就像七年前的震網那樣——它還沒真正準備就緒，就擴散到了脫離發明者掌控。[26]

最後，「想哭」的編碼者們還有另一個重大疏漏，他們也留下了關於自身國籍的線索。數日之內，Google和俄國網路安全公司卡巴斯基的資安研究員都注意到，「想哭」使用的程式碼，與一群名為拉撒路（Lazarus）的北韓政府駭客愛用的一種後門程式互相雷同。[27]到了二〇一七年十二月，川普的白宮宣布確認這次攻擊由北韓幕後主使。[28]三年前破壞索尼影業的同一個駭客集團，如今向全世界每一個網路釋放出同等的破壞，唯有一個意外的緊急停止開關才阻止了萬劫不復。*

* 那個緊急停止開關究竟為什麼會存在，又是另一個謎。但隨著赫欽斯和其他惡意軟體研究員苦思這個缺陷，他們逐漸相信，它的用意可能是作為某種反鑑識技法，意圖讓防護者們更難破解「想哭」的行動。按照這一理論，該惡意軟體試圖向外連接一個不存在的網域，是在測試它究竟是在某個真正受害者的主機上運行，還是在某個資安研究員的虛擬主機上運行。

赫欽斯在自己伺服器上運行，用以觀察惡意軟體的那種虛擬主機裡，研究者們想要讓惡意軟體自以為它在真實世界中運行，卻又絕不讓它與真正的網際網路互動；否則它就有可能開始作祟，像是發送垃圾郵件或攻擊其他電腦。因此，與某個網域連線的每次嘗試，都會得到某種任意回應（arbitrary response），即使那個網址實際上並不存在。要是該惡意軟體連接到一個發明者們知道並不存在的網址，卻仍收到回應，它就會機伶地推斷出自己是在虛擬環境裡運行，一如《駭客任務》（*The Matrix*）的主角尼歐（Neo）服用了紅色藥丸之後那樣。在那樣的情況下，當惡意軟體察覺到自己置身於研究者的顯微鏡下，它就會關閉其惡意功能，表現得完全無害。

當然，假如勒索軟體設計者的思維真是如此，那他們真是聰明過頭了。結果，為了讓他們的功能看似無害而設計的機制，其實可以用來讓整個軟體失效，一如赫欽斯的做法。

25 Samuel Gibbs, "WannaCry: Hackers Withdraw ￡108,000 of Bitcoin Ransom," *Guardian,* Aug. 3, 2017, https://www.theguardian.com/technology/2017/aug/03/wannacry-hackers-withdraw-108000-pounds-bitcoin-ransom .

26 Andy Greenberg, "The WannaCry Ransomware Hackers Made Some Real Amateur Mistakes," *Wired,* May 15, 2017, https://www.wired.com/2017/05/wannacry-ransomware-hackers-made-real-amateur-mistakes/ .

27 Andy Greenberg, "The WannaCry Ransomware Has a Link to North Korean Hackers," *Wired,* May 15, 2017, https://www.wired.com/2017/05/wannacry-ransomware-link-suspected-north-korean-hackers/ .

28 "Press Briefing on the Attribution of the WannaCry Malware Attack to North Korea," Whitehouse.gov, Dec. 19, 2017, https://www.youtube.com/watch?v=0pGsJFLXAgY .

* 赫欽斯在「想哭」事件中的英雄角色，不過三個月後就變得複雜起來，他在參加DEF CON駭客大會之後遭到聯邦調查局逮捕。赫欽斯由於多年前涉嫌發明及販售銀行惡意軟體，而被控電腦詐欺和濫用罪。但在二〇一九年七月，一位法官判決他無需服刑，部分是由於他解決「想哭」的成果。

*

二〇一七年底，關於影子掮客如何對國家安全局發動驚人的竊密，也開始有說法公諸於世。那年十二月，一位名叫傅義黃（Nghia Hoang Pho，音譯），時年六十七歲的前國安局員工，也是該局特定入侵行動辦公室駭客團隊的研發人員，為了違反安全許可而認罪。他把為數龐大的機密資料帶回家。他隨後向馬里蘭州的法院表示，他只是在考績被打了低分之後，為了在工作上取得成功而研究那些資料。傅某被判入獄五年六個月。[29]

這個案件和數月前《華爾街日報》揭露的另一篇故事有關，報導聲稱，俄國政府駭客利用位於莫斯科的卡巴斯基實驗室所推出的防毒軟體，從美國國家安全局一名約聘員工的家用電腦裡竊取了大量該局檔案。報導說，這名約聘人員愚蠢到了這種程度，不但違反安全許可，將極密資料帶回家中，更在家用電腦運行卡巴斯基軟體，這種軟體——如同多數防毒程式——包含了讓程式將檔案上傳到該公司的遠端伺服器，以供分析之用的能力。[30]

卡巴斯基則發表聲明回應，否認該公司與俄國政府之間，有任何可能讓克里姆林宮駭客利用其防毒程式碼的「不當關係」存在。數週後，該公司跟進發布一項內部調查結果：公司承認曾在二〇一四年上傳一批美國國家安全局的駭客工具。但它宣稱在發現這些檔案所代表的意義之後，即已立刻刪除。[31]*

即使這些線索增添了俄國應對美國國家安全局祕密武器外流一事負責的旁證，但它們都並不意味著影子掮客或「想哭」與沙蟲集團有關。但如同藝術家們彼此啟發，沙蟲無疑也向駭客同儕們觀摩學習。影子掮客讓人們得以取用一批強大的駭客工具，一個極端好戰的網路戰士團隊不可能視而不見。

隨之而來的「想哭」蠕蟲，為沙蟲帶來一次觀摩大規模破壞武器發揮作用的機會——結果證明，也讓他們對於如何打造一種更具爆炸力的武器，產生了一些想法。

---

29 Sean Gallagher, "NSA Employee Who Brought Hacking Tools Home Sentenced to 66 Months in Prison," *Ars Technica,* Sept. 25, 2018, https://arstechnica.com/tech-policy/2018/09/nsa-employee-who-brought-hacking-tools-home-sentenced-to-66-months-in-prison/ .

30 Gordon Lubold and Shane Harris, "Russian Hackers Stole NSA Data on U.S. Cyber Defense," *Wall Street Journal,* Oct. 5, 2017, https://www.wsj.com/articles/russian-hackers-stole-nsa-data-on-u-s-cyber-defense-1507222108 .

31 "Preliminary Results of the Internal Investigation into Alleged Incidents Reported by US Media (Updated with New Findings)," Kaspersky blog, Oct. 25, 2017, http://www.kaspersky.com，存檔參看 http://bit.ly/2B4xnLn。

* 除了傅義黃之外，另一位名叫赫爾．馬丁（Hal Martin）的國家安全局員工，直到本書寫作期間仍是影子掮客案的嫌疑人之一。馬丁是該局特定入侵行動辦公室團隊的約聘人員，他在二〇一六年末由於把數兆位元組的機密資料從局裡帶回家而被捕，情況與傅某如出一轍。兩年後的一份庭審記錄中，承審法官透露，馬丁曾在二〇一六年八月，在推特上向卡巴斯基兩名研究員發送可疑私訊要求會面，調查人員相信，這次會面可能是為了出賣或分享機密資訊。馬丁的私訊就在影子掮客宣告洩漏第一批機密資料數小時前送出。卡巴斯基向美國政府管道告發了馬丁，導致馬丁的住處隨後遭到搜索，並被逮捕。（Josh Gerstein, "Suspect's Twitter Messages Played Role in NSA Hacking-Tools Leak Probe," *Politico,* Dec. 31, 2018, https://www.politico.com/story/2018/12/31/nsa-hacking-case-twitter-1077013；以及 Kim Zetter, "Exclusive: How a Russian Firm Helped Catch an Alleged NSA Data Thief," *Politico,* Jan. 9, 2019, https://www.politico.com/story/2019/01/09/russia-kaspersky-lab-nsa-cybersecurity-1089131）

第二十三章
SANDWORM

可愛貓

二〇一二年五月，本傑明・德爾佩（Benjamin Delpy）走進他在莫斯科總統大飯店（President Hotel）的房間，發現有個身穿黑色套裝的男人，正在使用德爾佩的筆記型電腦。

不過幾分鐘前，這位二十五歲的法國程式設計師才匆忙趕到一樓服務臺，抱怨房間的網路連線。他預定要在附近舉行的資安會議建設性駭客日（Positive Hack Days）演講，提早兩天抵達，卻發現房間沒有無線網路連線。乙太網路插孔也沒用。到了樓下，一位飯店員工堅持要他坐在大廳等候技師上樓修理。德爾佩拒絕，反而回到房間等候。

按照德爾佩的說法，當他回到房間，他震驚地發現那個陌生人站在寫字檯前，身邊有個小小的黑色雙輪手提箱，手指迅速從德爾佩的鍵盤上抽回。筆記型電腦仍顯示著鎖定的Windows登入畫面。

那人含糊地道歉說自己的鑰匙卡用錯房間了，逕自走過德爾佩身邊，在德爾佩還來不及反應之前就走出門外。「這一切在我看來全都很怪異，」德爾佩說：「好像在演間諜片。」

德爾佩不用花太久時間就猜得出來，自己的筆電為何成了名副其實的黑袋行動（Black-bag

job，即非法祕密搜查）之目標。那部電腦裡有著他要在莫斯科會議上報告的主題，是他所編寫的一個名為「可愛貓」的程式初版。

可愛貓可說是德爾佩的一項嗜好。他在法國政府某機構擔任資訊主任——他拒絕告訴我是哪個機構——而他察覺到Windows有個隱微的漏洞：微軟發明了一個名為WDigest的功能，用意是讓公司或政府部門的Windows用戶，更為便利地在他們的網路或網站之不同應用程式上證明自己的身分。WDigest會將使用者名稱及密碼等用戶的驗證憑證保存在電腦記憶體裡，好讓他們只需輸入一次，往後就能輕鬆地重新使用這套憑證，解鎖其他機敏程式。

德爾佩注意到，儘管Windows加密電腦記憶體裡的使用者密碼副本，它卻也留下一組密鑰，得以在記憶體裡順手予以解密。「這就像在一封電子郵件裡儲存了一個用密碼保護的機密，又把密碼放進同一封信裡。」德爾佩如此向我解釋。

要是有個駭客能在那臺電腦落腳，從記憶體裡一併抽取加密憑證和解密密鑰，把憑證解密，再用偷來的用戶身分和密碼胡作非為呢？二〇一一年，德爾佩在發布於微軟用戶支援頁面的一篇留言裡，向該公司指出這個潛在安全疏失。但微軟不理會他的警告，回應說這並不真正構成問題。畢竟，駭客首先必須已經能夠存取受害者的電腦，然後他或她才能獲取記憶體裡的密碼。（當我詢問微軟同一個問題，他們在六年後的答案還是一樣。「有個重點不可不提：要運用這個工具，必須要有一個已被入侵的系統。」該公司在一篇聲明中寫道：「我們建議顧客遵循最佳安全作為，應用最新更新，以利持續獲得防護。」）

但德爾佩發現，Windows驗證系統的這個缺陷，在實務上仍會為試圖將惡意軟體感染從一部電腦擴及網路上眾多電腦的駭客，提供一個強有力的跳板。要是駭客能設法在目標主機裡獲得夠深入的存取權——無論是運用簡單的釣魚郵件陰謀，還是罕見的零日漏洞——他或她就能利用德爾佩的手法，從記憶體裡取出這些憑證，再運用它們存取網路上的其他電腦。這個危險在多人使用電腦連結的網路內部尤其嚴峻：要是有其他用戶登入駭客用偷來的憑證存取的第二臺電腦，他或她就能在第二臺電腦上運行同樣的程式，照樣竊取那「另一位」用戶的密碼——就這樣繼續下去。

於是，得不到微軟認真回應的德爾佩，做了立意良善的駭客們得知一家公司對他們發現的安全漏洞心存懷疑時經常會做的事：他進行了概念驗證。德爾佩說，他反正一直都想要學習C編程語言。因此他用C語言寫了一個應用程式，演示他警告過微軟的那種攻擊。他稱之為可愛貓——「mimikatz」這個名字運用了法文俚語的前綴詞「mimi」，意思是「可愛」，因此加在一起就是「可愛貓」——並在二〇一一年五月公開發布。

「因為你不想修補，我就要向全世界展示，讓人們都注意到，」德爾佩敘述自己當時的心態：「結果花了好幾年才讓微軟做出改變。但壞人可不會等。」

沒過多久，德爾佩就在駭客論壇裡看到中國使用者討論可愛貓，並試圖將它逆向還原。接著，二〇一一年中，他首度得知——他拒絕透露消息來源是誰——可愛貓被用來入侵外國政府網路。德爾佩並未釋出這個工具的原始碼，這使得任何其他人都更難改造或調整程式，但某些駭客顯然夠積極，他們精心地將德爾佩的工具拆解，並創造出他們自己的運行版本。「頭一次讓我對它覺得非常、非常糟。」他說。

隨後在那年九月，可愛貓在具有標誌性意義的DigiNotar公司入侵事件中再次被用上。該公司是一家所謂的憑證頒發機構，確保網站位址在用戶的瀏覽器上出現時，內容是名符其實的。憑證頒發機構在線上信託發揮了基本事實的作用，DigiNotar 遭受入侵則徹底破壞這份信託。這次入侵使得身分不明的駭客——可能效力於伊朗政府——發出虛假憑證，得以藉此完全冒用他們選定的任何網站。根據分析這次事件的福克斯資訊（Fox-IT）公司資安研究員說法，駭客們最終藉由接管 DigiNotar，監控了成千上萬伊朗人民。各大網路瀏覽器將 DigiNotar 列入黑名單，該公司隨後因此破產。[32]

DigiNotar 的敗亡生動演示了德爾佩向全世界發布的開鎖裝置之威力，甚至比他當時所理解的更強大。但德爾佩說，他也從一開始就知道，他的發明正讓自己涉足一個危機四伏的領域。當他試圖讓人們關注 Windows 安全的一項嚴重缺陷，他也同時讓網路上最危險的行為者注意到這項缺陷。

「可愛貓完全不是為了攻擊者設計的。但它幫助了他們。」德爾佩語帶保留地承認，這樣的保留有時是由於對英語詞彙所知有限。「當你為了做好事而發明這樣的東西，你知道它也會被壞人使用。」

*

微軟低估這項安全漏洞的嚴重性，但德爾佩低估他創造出來利用這項漏洞的工具之危險性——

---

32 Kim Zetter, "Diginotar Files for Bankruptcy in Wake of Devastating Hack," *Wired*, Sept. 20, 2011, https://www.wired.com/2011/09/diginotar-bankruptcy/.

即使在他得知外國間諜利用它之後。他想當然爾地以為，可愛貓的手法必定已經被多數國家資助的駭客知曉；他肯定不會是唯一一個看出微軟犯下錯誤，讓密碼如此容易取得的人。

因此在二〇一二年初，當德爾佩應邀在莫斯科的建設性駭客日會議上演講他的 Windows 安全工作，他就接受邀請。結果就是在旅館房間裡和那個怪異俄國人的衝突，幾乎一到莫斯科就立即發生。

那次笨拙的親身入侵顯然失手了。或者德爾佩是這麼相信，因為在這次事件過後，俄國人嘗試更直率的做法。過了兩天，德爾佩在舉行會議的前蘇聯巧克力工廠，向一群與會的駭客演講完之後，另一名身穿黑色套裝的男人走到他身邊。他要求德爾佩把會議上播放的投影片和一份可愛貓副本存進一個隨身硬碟裡。

為了避免引人側目的爭執，德爾佩照做了。接著，甚至都還沒離開俄國，他就在軟體原始碼代管服務平臺 GitHub 上公開張貼了可愛貓的原始碼，既害怕要是繼續對原始碼保密，可能危及自己的人身安全，也認為如果駭客要利用自己的發明，那麼防衛者也應當完全了解它。

其後數年間，可愛貓成了駭客的工具包裡幾乎一致必備的工具，從善意的滲透測試人員，到網路罪犯及精密的網路間諜皆然。從惡名昭彰的卡巴納克（Karbanak）犯罪集團，到奇幻熊在德國聯邦議院（Bundestag）內部的間諜行動，它出現在各式各樣的駭客入侵行動中。「它是網路安全的 AK－四七突擊步槍。」一群擊首席技術官季米特里．阿爾佩羅維奇有一次這麼形容它。

由於在駭客文化的不尋常世界之外難以說明的理由，德爾佩並沒有和自己的發明劃清界線，即使它出現在愈來愈多犯罪現場。他反倒持續加以改良。要是向微軟警告 Windows 系統原有的密碼儲存於記憶體問題是值得的，那麼何不也一併展現他所找出的其他弱點？

於是他在可愛貓裡不斷疊加新功能，從產生微軟地獄三頭犬（Kerberos）認證系統所使用，讓網路內部電腦彼此證明身分的「假」票據，到利用 Chrome 及 Edge 瀏覽器的自動填充（auto-populating）功能竊取密碼。他甚至添加一個工具，讓任何人都能在踩地雷遊戲（Minesweeper）作弊，從電腦記憶體裡抽取每一顆地雷的位置。「這是我的工具箱，我把自己所有的想法都放進去。」德爾佩對我說。

德爾佩說，他在把一種可能造成危害的新駭客工具加入這個工具箱之前，會先警告微軟，或是可能有能力修補他正在利用的這個缺陷的任何其他人。有時，他們最終會報以新的保護措施。例如在 Windows 8.1 裡，微軟終於將 WDigest 功能預設為關閉，封閉了德爾佩讓可愛貓感染 Windows 的最初途徑。

但修補往往不完整。傑克．威廉斯在滲透測試事務中對於攻擊性駭客行動毫不陌生，他告訴我，他經常在某個目標網路內部取得立足點，卻發現系統管理員讓 WDigest 開著，任由可愛貓在整個系統裡肆虐。或者在其他案例中，他就是找得到辦法，自行重新開啟 WDigest。「我在目標上迴避那個修補功能，總共需要三十秒左右。」威廉斯說。

這一切讓德爾佩看來就像個幼稚無知，甚至魯莽輕率的縱容者。但柏克萊大學的電腦科學研究員尼克．威佛（Nick Weaver）在我向他詢問可愛貓時，卻表明事情沒那麼簡單。他說，沒錯，可愛貓「強大到荒唐的地步」。但它或許就只是展現了精密的駭客們無論如何遲早都會學著利用的那些弱點——他們或許還利用得更不引人注目。「我想我們必須誠實：要是沒有可愛貓，也會有其他工具。」威佛說：「人們管理大型電腦群組的方式，存在著根本問題。」

但沙蟲並沒有編寫出自己的可愛貓。它就只是搬用了德爾佩的。如同任何飢腸轆轆的雜食性掠食者，它不只樂意獵捕巨獸，也同樣樂意採集低垂的水果。歐列克西・雅辛斯基在二〇一五年星光傳媒的入侵事件中首先發現，攻擊烏克蘭的施虐者們使用了可愛貓。然後在二〇一六年底烏克蘭國家電力公司斷電之前漫長而有耐心的行動記錄中，它又再次出現。

但隨著永恆之藍外洩，並與「想哭」整合起來，沙蟲的程式設計師們看出了機會，將德爾佩的工具從簡單的手動墊片，升級成精煉及自動化程度更高得多的東西。美國國家安全局的程式碼，為一次引燃滔天大火的強大化學反應提供了其中一半。可愛貓則補足另一半。

第二十四章
SANDWORM

不是佩提亞

二〇一七年六月二十七日早晨，馬克西姆・沙波瓦爾上校（Col. Maksim Shapoval）正開著他的賓士座車，行經基輔西部安靜的索洛米揚卡區（Solomyansky）。當他在國立電信大學（State University of Telecommunications）綠樹成蔭的校園旁邊一處十字路口停車，塞在這位烏克蘭軍官座車底下，相當於兩噸TNT炸藥的一塊爆裂物引爆了。[33]他當場喪命在一團火球之中。[34]車輛的零件朝著四面八方飛散數十英呎遠。兩名從旁邊走過的路人被碎片刺中腿部和頸部。他們是當天最早出現的附帶受害者，但受害並不止於他們。[35]

33 "Car Bomb Kills Senior Intelligence Officer in Central Kyiv," *NTD*, June 27, 2017, https://mb.ntd.com/car-bomb-kills-senior-intelligence-officer-in-central-kyiv_68995.html/amp.
34 Christopher Miller, "Colonel in Ukrainian Military Intelligence Killed in Kyiv Car Bombing," Radio Free Europe/Radio Liberty, June 27, 2017, https://www.rferl.org/a/ukraine-car-explosion-kyiv-terrorism-armed-forces-member/28581211.html.

*

在基輔市中心東面，時髦的波迪爾區（Podil）邊緣，咖啡館和公園突然消失無蹤，陰森的工業區景色取而代之。在一處公路高架橋下方，跨過幾條垃圾滿地的鐵軌，穿越一道混凝土大門，就是林科斯集團（Linkos Group）四層樓高的總部，這是一家小型的烏克蘭家族軟體企業。

走上那棟建築的三層樓梯，是一間伺服器機房，滿架披薩盒大小的電腦由一團糾結的電線連接，以手寫編號的標籤標記。在平常的日子裡，這些伺服器將例行更新——錯誤修復、安全補丁、新功能——輸出到一個稱為M.E.Doc的會計軟體裡，它在烏克蘭幾乎等同於TurboTax或Quicken。該國幾乎所有報稅或做生意的人都使用這套軟體。

但從二〇一七年春天開始，這些機器有了另一種用處。林科斯集團裡沒有一個人知道，沙蟲駭客們劫持該公司的更新伺服器，這使他們得以將一種隱匿的後門程式，植入烏克蘭國內及全世界安裝M.E.Doc軟體的成千上萬臺電腦裡。接著，同樣在六月二十七日早晨，破壞者們運用這個後門釋放了酬載：網際網路歷史上最具毀滅性的網路武器。

*

歐列克西．雅辛斯基預期這個星期二會是個平靜的上班日。那天早上稍早，他沮喪地讀到一位烏克蘭上校軍官光大化日之下在基輔市中心遭到暗殺的頭條新聞，但他隨後就照常通勤上班，走進了異常安靜的辦公室。這天是國定假日——烏克蘭憲法日（Constitution Day）的前一天，他的同事多半不是在計畫假期，就是已經開始休假。雅辛斯基則不然。他在資訊系統安全夥伴公司的職缺敘述，再也不適宜休假了。事實上，自從二〇一五年俄國網路戰的第一擊命中星光傳媒以來，他總共只讓自己休假一星期。

那天早上接到一通資訊系統安全夥伴公司主任打來的電話，告知烏克蘭第二大銀行——烏克蘭國家儲蓄銀行（Oschadbank）正在遭受攻擊時，雅辛斯基仍然保持鎮定。這家銀行告訴過資訊系統安全夥伴公司，它正在面臨勒索軟體感染，對於全世界遭受網路罪犯鎖定攻擊的公司來說，這幾乎不是什麼罕見的危機。但在半小時後，當雅辛斯基走進基輔市中心烏克蘭國家儲蓄銀行辦公室內的資訊部門，他立即懷疑情況恐怕更壞。「員工們全都迷惘、困惑，陷入震驚。」雅辛斯基說。該銀行數千部電腦的將近九成已經被永久封鎖了。有些電腦顯示著「C磁碟檔案系統修復中」這條訊息。其他電腦則顯示「噢噢，你的重要檔案被加密了」這個勒索畫面，要求價值三百美元的比特幣。

檢視過銀行還存在的記錄檔之後，雅辛斯基看得出來，這次勒索軟體攻擊是一種自動化的蠕蟲。它隱約像是「想哭」，但又不一樣：它不只是隨機掃描網際網路，感染它所能找到任何有弱點的電腦而已，它反倒以某種方式取得管理員的憑證，讓它得以橫行於銀行的整個網路。那時它就像偷走典獄長鑰匙的監獄囚犯那樣，在整個國家儲蓄銀行的系統裡肆虐。

在雅辛斯基回到資訊系統安全夥伴公司辦公室，分析銀行入侵事件之際，他開始接到烏克蘭全

35 Alec Luhn, "Ukrainian Military Intelligence Officer Killed by Car Bomb in Kiev," *Guardian*, June 27, 2017, https://www.theguardian.com/world/2017/jun/27/ukraine-colonel-maksim-shapoval-killed-car-bomb-kiev .

國各地的人們打來的電話或訊息，告訴他其他公司和政府部門也發生了類似狀況。有個人告訴他，另一個受害者做了實驗，支付贖金給蠕蟲。不出雅辛斯基所料，付款毫無用處。這可不是普通的勒索軟體。「這東西沒有銀色子彈能對付，沒有解藥。」他說。而且跟「想哭」不同，沒有緊急停止開關。

向南一千英里處，資訊系統安全夥伴公司執行長羅曼．索洛古勃（Roman Sologub），正試著在土耳其南部海岸度過憲法日假期，準備和全家人一起前往海灘。他的電話也開始被資訊系統安全夥伴公司客戶打來的電話灌爆，他們要不是看著謎樣的蠕蟲撕裂自己的網路，就是讀到攻擊的消息，狂亂地尋求建議。

索洛古勃退回旅館，這一天剩下的時間全都用來應對五十多通客戶電話，一通接一通又一通，全都在回報他們的網路遭到感染。資訊系統安全夥伴公司的安全行動中心即時監控著客戶的網路，他們警告索洛古勃，新蠕蟲正以駭人的速度浸潤受害者的網路：它只用了五十五秒就把一家烏克蘭大型銀行的網路斷線。資訊系統安全夥伴公司安裝其設備做為示範之用的一處烏克蘭主要交通轉運站，其中一部分十六秒內就被全部感染。二〇一六年網路攻擊導致斷電之後，由資訊系統安全夥伴公司協助重建網路的烏克蘭國家電力公司，也再次遭受攻擊。「你還記得我們正要實施新的安全控制嗎？」索洛古勃回想起一位氣餒的烏克蘭國家電力公司資訊主任在電話裡問他。「唉，太遲了。」

到了中午，資訊系統安全夥伴公司的共同創辦人——連續創業家歐列赫．德里維揚科（Oleh Derevianko）也同樣停止休假。電話開始湧入時，德里維揚科正駕車北上，要到鄉下的住宅和家人一同度假。他很快就把車開下公路，在一家路邊餐廳開始工作。剛到下午，他已經在警告每一個打電話來的主管立刻關閉網路，不得遲疑，即使這意味著整家公司停止運作。在許多例子裡，他們已經等了太久。「等到你聯繫上他們，」德里維揚科說：「基礎架構已經損失了。」

*

這場正在展開的數位浩劫很快就有了名字：不是佩提亞（NotPetya）。全球各地的資安公司由於前一個月的「想哭」爆發而有所準備，立刻開始調查這個新蠕蟲。卡巴斯基的研究員注意到，新惡意軟體的程式碼看來有些近似一種名為佩提亞（Petya），從二〇一六年初開始散播的犯罪勒索軟體。如同那種舊的勒索軟體，當這個新物種感染了新的主機，它就立刻動手加密電腦裡所謂的主檔案表（master file table）——電腦作業系統記錄儲存資料位置的部分。它也個別加密主機裡的每一個檔案；效果正如破壞者首先把圖書館的目錄卡片丟進碎紙機，然後按部就班地把一架又一架藏書搗成紙漿。

但這個新勒索軟體卻有重大修改，使它不同於早先的犯罪程式碼——因此得名「不是佩提亞」。二十四小時內，一位名叫馬修·蘇契（Matthieu Suiche）的法國資安研究員就發現到，這個程式碼在贖金支付之後其實並不允許解密。它的敲詐訊息反倒像是一套耳熟能詳的詭計，掩蓋了純粹而永久性地摧毀資料這一真實意圖。[36]

---

36 Matt Suiche, "Petya.2017 Is a Wiper Not a Ransomware," Comae blog, June 28, 2017, http://blog.comae.io/，存檔參看 http://bit.ly/2UjSdxI。

不是佩提亞的另一項功能，也和同名的佩提亞有所區別：它是為了製造最大毒害而淬鍊出來。這個蠕蟲同時運用了可愛貓和永恆之藍。對於拆解程式碼的研究員們來說，這個程式碼最初究竟是如何在電腦網路上取得立足點，仍是個不解之謎。但它一旦感染第一部電腦，他們就能看出可愛貓發揮了主要擴張工具的作用。它從電腦記憶體吸取密碼之後，立即在主機之間跳格子，利用的是讓管理員只要持有正確憑證，就能自由存取網路上其他電腦，所有電腦共有的Windows管理工具——正是雅辛斯基在烏克蘭國家儲蓄銀行發現的那個囚犯接管監獄案例。

但影子掮客外流的美國國家安全局永恆之藍程式碼——還有另一個用於舊版Windows，名為永恆浪漫（EternalRomance）的工具——額外提供了爆炸性的催化劑。要是網路上有哪一臺電腦還沒收到微軟的永恆之藍修補程式，不是佩提亞就會跳上那臺有弱點的電腦，並繼續用它的可愛貓手法，從新的感染擴散開來。這兩個工具的搭配讓攻擊範圍倍增，使得不是佩提亞的傳染力大過它的各部位相加。「你可以感染沒裝修補程式的電腦，然後從那些電腦抓下密碼，去感染其他裝了修補程式的電腦，」可愛貓的發明者德爾佩說：「當你將這兩種技術混合起來，那非常強大。」

結果是自動、迅速、無差別擴散的焦土式檔案破壞。「直到今天，它就是我們看過最快速傳播的惡意軟體，」思科資安團隊Talos的研究員克雷格．威廉斯（Craig Williams）告訴我：「就在你看到它的那一秒，你的資料中心已經完蛋了。」

事實上，不是佩提亞的為害，可能甚至大過其發明者有意達到的程度。數小時內，它就傳到了烏克蘭之外，擴及世界各地無數主機。它癱瘓的跨國公司包括快桅海運；製藥巨擘默克；聯邦快遞（FedEx）歐洲子公司天遞（TNT Express）；法國建設公司聖戈班（Saint-Gobain）；吉百利和納貝斯克（Nabisco）的食品業母公司億滋國際（Mondelēz）；以及產品包含杜蕾斯（Durex）保險套和來舒（Lysol）消毒液的英國製造商利潔時（Reckitt Benckiser）。在每一個這種案例中，它都造成數億美元的損失。[37]它甚至還擴散到俄國——對於不是佩提亞的起源，資安社群立即想到的首要嫌疑犯——襲擊國營的俄羅斯石油公司（Rosneft）、鋼鐵製造商耶弗拉茲公司（Efraz）、醫學科技公司 Invitro，以及俄羅斯聯邦儲蓄銀行。[38]

但在國家層面上，沒有哪個國家能像烏克蘭那樣感受到不是佩提亞的影響。即使在這種蠕蟲的觸角從最初的受害者擴散到全球各地網路之際，位居其核心的大多數感染，也正忙著把烏克蘭的數位基礎設施生吞活剝。

37 Eduard Kovacs, "NotPetya Attack Costs Big Companies Millions," *SecurityWeek*, Aug. 17, 2017, https://www.securityweek.com/notpetya-attack-costs-big-companies-millions.

38 "Информационная система Evraz подверглась хакерской атаке," *РИА Новости*, June 27, 2017, https://ria.ru/20170627/1497385373.html；Yuri Zoria, "Ukrainian Banks, Enterprises, Media and Energy Companies Under Powerful Cyber Attack, Including Chornobyl NPP — LiveUpdates," *Euromaidan Press*, June 27, 2017, http://euromaidanpress.com/2017/06/27/powerful-cyberattack-on-ukrainian-banks-energy-companies-underway/；"Malicious Malware: Lessons Learned and What to Expect from Cyber Crime in 2018," *Tass*, Jan. 1, 2018, https://tass.com/economy/983704.

第二十五章
SANDWORM

全國性災難

同樣在那個週二早上，謝爾蓋·岡察洛夫（Serhiy Honcharov）如同每一天那樣，開始了他漫長而怪異的通勤。在烏克蘭遙遠的北方城鎮斯拉夫蒂奇（Slavutych），這位戴著眼鏡、沉默寡言的工程師搭上一班東行列車，跨越聶伯河（Dnieper），然後短暫進出白俄羅斯國境。列車穿越三十多年來不見任何人類影響的四十英里地貌。草木就像史前時代那樣長得又高又狂野。從列車窗戶向外看，他看見了鹿和鳥群，牠們看來全都喜歡輻射污染的人類文明遺跡更甚於人類存在。最後，列車跨越了普里佩特河，抵達一處車站，這裡只通往一個目的地：車諾比核子反應爐的清理現場。

在火車站，岡察洛夫穿上藍色制服，搭上一班巴士，前往廣闊的車諾比廠區裡他工作的那棟建築物，廠區面積比十二個足球場還大。廠區的一端矗立著一座光亮的結構體，工作人員稱之為拱頂建築（the Arch），這座宛如機庫的龐大建物比自由女神像更高、比羅馬競技場更寬，用途在於將毒性極強的車諾比核子反應爐廢墟封存起來。其中仍有將近兩百噸的鈾燃料，自從一九八六年災後首次以悲劇收場的清理行動之後就幾乎沒被動過。車諾比設施工作人員的艱鉅任務，是要使用起重機將這些燃料從車諾比的反應爐中取出，再將它安全地掩埋在禁制區內一處鄰近地點，這樣一個龐大又精細的過程，預計要進行到二〇六四年。[39]

岡察洛夫抵達廠區另一端的一棟建築，他在那兒擔任車諾比設施的資訊主任。他到達辦公室才過兩小時，就開始接到電話，告知事情出了大錯：廠區內十多座建築物裡，工作人員都發現自己的電腦螢幕熄滅，重開機之後就看到「不是佩提亞」的勒贖訊息。岡察洛夫急忙衝進辦公室隔壁坐滿系統管理員的房間裡，他們全都為了惡意軟體撕裂網路的速度而驚愕。

七分鐘內，他們做出決定，將整個車諾比廠區裡一千多部 Windows 主機全部關閉。放射性廢料處理設備至關重要的功能，與受到感染的網路斷開，因此不會被感染。但廠區用於管理及對外聯繫的所有電腦都要關掉。

某個男人的聲音經由緊急擴音系統宣讀一則訊息，傳達到廠區內每一棟建築。震驚世界的車諾比核災三十一年後，另一種大不相同的災變警訊在廠區迴盪：「全體工作人員注意，立即關閉電腦、拔掉網路線，等候進一步指示。」

*

約莫同時，在首都，烏克蘭衛生部的一名資訊管理員巴夫洛．邦達連科（Pavlo Bondarenko），正注視著不是佩提亞的惡浪開始在社群媒體各處達到頂點，他在臉書和 Telegram 上一再看見同樣

39 "The New Safe Confinement Made Simple," Chernobyl NPP website, https://chnpp.gov.ua/nbk_e/.

的勒贖畫面。二十二歲，身高六呎七吋的技術顧問邦達連科，留著一頭濃密的金色捲髮，身材近似職業摔角選手更甚於政府員工，他在衛生部辦公室自己的桌前，注視著不斷增加的跡象。他意識到，基輔的政府部門會是下一波目標。

邦達連科致電衛生部長烏蘭娜・蘇普隆（Ulana Suprun），提出一個不可思議的建議：切斷衛生部的整個網路，從醫護人員薪資、記載藥品存量，到全國器官捐贈者及受贈者資料庫等一切事務，都由這個網路負責管理。「存取資料，」他這麼形容自己極力勸說蘇普隆採用的做法：「不要去想後果了。」

蘇普隆同意。邦達連科和同事們開始狂亂地將衛生部電腦斷線、關閉網路連結。數小時內，烏克蘭幾乎每一個聯邦部門若不是相繼仿效，就是看著不是佩提亞撕裂自己的系統，所到之處全被癱瘓。「政府死了，」烏克蘭基礎設施部長弗拉基米爾・歐梅利安（Volodymyr Omelyan）總結。不久，不是佩提亞也襲擊了烏克蘭國營鐵路，如同二〇一六年末的攻擊那樣癱瘓了訂票系統。它也刺穿了基輔的鮑里斯波爾機場，將機場各個航廈的班機時刻表螢幕全都熄滅。

到了下午一時，不是佩提亞開始推倒烏克蘭社會的另一根重要支柱：郵局。第一批勒贖畫面開始出現在基輔廣場上以白石建造而成，具有象徵意義的郵政總局之內。一小時內，國家郵政公司的資訊主任亞歷山大・里亞貝茲（Olesandr Ryabets）就在走廊上來回踱步，經由電話會議與此時正在該國西部利沃夫（Lviv）開會的烏克蘭郵政執行長伊戈爾・斯梅利安斯基（Igor Smelyansky）通話。他們只談了幾分鐘，斯梅利安斯基就命令里亞貝茲關閉郵局的整個全國網路。

在烏克蘭社會，郵局的資訊系統掌管的不只信件而已。它們也處理金錢轉帳、報刊訂閱，以及或許最關鍵的，供養四百五十萬退休人員的退休金支付，還有郵局自身七萬四千名員工的薪資，和二千五百輛郵務車的派送系統。

頭髮稀疏的典型職業公務員里亞貝茲，表情總是一臉疲憊，他暫停片刻，處理上司這道不可思議的指令：關閉這些至關重要的數位服務，這在許多情況下意味著使用紙筆處理這些龐大的複雜業務。接著，他和下屬用了一小時打電話，將關閉命令傳達到全國二十五個地區郵政局，它們掌管一萬一千五百個支局，以及合計二萬三千部電腦和伺服器。（事實上，他們後來發現，切斷網路的步驟太晚啟動了：烏克蘭郵政超過百分之七十的電腦已經遭到感染，該局用了好幾個月，才從這超乎想像的混亂中恢復。）

那天下午，當最後一個郵局接獲指示，完成關閉動作，里亞貝茲記得自己感受到一陣死亡般怪異的寂靜，籠罩著整棟總局大樓。「那是種令人震驚的空虛，」他說：「就好像你正在迪斯可舞會上跳舞，突然音樂被關掉，一切靜默下來。」

*

大約在晚上六時，資訊系統安全夥伴公司董事長歐列赫・德里維揚科終於離開了那家路邊餐館，他意外花了一整天時間，應答嚇壞了的客戶打來的電話。重新開上公路之前，他先停車加油。他就在這時發現加油站的信用卡支付系統，也被不是佩提亞給切斷了。口袋裡沒有現金的他，仔細注視著油表，想著油量夠不夠撐到他的村莊。

全國各地的烏克蘭人，都在問自己同樣的問題：他們的錢夠不夠買食品雜貨和天然氣撐過這次突襲，他們能不能收到工資和退休金，他們能不能買到處方藥。

其中一位是巴夫洛・邦達連科，二十二歲的衛生部資訊管理員。邦達連科在晚上七時左右離開辦公室，走入天色仍然明亮的夏天夜晚。但當他在附近的兵工廠（Arsenalna）地鐵站閘門刷自己的非接觸式信用卡，卻發現毫無反應。不是佩提亞的又一個受害者。

他身上沒有現金買代幣。於是他走出車站，到附近街區使用自動提款機，卻發現提款機也失靈了。他嘗試的下一臺也一樣。下一臺還是一樣。第四次嘗試時，他找到一部還在運作的現金提款機，但人群大排長龍，提領額度極少。

邦達連科領了夠用的現金，買一趟地鐵車票回家，然後在城市北端他所居住的奧波隆區（Obolon）下車出站。返回他和母親同住的公寓途中，他在一家雜貨店停下，購買足夠度過幾天的牛奶、肉和麵包。排隊結帳時，他發現店裡的銷售時點情報系統（point-of-sale system, POS）也斷線了，收銀員只收現金。他身上的鈔票不夠用了。於是他又跑回街上，重新開始拚命尋找現金，又試了五臺自動提款機，才能找到還在運作的一臺。

隨後，當邦達連科終於帶著食品雜貨回家，他坐在電腦前，準備線上支付基輔電力公司的電費帳單。在這滑稽的最後一次挫敗中，他發現網站故障了：電力公司的支付系統被斷線了。

「感覺就像一部難看的末日電影。你迷失了。你不明白接下來該做什麼。你覺得自己好像斷了一隻手臂，無法正常發揮功能。」邦達連科說：「人生很快就從『臉書有什麼新鮮事？』變成『我的錢夠不夠買明天的食物？』」

*

即使到了那時，不是佩提亞對烏克蘭全境的肆虐也還沒結束。晚上十時，基輔連鎖醫院集團鮑里斯診所（Boris Clinic）主席米哈伊爾．拉杜茨基（Mikhail Radutskiy），正在基輔西郊家中的浴室刷牙，這時他接到電話，得知不是佩提亞攻擊一事。他駕車進城，發現他的醫院遭受重擊：他們的Windows主機這時幾乎全被加密，即使運行Linux和國際商業機器公司（IBM）作業系統的醫療設備得以逃過一劫。

所有即將進行的預約掛號全都不得不取消。定位醫院救護車的全球定位系統失靈了。資訊管理員有系統三天前的完整備份。但這三天來進行的每次檢測，從血液透析到核磁造影再到電腦斷層掃描，全都必須重做。

拉杜茨基那一夜沒有回家。隔天一早，被取消預約的憤怒患者們，在診所大廳、走廊，甚至他辦公室外的等候室裡聚集起來。「一片狼藉。」拉杜茨基簡單對我說：「一團混亂。」

總而言之，六月二十七日結束時，不是佩提亞光是在基輔就襲擊了至少四家醫院，並且襲擊了六家電力公司、兩處機場、超過二十二個烏克蘭銀行、自動提款機及信用卡支付系統，以及幾乎整個烏克蘭聯邦政府。根據資訊系統安全夥伴公司統計，至少三百家公司遭到攻擊，烏克蘭政府一名高階官員日後則估算，全國總計百分之十的電腦被一掃而空；該國的網路名副其實地被摧毀了十分之一。「這是對我國所有系統的大規模轟炸，」基礎設施部長歐梅利安說。40

那天深夜，外部世界仍在爭論「不是佩提亞」究竟是犯罪用勒贖軟體，還是國家資助的網路戰武器。但資訊系統安全夥伴公司的歐列克西·雅辛斯基與歐列赫·德里維揚科，已經開始將它說成是一種全新的現象：一次「龐大、協同的網路侵略」。

同時，在這場數位瘟疫之中，其中一次感染會對船運巨頭快桅集團產生特別重大的影響。在烏克蘭黑海沿岸港都奧德薩（Odessa）一間辦公室裡，快桅集團烏克蘭分公司的一名財務主管，要求資訊管理員在一部電腦上安裝會計軟體 M.E.Doc。此舉給了不是佩提亞它所需的唯一一個立足點。

第二十六章
SANDWORM

崩解

新澤西州伊莉莎白（Elizabeth, New Jersey）的貨運碼頭——構成快桅集團負責港口業務分支埃彼穆勒碼頭公司（APM Terminals）的七十六處貨運碼頭之一——位在一個伸入紐華克灣，占地整整一平方英里的人工半島上。數萬個滿載貨物、構成完美模組的貨櫃，鋪滿了遼闊的柏油地面，二百英呎高的藍色起重機聳現於海灣上空。從五英里外曼哈頓下城的摩天大樓高層看去，它們彷彿一群腕龍聚集在侏儸紀的一處水坑。

在一個好日子裡，大約三千輛貨車會開到這個碼頭，每一輛都被指派要載運或卸下數萬磅各色貨物，從尿布、鱷梨到拖拉機零件。這些貨車開始流程的方式很像航空公司的旅客，它們在貨運碼頭大門報到，由掃描器自動讀取貨櫃條碼，一名快桅的大門管理員經由對講機向貨車駕駛說話。駕

40 Raphael Satter, "Ukraine Official: Worm Likely Hit 1 in 10 State, Company PCs," Associated Press, July 6, 2017, https://www.dailyherald.com/article/20170706/news/307069958.

駛得到一張列印的通行證，告知停車位置，好讓巨大的場地起重機能從貨車底盤拉起貨櫃，運到堆置場的貨櫃堆上，再從那兒將它裝上貨輪，飄洋過海——或者整個流程倒過來進行。

六月二十七日早上，帕布羅·費南德茲（Pablo Fernández）正在等待數十輛貨車載來的貨物從伊莉莎白裝船，運往中東某處港口。費南德茲是一名所謂的貨運代理人——貨主付款給這名中間人，確保他們的財產安全送達半個世界之外的目的地。*

大約在新澤西時間上午九時，費南德茲的電話開始響個不停，憤怒的貨主們接二連三在電話裡咆哮。他們全都才剛從貨車駕駛那兒聽說，貨車被擋在快桅伊莉莎白碼頭門外。「人們急得跳腳，」費南德茲說：「他們的貨櫃無法進出碼頭大門。」

那道大門正是快桅集團整個新澤西碼頭業務的咽喉點，這時卻跟快桅集團飽受「不是佩提亞」肆虐的整個網路一樣失靈了。大門管理員默不作聲。

沒過多久，數百輛十八輪大貨車在碼頭外大排長龍，綿延數英里遠。同樣在這個新澤西港口，另一家公司的鄰近碼頭，一名員工望著貨車不斷聚集，首尾相連，遠遠延伸到目力所及之外。他以前見識過大門系統故障長達十五分鐘或半小時之久。但過了幾小時，快桅集團仍然音訊全無，港務局發布警報，告知該公司的伊莉莎白港口今日將持續關閉。「我們就在這時意識到，」鄰近碼頭的這名員工回憶：「這是一次攻擊。」警察開始乘坐警車接近貨車駕駛，要他們把龐大的載貨調頭開走。

費南德茲和其他不計其數慌亂的快桅客戶，面臨著一連串黯淡無望的選擇：他們可以試著用高昂的緊要關頭費率，將寶貴的貨物送上其他貨輪，通常相當於候補運送；或者，要是他們的貨物屬於緊密的供應鏈之一環，例如工廠零組件，快桅的停擺可能意味著忍痛支付天價的空運費用，否則就得拖延製程，每延誤一天就要賠上數十萬美元。其中許多貨櫃稱為冷藏櫃（reefers），它們是通電的，裝滿了需要冷藏的易腐貨品。它們必須找到地方接上插座，否則內容物都會腐壞。

費南德茲必須想盡辦法才能找到新澤西的一處倉庫，好讓他存放客戶的貨物，同時等候快桅的消息。在整個第一天裡，他說，他只收到一封正式信函，讀起來就像是某個精疲力竭的快桅員工Gmail帳號發出的「胡言亂語」，對於不斷加重的危機並未真正提出解釋。公司的主要預訂網站Maerskline.com斷線了，公司的電話也沒人接。他當天送上快桅貨輪的某些貨櫃，往後三個月仍被遺落在世界各地的堆置場和港口。「快桅就像個黑洞，」費南德茲嘆口氣回想：「那就是一場大亂搞。」

事實上，這是許多場大亂搞的其中一場。同樣的場景也在快桅七十六處貨運碼頭的其中十七處上演，從洛杉磯到西班牙阿爾赫西拉斯（Algerciras）、再到荷蘭鹿特丹，還有孟買。大門故障，起重機靜止。世界各地共有數萬輛貨車被昏迷不醒的碼頭拒於門外。

新的預約無法進行，本質上切斷了快桅航運利潤的最重要來源。但碼頭的軟體是用來接收貨輪發出的電子資料交換檔案，告知碼頭作業員巨量船貨的確切內容，它們卻被完全一掃而空。這讓快桅的港口得不到指引，無法進行裝載及卸載堆積如山貨櫃的龐大疊疊樂遊戲。

其後數日，支撐著世界經濟流通體系本身，世界上最為複雜與彼此連結的其中一套分散式機器，仍然持續故障。「這個問題的嚴重性，顯然是全球運輸前所未見的，」一位快桅客戶回想：

* 費南德茲並非真名。這名消息來源跟亨利克．延森一樣，要求我用假名稱呼他。

「在航運資訊技術的歷史上，還沒有誰經歷過如此巨大的危機。」

*

亨利克・延森在快桅總公司看著身邊的所有電腦螢幕熄滅七天後，他正在哥本哈根的公寓住處，享用水波蛋、吐司配果醬的早午餐。自從上週二他走出辦公室以來，延森沒有接獲任何上級的消息。然後他的電話響了。

當他接起電話，他發現自己正在與三名快桅員工進行電話會議。他們說，英格蘭梅登黑德（Maidenhead）的快桅辦公室需要他，這個船運集團的資訊主宰——快桅集團基礎架構服務（Maersk Group Infrastructure Services），就座落在這個倫敦西方的市鎮，他們要他拋下手邊的一切，立刻前往。

兩小時後，延森搭上了前往倫敦的班機，然後轉乘汽車，前往梅登黑德鎮中心一棟八層樓高的玻璃磚建築。當他抵達時，他發現那棟建築的四樓和五樓已經改裝成了一個二十四小時無休的災害應變中心。其唯一目的：在不是佩提亞的災害過後，重建快桅的全球網路。

延森得知，有些快桅員工從上週二不是佩提亞首度襲擊時，就已經待在修復中心裡。有些人一直在辦公室過夜，他們睡在辦公桌下或會議室角落。其他人似乎隨時都從世界其他地方趕來，隨身帶著行李。快桅幾乎將方圓數十英里內的每一家旅館、每一間民宿，乃至每一家酒吧樓上的空房間全都預訂了。員工們靠著某人去過一次附近的森寶利（Sainsbury）雜貨店之後，在辦公室廚房積攢起來的點心度日。

梅登黑德修復中心由顧問公司德勤（Deloitte）管理。快桅基本上將排除不是佩提亞問題這項工作，全權託付給這家英國公司，隨時都有多達二百名德勤員工駐守在梅登黑德辦公室，和多達四百名快桅人員協力。快桅在不是佩提亞爆發之前使用的全部電腦設備都被沒收，唯恐它再感染新系統，並張貼告示，揚言要懲處任何使用原有設備的人。員工們轉而前往梅登黑德每一家還開著的電器用品店，買進大量的新筆電和無線網路熱點預付卡。延森和另外數百名快桅資訊人員一樣，分發到一部全新的筆電，奉命執行自己的工作。「很大程度上就是『找到你的角落，開始工作，需要做的事就做好。』」他說。

行動剛開始，重建快桅網路的資訊人員就察覺一件令人厭惡的事。他們找到了快桅幾乎每一部個別伺服器的備份，時間從不是佩提亞發作前三天到七天不等。但誰都找不到該公司網路最重要一層的備份：網域控制器的備份，這類伺服器的功能是提供快桅網路的詳圖，並確立基本規則，決定哪位使用者能夠存取哪一部主機。

快桅一百五十部左右的網域控制器，被編程為彼此同步資料，理論上，任何一部都可以為其他每一部提供備份。但這套分散式的備份策略卻沒有考慮到一種局面：每一部網域控制器同時被抹除資料。「要是我們無法復原我們的網域控制器，」一位快桅的資訊人員記得自己當時在想：「我們就什麼都還原不了。」

經過一陣狂亂的搜尋，包括致電世界各地資料中心的資訊管理員之後，不顧一切的快桅管理員們終於在一處遙遠的分公司，找到唯一一個倖存的網域控制器——在迦納。不是佩提亞襲擊之前某個時刻，一次停電造成迦納的主機斷線，電腦與公司網路持續斷開。因此它包含該公司網域伺服器資料已知唯一未被惡意軟體破壞的副本——全都是因為一次停電。「我們找到它的時候，辦公室裡歡呼聲此起彼落。」一位快桅管理員回想。

但在梅登黑德緊張的工程師們和迦納分公司建立連線時，他們卻發現那兒的頻寬太窄，需要好幾天時間才能將數百吉位元組（gigabytes）的網域控制器備份傳回英國。他們的下一個主意：讓一位迦納員工搭乘下一班飛機到倫敦來。但那處西非分公司的員工全都沒有英國簽證。

於是梅登黑德的行動安排了某種接力賽：迦納分公司派出一名員工飛往奈及利亞，在機場與另一位快桅員工會合，交出那顆極其珍貴的硬碟。那位員工接著搭乘六小時半的班機，帶著快桅整個還原過程的基礎返回希斯洛機場（Heathrow）。

隨著這次救援行動完成，梅登黑德辦公室就可以開始將快桅的核心服務重新上線了。最初幾天過後，快桅的港口業務恢復了讀取貨輪庫存檔案的能力，作業員因此不會再對抵達港口，載著一萬八千個笨重貨櫃的船舶之內容物毫無所知。但在最初的斷線過了幾天之後，快桅才又開始經由Maerskline.com網站接收新的運輸訂單，世界各地的貨運碼頭開始稍微正常地運作，則是在超過一星期之後。

同時，快桅員工運用手頭上仍然可用的任何工具進行工作。他們將紙本文件捆紮在埃彼穆勒公司港口的貨櫃上，並經由個人Gmail帳號、WhatsApp通訊程式和Excel試算表接收指令。「我可以告訴你，發現自己正在用WhatsApp預訂五百個貨櫃是很怪誕的經驗，但我們就是這麼做。」一位快桅客戶說。

攻擊過後大約兩週，快桅的網路終於恢復到了公司能夠開始將個人電腦重新發放給多數員工的程度。回到哥本哈根的總公司，地下室的一間自助餐廳被改裝成了系統重新安裝的裝配線。電腦在餐桌上一次排出二十部，服務臺員工則走過一排又一排電腦，插入他們從數十部電腦複製下來的隨身硬碟，點擊提示按鈕長達數小時之久。

從梅登黑德回來幾天之後，亨利克・延森在數百部按照字母堆放的筆電之中找到了自己的筆電，它的硬碟完全被抹除，安裝了乾淨的Windows版本。他和其他所有快桅員工原先儲存在主機硬碟裡的一切資料，從記事本、聯絡資料到家人的照片，全都沒了。

第二十七章
SANDWORM

代價

快桅集團從「不是佩提亞」的攻擊復原五個月後，該公司董事長思納博（Jim Hagemann Snabe）坐在瑞士達沃斯（Davos）世界經濟論壇的講臺上，頌揚著投入快桅資訊救援行動的「英雄努力」。他說，從六月二十七日，他預定前往史丹佛大學參加會議之前，在加州被凌晨四時的一通電話吵醒開始，該公司花了十天時間，將由四千部伺服器和四萬五千臺個人電腦構成的整個網路重建起來。（完整的修復費時更久：梅登黑德行動的某些員工繼續日以繼夜工作將近兩個月之久，以重建快桅的軟體設定。）「我們憑著人類的堅韌克服了這個問題，」思納博對聽眾們這麼說。41

思納博繼續說，從那時候起，快桅不僅努力改善網路安全，也讓網路安全成為一項「競爭優勢」。實際上，不是佩提亞襲擊過後，資訊人員告訴我，他們所要求的幾乎每一項安全功能，全都立即獲得批准。多重要素驗證（multifactor authentication）在整個公司全面開展，延遲多時的升級Windows 10也一併進行。

但思納博卻不太提及該公司在不是佩提亞來襲之前對待資安的態度。快桅的資安人員告訴我，直到攻擊發生為止，該公司的某些伺服器仍在運行Windows 2000——這套作業系統太老舊，微軟已不再提供支援。二〇一六年，一群資訊部門主管努力爭取對快桅的整個全球網路實施預防性的資安重設。他們提醒道，快桅的軟體修補未盡完善、作業系統老舊過時，最嚴重的是網路不夠區隔。他們警告，最後一項弱點尤其會讓惡意軟體在存取網路某一部分之後，從最初的立足點恣意蔓延，隔年的不是佩提亞也正是如此。

資安改進計畫獲得通過，也提撥預算。但在快桅最高階的資訊監督人員看來，這項工作的成功始終不算在所謂的關鍵績效指標之中，付諸實施也就不會增加他們的年終獎金。他們始終沒有推進這項資安改造工作。

幾乎沒有哪家公司因為資安問題上的拖延而付出同樣慘重的代價。思納博在達沃斯論壇的演講中宣稱，該公司在被不是佩提亞襲擊而停擺的期間，由於迅速反應及手動變通，總貨運量只減少百分之二十。但除了該公司損失的生意和斷線時間，以及重建全部網路的支出之外，快桅也要賠償多數客戶改變運送方式或存放受困貨物的開銷。快桅的一位客戶描述，他收到公司開出的一張百萬美元支票，補償他在最後一刻改由包機運送貨物的開銷。「他們跟我談不到兩分鐘，就付給我整整一百萬。」他說。

思納博在達沃斯的演說中估計，不是佩提亞總共讓快桅損失二億五千萬到三億美元。我私下訪

41 Richard Chirgwin, "IT 'Heroes' Saved Maersk from NotPetya with Ten-Day Reinstallation Blitz," *Register,* Jan. 25, 2018, https://www.theregister.co.uk/2018/01/25/after_notpetya_maersk_replaced_everything/?utm_source=dlvr.it&utm_medium=facebook .

問的多數員工都懷疑公司會計少報損失金額。

不管怎麼說，這些數字都只是描述不是佩提亞為害之鉅的入門而已。比方說，生計仰給於快桅旗下碼頭的物流公司，它們身為快桅的客戶，未必都能在快桅停擺期間獲得如此善待。傑佛瑞・貝德（Jeffrey Bader）是位於紐華克港的貨運業者團體——二州公路承運人協會（Association of Bi-State Motor Carriers）主席，他估計光是貨運業者和貨車駕駛未獲補償的開銷就高達數千萬美元。「這是一場噩夢，」貝德說：「我們損失一大堆錢，而且我們很生氣。」

快桅遭受破壞對整個全球供應鏈造成的更大代價，衡量起來就更困難得多——供應鏈有賴於產品和製造零組件的及時運送。當然，快桅只是受害者之一。唯有當你開始將快桅的遭遇——想像同樣的癱瘓、同樣的連環危機、同樣艱鉅的復原——與發生於其他數十個不是佩提亞的受害者，乃至無數其他產業的同樣狀況加乘，俄國網路戰罪行的真正規模才能清楚浮現。

市值二千億美元，位於新澤西州的製藥巨擘默克，在不是佩提亞最後審判日的一大早就遭受攻擊。根據該公司一名資訊人員的說法，它在九十秒內就損失了一萬五千部運行Windows系統的電腦，在管理員還來不及設法關閉整個網路之前。默克正是為了因應這樣一種危機，而維持著一個備援資料中心，但那位員工告訴我，該中心是一個「熱點」，為了更快進行復原而連接上默克網路，而不是從網路斷開，以求更大安全保障的「冷點」。這就意味著該中心也被不是佩提亞捲起的海嘯給一舉抹滅。「要是熱點和冷點同時遭受感染，我們就沒有多少應變之道了，」那位資訊人員對我說：「癱瘓我們所有Windows系統的事件——我們不曾設想過這種規模的狀況。」

正如不是佩提亞關閉快桅在世界各地的貨運碼頭，它也立刻擴散到默克的實體流程，癱瘓該公司的藥物研究，並關閉很大一部分藥品生產機能。「如今要是沒有電腦，你什麼都做不了，」默克的一位科學家向《華盛頓郵報》哀嘆。[42]該公司在數月後提交股東的財報中透露，它被迫向聯邦疾病管制與預防中心（Centers for Disease Control and Prevention）借用價值二億五千萬美元，由它自己針對致癌的人類乳突病毒所研發的疫苗。[43]兩位眾議員在提交美國衛生及公共服務部的聯名信函中寫道，不是佩提亞對默克製藥的影響，「令人對於我國是否做好準備，因應關鍵醫藥供給遭受重大破壞一事產生疑慮」。[44]

攻擊過後八個月，默克告知股東，它所加總出來的惡意軟體所造成損失，高達八億七千萬美元。聯邦快遞的歐洲子公司天遞遭受重創，需要幾個月才能救回一部分資料，它損失了四億美元。法國建設巨頭聖戈班的損失金額大致相同。英國製造商利潔時損失一億二千九百萬美元，食品商億滋國際則損失一億八千八百萬美元。[45]沒有公眾股東、為數不知凡幾的受害者，則祕而不宣地估算損失。

42 Hamza Shaban and Ellen Nakashima, "Pharmaceutical Giant Rocked by Ransomware Attack," *Washington Post*, June 27, 2017, https://www.washingtonpost.com/news/the-switch/wp/2017/06/27/pharmaceutical-giant-rocked-by-ransomware-attack/.

43 "Merck & Co. (MRK) Q3 2017 Results—Earnings Call Transcript," *Seeking Alpha*, Oct. 17, 2017, https://seekingalpha.com/article/4117318-merck-co-mrk-q3-2017-results-earnings-call-transcript.

44 Alex Keown, "Recent Cyberattack on Merck & Co. Could Lead to Drug Shortage," Biospace.com, Sept. 25, 2017, https://www.biospace.com/article/recent-cyberattack-on-merck-and-co-could-lead-to-drug-shortage-/.

45 Chelsea Leu, "The Cost of NotPetya," sidebar to "The Code That Crashed the World," *Wired*, Aug. 2017, https://www.wired.com/story/notpetya-cyberattack-ukraine-russia-code-crashed-the-world/.

根據前任國土安全顧問湯姆．博塞特（Tom Bossert）向我證實的一份白宮評估，損害總額超過一百億美元，他在攻擊發生時是川普總統的政府裡專責網路安全事務的最高階官員。事實上，博塞特強調，這個十一位數的金額，代表的是他們估計值的底限，而非上限；損失總額很有可能更高得多。「儘管沒有損失人命，但這相當於使用核彈達成一次小小的戰術勝利。」博塞特說：「我們在世界舞臺上無法容忍這種程度的魯莽輕率。」

要了解一百億美元的損害在網路攻擊光譜上的意義，考慮一下二〇一八年三月一次宛如噩夢，卻更加典型的勒索軟體攻擊癱瘓了亞特蘭大市政府時，損失據估計為一千七百萬美元。46換言之，還不到不是佩提亞代價的百分之零點二。就連攻擊當時在網際網路造成史無前例災害的「想哭」，多數估計也相信它造成四十億美元左右的損失。此後再也沒有一次攻擊接近這個數字。

「這是非常重要的提醒，」正如快桅董事長思納博在達沃斯論壇小組會議上的說法。接著，他以斯堪地那維亞人的一絲低估補充道：「你可以說，一個非常昂貴的提醒。」

*

但不是佩提亞的代價不一定都能用美元衡量。它的另一個附帶受害者，是一家鮮為人知、名叫入微（Nuance）的公司，專門研發語音辨識軟體。比方說，入微的程式碼用於iPhone最初版的Siri（語音解析與辨識介面）系統，以及福特汽車的語音指令系統。但在二〇一七年，入微公司的大部分業務，來自於各式各樣在生死交關的問題上仰賴其技術的機構：醫院。

如同其他眾多大型跨國公司的狀況，不是佩提亞從入微的烏克蘭分公司竄出，立即癱瘓了該公司七十處據點的數位系統，從印度到韓國，再到麻薩諸塞州布林頓（Burlington）的總公司。也正如在快槍的狀況，不顧一切的資訊管理員們努力了好幾週，還原數千部被蠕蟲加密了的個人電腦和伺服器。「這是壕溝戰，」一位參與救援工作的入微前員工對我說：「辦公室處於檢傷分類狀態。人們不眠不休地工作。每一間空的會議室都鋪了床。」

最終，入微公司報告，不是佩提亞讓他們損失了九千二百萬美元，相較於默克和聯邦快遞等公司的損失只是九牛一毛。但入微用於電子病歷的轉錄服務，由該公司的人力轉錄員團隊協助，受到全世界數百家醫院、數千家診所採用。這次停擺的真正損害就在這裡顯現出來。

攻擊當天早上，賈姬・蒙森（Jacki Monson）正坐在加州沙加緬度（Sacramento）市郊羅斯維爾（Roseville）一處商業園區的會議室裡。蒙森在薩特醫療集團（Sutter Health）擔任首席隱私及資訊安全官，這是由猶他州到夏威夷超過二十二間醫療院所組成的一個網絡。那天一大早，她從默克製藥的首席資安官那兒接獲一則刺眼的訊息，提到該公司遭受不是佩提亞感染而重創，訊息是經由歐巴馬政府為檢查醫療機構網路安全風險而設立的編組——保健行業網路安全工作小組（Health Care Industry Cybersecurity Task Force）郵件討論群組寄來的。到了太平洋時間早上九時，蒙森正與世界各地的保健行業資安主管展開緊張的電話會議，他們全都希望以某種方式，避免不是佩提亞

46 Kate Fazzini, "The Landmark Ransomware Campaign That Crippled Atlanta Last March Was Created by Two Iranians, Says DoJ," CNBC, Nov. 28, 2018, https://www.cnbc.com/2018/11/28/doj-indicts-two-iranians-for-samsam-ransomware-that-hit-atlanta.html.

持續擴大的影響。

會議開始半小時後，蒙森接到薩特集團保健資訊管理系統主管打來的另一通電話。薩特集團的醫院似乎尚未遭受不是佩提亞感染，蒙森聽了不由得放心。他們反倒正面臨一個比較不明顯的問題：過去一小時以來，入微公司的系統故障了，薩特集團每一家醫院的所有醫師，也隨著系統故障而喪失口述修改病人病歷的能力。

蒙森很快就看出了這個瓶頸的嚴重性。在薩特集團每家醫療院所，醫師向入微公司的轉錄服務系統口述輸入修改——某些情況下，每次錄音數小時——此時，這些修改卻全都不會顯示在病人的檔案裡。當天早上排定了要動手術的人，可能得不到他們獲准接受手術所需的最終許可。其他人則可能錯失治療過程中至關重要的更改，例如醫師不斷追蹤及調整用藥的器官移植受贈者。

薩特的緊急應變團隊隨即開始爭分奪秒，分類整理數十家醫院成千上萬的病歷記錄，試圖確認哪些人可能在入微的這個咽喉點上遭受嚴重後果。同時，蒙森和她的資訊同仁們則拚命尋找替代系統，好讓醫院的醫師們繼續維持正常節奏修改病歷。儘管入微的人工輔助口述服務斷線了，但入微自己的系統所安裝的全自動軟體還能運行。但這套軟體容易出錯，而且不太能辨識口音。醫院自己的轉錄員也已經應接不暇。薩特花了兩週時間，才轉換成某一家入微競爭者的系統。而在僅僅二十四小時內，薩特就面臨著一百四十萬筆尚未完成的病歷修改，每一筆都有可能對某個人的健康帶來真正衝擊。

而在國土彼端，另一個醫療網絡正在更直接地與不是佩提亞搏鬥。由賓州的兩家醫院組成的小型網絡——傳統谷醫療體系（Heritage Valley Health System）本身，受到這個蠕蟲感染。根據一位接受我訪問的相關醫院資訊人員說法，這個醫療體系的管理員們在入微公司遭受感染當時，登入入微的伺服器，使得蠕蟲直接蔓延到醫院自己的系統裡。東岸時間還沒到早上八時，它就破壞了二千部電腦和數百部伺服器。

按照這位傳統谷員工的說法，X光機和斷層掃描機等設備並不運行Windows系統，因此未受感染。儘管如此，所有Windows主機關閉仍然重創了醫院運作。「核磁造影沒被動到。但安裝了從核磁造影機取得影像的軟體那臺電腦，卻被攻擊了，」他對我說：「要是你什麼鬼都看不到，檢測就毫無用處。」

那位員工說，傳統谷體系的兩家醫院持續服務既有的患者，但有三天左右不收新患者。美聯社報導，兩家醫院的某些手術必須延後。一名五十六歲的女性布蘭達．皮薩斯基（Brenda Pisarsky）向美聯社表示，她的膽囊手術由於全院廣播召集員工前往「指揮中心」應對不是佩提亞危機而中斷。47

「歐洲或歐洲邊緣某地，駭進了畢佛醫學醫院（Beaver Medical Hospital）和塞威克利醫院（Swickley Hospital）*，關閉了它們的整個電腦系統！就發生在我被送進開刀房之後！！！」皮薩斯基在臉書上寫道：「感謝上帝，我的那種手術不會用到電腦。其他人就沒那麼好運，手術得被取消。」

---

47 "Heritage Valley Health, Drugmaker Merck Hit by Global Ransomware Cyberattack," Associated Press, June 27, 2017, https://www.post-gazette.com/business/tech-news/2017/06/27/Heritage-Valley-Health-Merck-targets-cyberattack-pennsylvania-ransomware/stories/201706270148.

* 譯者案：醫院名稱的正確拼法應是Sewickley。

*

傳統谷的例子是個離群值。絕大多數遭受不是佩提亞攻擊的醫院，就像薩特醫療集團那樣，是透過入微公司，而不是它們自身的惡意軟體爆發，感受到它的影響。賈姬・蒙森記得，處理入微積壓轉錄不斷增加的一次電話會議，有兩百多人參加。

蒙森宣稱，在薩特的例子裡，醫院網路最終追查到了每一個緊急個案，並確保醫師和資訊人員及時更新病歷，阻止危害發生。「幸好，由於我們積極主動，並未發生任何病患安全問題。」她說。

但並非每一個醫院員工都能這麼篤定。美國一家大型醫院的一位資訊系統分析師——她拒絕透露是哪一家醫院——說了一個更令人憂慮的故事。不是佩提亞爆發之後，她起初專注於防範自己的機構遭受感染。唯有在一週後的一個下午，一名怒不可遏、瀕臨恐慌的同事才警告她，有兩個小孩的診斷記錄由於入微系統停擺而從病歷中遺失。這兩個孩子都排定了要接受治療，他們的安全取決於病歷記錄即時更新。其中一個孩子已被轉送到另一家醫院，準備在隔天早上接受手術。

這位資訊人員嚇得面無血色。她工作的醫院有沒有一份口述病歷更改的副本？他們是否必須延遲可能拯救人命的醫療處理？只剩數小時可用，她找出醫院自身口述記錄的原始檔，聽了將近四十個錄音檔，定位最重要的一個，經由備份服務將它送交轉錄，恰好及時將請求排入日程，讓孩子的手術得以在隔天進行。

往後一整個星期，這位資訊人員又找到兩個案例，都是小兒科病患的病歷錯失了口述更改，每個都是在大手術前只剩一兩天時間補救。其中一個例子裡，醫師不得不在重新檢視一個孩子的心臟超音波掃描之後，手動重新輸入他的口述更改內容。

這位資訊人員告訴我，在這四個例子裡，醫院都設法及時處理差錯，防止任何延遲或誤診。但即使過了一年半，她告訴我，這些兒童照護在網路攻擊中陷入危機的案例，仍在她心中揮之不去。醫院的入微系統停擺及其影響延宕了四個月。沒錯，她看到的這四個例子都有好結果。但其他數百家受到不是佩提亞影響的醫院，以及它們成千上萬的案例呢？在她自己千鈞一髮的經驗之後，她真能相信這些成千上萬的病患沒有一個受到傷害嗎？「我說不上來有多少病人受到影響，或者入微的停擺可能導致了何種健康問題，」她說：「但光從受到影響的回報數量，它們受到衝擊的時間長短，以及所提供的照護之重大性質看來，可能性極大。」

要是這些案例即使只有一小部分發生延誤，人命損失都有可能真實發生，大西洋理事會（Atlantic Council）資安研究員，也是保健行業網路安全工作小組一員約書亞・柯曼（Joshua Corman）如此斷言。他指出《新英格蘭醫學雜誌》（*New England Journal of Medicine*）上的一項研究，其中顯示，就連在救護車上耽擱不到五分鐘，往後三十天內都會導致病患在院死亡率提高百分之四。[48]

「想想美國每一家使用入微系統的醫院。想想系統斷線多少天，乘以檢查結果、轉院、出院的數量，以及其中有哪些是時間敏感的。」柯曼說：「某些情況下，時間很重要。痛苦程度受到影響。生命品質受到影響。死亡率也受到影響。」

48 Anupam B. Jena et al., "Delays in Emergency Care and Mortality During Major U.S. Marathons," *New England Journal of Medicine*, April 13, 2017, https://www.nejm.org/doi/full/10.1056/nejmsa1614073 .

第二十八章

SANDWORM

後果

「不是佩提亞」爆發一週後，身穿反恐特警全套迷彩裝、手持突擊步槍的烏克蘭警察，從廂型車裡一湧而出，進入林科斯集團小小的總公司裡，宛如攻進賓拉登（Osama bin Laden）宅邸的海豹部隊第六隊（SEAL Team Six）一般衝上樓梯。

他們把槍口指著茫然的員工，要求員工在走廊上列隊，公司創辦人奧莉西亞．林尼克（Olesya Linnyk）後來這麼向我描述。在二樓她的辦公室隔壁，全副武裝的警察甚至用金屬警棍砸破一扇房門，不顧林尼克提議用鑰匙開鎖。「真是荒唐的情況。」林尼克惱怒地深呼吸之後說道。

這個武裝警察小隊最終找到他們要找的東西：在不是佩提亞大流行中成為零號帶原者的那一排M.E. Doc伺服器。他們沒收犯案的主機，將主機硬碟裝進黑色塑膠袋裡。

*

安東．切列帕諾夫正在ESET休士頓室的桌前工作，不是佩提亞擴散的最初幾小時內，他就注意到這種蠕蟲與林科斯集團會計軟體的關聯。一團混亂的攻擊當天早上十時左右，ESET烏克蘭分公司人員就把這個惡意軟體的勒贖訊息圖片寄給了他，他迅速爬梳ESET防毒軟體查出的最新一批惡意軟體，想要找到一個樣本。拆解了不是佩提亞輕度混淆加密的程式碼之後，他看到這種蠕蟲是由受害者主機裡一個名為「ezvit.exe」的執行檔所觸發——這是M.E.Doc會計應用程式的元件之一。

切列帕諾夫並沒有細想那層關聯。他太忙著為ESET的防毒軟體推出更新，以防客戶遭受滾雪球般擴大的感染，接著又狂亂而徒勞地尋找某種技術解開不是佩提亞的加密，或甚至想在它的程式碼裡找出一個「想哭」那樣的緊急停止開關。

唯有在不是佩提亞最初造成的混亂過後數日，切列帕諾夫才想到與M.E.Doc的這個關聯，開始釐清一長串鑑識關係——這條線索太過複雜，讓我一年多之後得在布拉提斯拉瓦ESET總公司的一間會議室裡，請他為我詳細解說好幾遍。

切列帕諾夫認出那個ezvit.exe檔，因為他在稍早一次惡意軟體爆發時看過它。同樣這個程式在他二〇一七年五月發現的一次不同感染中也成了載具。「想哭」爆發前五天，他發現一種名為XData的惡意軟體，似乎正經由那個「ezvit」可執行檔擴散，運用了可愛貓工具，但並未用到永恆之藍。當時，他以為受害者可能是被騙安裝了某個遭到惡意軟體污染的M.E.Doc版本，駭客經常運用這種詐騙手法，以勒索軟體及其他犯罪程式碼感染受害者。

他在一封電子郵件裡警告過M.E.Doc的開發人員，收到了簡短的回覆，協助ESET增加防護對抗這種新惡意軟體，並在部落格上發表一篇文章介紹他的發現。但在「想哭」引發瘋狂之後的那些日子裡，幾乎沒人留意到他對一次受害人數只是「想哭」零頭的攻擊所發出的警告。

如今，在一個月後，他看到了M.E.Doc被用來散播不是佩提亞，這次更加巨大的爆發，令他先前的發現乃至「想哭」全都相形見絀。切列帕諾夫在五月首次發現M.E.Doc被用來散播惡意軟體時，就下載了這套軟體在二〇一七年的所有更新。不是佩提亞攻擊過後，他趕在M.E.Doc網站被林科斯集團關閉之前，迅速下載五月和六月M.E.Doc的最新更新，該週接下來的時間全都在仔細檢視這些更新。他看著這些程式碼，逐漸意識到，駭客們不只像殺人凶手送上摻了砒霜的茶那樣，散發M.E.Doc軟體被污染的版本而已。他們更利用這套軟體真正合法的更新機制，近似於敗壞了整個印度的茶葉供給。這驚人的供應鏈劫持，意味著他們必定已經滲入林科斯集團的伺服器深處。「M.E.Doc『本身就是』後門，」切列帕諾夫想著。

那星期剩下的時間，他都在過濾那個被毀損的更新程式碼和ESET的惡意軟體記錄，每天工作超過十二小時，以確切理解駭客是如何將這個無害的報稅軟體，轉變成將不是佩提亞擴散到全世界的載體。這時已經很清楚，同一批駭客先前就至少兩度劫持過M.E.Doc的更新，以散播惡意軟體蠕蟲，頭一次是五月的XData，爾後是六月致命程度更大得多的不是佩提亞。

但接下來，切列帕諾夫開始依據另一個不同指紋，從不是佩提亞推出其他關聯——這個線索讓他得以拼湊出一條更長的時間軸。

他先前就密切追蹤著一個他稱為遠距機器人，其他人則稱為沙蟲的集團，從它在前一年十二月的反社會主題攻擊中，肆虐烏克蘭網路、摧毀資料時開始——就是引發了第二次斷電的那些攻擊。切列帕諾夫從那時起，看到這個集團在二〇一七年二月和三月間執行更多入侵行動。在每次入侵之中，除了Telegram後門之外，他也注意到駭客們安裝另一個用編程語言寫成的後門存取工具，名為視覺培基語言腳本編寫版（Visual Basic Scripting Edition, VBS）。

引起切列帕諾夫注意的那個指紋正在其中。當他追查劫持M.E.Doc的那套機制時，烏克蘭一家主要金融機構——他拒絕透露是哪一家——和他分享另一條引人注目的線索：同一個VBS後門，以及另一個類似的VBS腳本，也經由毀損的M.E.Doc軟體，安裝在該公司的網路上。這兩個VBS工具之一似乎是某種次要立足點——用途在於，即使M.E.Doc的立足點被發現並刪除，它仍能繼續存在。第二立足點看來是在利用M.E.Doc放出最終酬載——不是佩提亞之前，測試該軟體後門管控的一種方法。

切列帕諾夫意識到，這些VBS工具與他觀察了六個多月的攻擊相符，這就將不是佩提亞一路回溯到了二〇一六年十二月開始的那一波資料破壞入侵行動。他這時看出了將這一連串事件整個聯繫起來的那些閃閃發亮的連結：全都要回溯到沙蟲。

細查沙蟲的歷史，他察覺到不是佩提亞更是一路上溯到二〇一五年的KillDisk攻擊之直系後代。恣意摧毀資料的技術，已經在攻擊者腦中演進了將近三年之久。事實上，仔細察看程式碼，他還可以看到二〇一六年襲擊中一份用於刪除資料的數十個副檔名清單，幾乎與不是佩提亞用於加密的清單完全相符。「從攻擊者的角度看來，我可以看出問題所在。KillDisk不會自行擴散。」他解釋：「他們在測試這個戰術：如何找出更多受害者，找到最佳傳染媒介。」

當他回頭從自己的整套M.E.Doc更新檔案庫裡挖掘，切列帕諾夫可以看出，他們在林科斯集團的會計軟體裡找到了完美的載具。事實上，他發現沙蟲在不是佩提亞襲擊兩個月前的四月，首度測試經由M.E.Doc發布後門程式碼。早在扣下扳機、釋放最終酬載前很久，駭客們數月以來已經在每一位M.E.Doc用戶的網路裡，享有非比尋常的存取等級。歷經多年實驗，他們找到了侵入烏克蘭網路核心的最完美鑰匙，同等適用於間諜工作和破壞行動。他們測試、等待時機，然後使用這把鑰匙，釋出震動世界的蠕蟲。「它是這麼獨特，」切列帕諾夫驚嘆：「這麼專注、這麼有耐心。」

當他終於領會了事態全貌，已是週日凌晨三時，那時切列帕諾夫仍在布拉提斯拉瓦市中心東面一間公寓的家庭辦公室裡伏案工作。整個房間只靠著電腦螢幕的閃動照明。他的妻子幾小時前就已經熟睡。他結束工作，上床就寢，但腎上腺素和沙蟲長達多年的破壞行動景象，仍在腦海中繼續播送著。他直到天亮都睡不著。

*

在不是佩提亞大流行的混亂之中，這種蠕蟲某個不尋常的功能多半被忽視：不是佩提亞或許沒有緊急停止開關或解藥，但它確實有個疫苗。

在六月下旬那個決定命運的週二，曾為以色列政府擔任駭客，目前在波士頓的網路理性（Cybereason）公司擔任資安研究員的阿米特・塞珀（Amit Serper），正在特拉維夫休假。他在市郊探望家人的時候，以色列時間晚上七時左右，他從電視新聞報導得知不是佩提亞的蔓延——以色列與烏克蘭位於同一個時區。塞珀和朋友約好要在晚上十時一起出門喝酒。「我有三個小時要打發，」他想：「我們來玩玩。」

塞珀很快就取得一份不是佩提亞的副本，開始在自己的MacBook筆電上加以拆解並掃描程式碼。不到兩小時，他就意外發現了出乎意料的東西：一個「退出程序」的函式呼叫（function call）。函式呼叫是程式碼中的指令——在這個例子裡，是停止程式元件運行的指令。塞珀開始從這個特點逆向還原，以確定它可能關閉惡意軟體的某些部分，以及可能的觸發方法。他很快就察覺到一件事，幾乎讓他的頭腦興奮得遲鈍下來：他在程式碼中找到的這個隱藏功能，可以完全阻止不是佩提亞的毀滅性加密。

就在他進城喝酒之前，塞珀查明了程式碼中觸發關閉的確切條件式（if / then）語句：要是有個名為「perfc」而沒有副檔名的檔案出現在Windows主目錄裡，那麼，不是佩提亞基本上就會停止，讓這臺主機的資料免於毀壞。或許這個檔案是做為不是佩提亞基礎的那套亂數演算法之殘存功能，用意是防止惡意軟體將資料加密兩次，讓它變得不可還原？不管怎麼說，要是管理員能在那個目錄裡存入一個名為「perfc」的檔案，不是佩提亞就會放過這部電腦，如同逾越節的故事裡，將羔羊血塗在門上的人家，長子就不會被死亡天使擊殺那樣。*

幾乎沒有意會到自己為一場全球危機找出可能解決辦法的塞珀，在推特上發布自己的發現。他興奮地寫道，不是佩提亞有一個「緊急停止開關」。要從這場瘟疫中拯救世界，或許終究還不算太遲。往後數小時，塞珀和朋友們在特拉維夫一家酒吧喝啤酒，他的電話則被資安研究員、網路管理員和記者的大量訊息轟炸而一再當機。

但這一切興奮在某種程度上卻是錯置的。事實上，塞珀找到的其實並非馬庫斯・赫欽斯在「想

* 譯者案：典出舊約聖經《出埃及記》第十二章。

哭」裡發現的那種緊急停止開關。「perfc」檢查並不是能夠阻止不是佩提亞在全世界攻城掠地的唯一一個開關。那個檔案要想發揮任何作用的話，必須在電腦被感染「之前」就已經存在。這意味著教育受害者及散發修補方法的工作，所面臨的流行病學問題與修補軟體如出一轍。

無庸置疑，不是佩提亞的某些可能受害者終究注射塞珀提供的疫苗，預先搶救自己的資料。但到了當天深夜，這個疫苗獲得資安社群關注，並被測試、確認及分享之時，時機已經太遲，只有一小部分的瘟疫受害者來得及用上。不是佩提亞造成的一百億美元損失，多半已在發生且不可逆轉。死亡天使已經殺過一輪了。

*

但即使不為別的，塞珀的工作成果也引起烏克蘭政府的關注。網路理性公司聯繫烏克蘭當局提供協助。而在烏克蘭當局對林科斯集團總部發動了怪異且過分誇張的查抄之後，烏克蘭警方回覆給網路理性的員工們一個獨特的機會：協助分析林科斯集團遭到入侵，並被警方沒收的伺服器。

烏克蘭警方突襲林科斯集團的伺服器機房隔天，塞珀在基輔的兩位同事取得警方沒收的伺服器硬碟，它們仍裝在黑色塑膠袋裡。他們迅速從這些主機裡複製了所有資料，塞珀則從波士頓總公司遠端連接現場同事們的筆記型電腦，分析林科斯集團的記錄檔。他從將近中午工作到深夜時分，將徹底滲透了公司 M.E.Doc 基礎架構的駭客們所留下的指紋聯繫起來。事實上，塞珀是這麼全神貫注，即使在乘坐 Uber 租車從網路理性辦公室回家的路上，他仍繼續用筆電工作。那一夜他不浪費時間淋浴，而是邊泡澡邊繼續逆向還原，電腦就放在浴缸上方的架子上。

塞珀最終彙整出林科斯集團遭受破壞的大致經過：一開始是駭客們利用該公司網路伺服器內容管理系統中的一個漏洞，也就是它用來編輯網站外觀的那套軟體。駭客從那兒入手，在伺服器上設置一個「網頁殼層」（web shell），這是一種簡易的系統管理面板，在電腦內部扮演立足點，讓他們得以在電腦上任意安裝自己的軟體。

他們以某種方式藉由對網路伺服器的控制，對同一網路上的M.E.Doc更新伺服器取得存取權，即使塞珀無法向我說明確切方法。他們基本上把那個更新伺服器，轉變成他們後門軟體更新的一個命令和控制燈塔，將整個傳統惡意軟體感染的後端安裝過程，隱藏在林科斯集團自身的基礎架構內部，宛如一個寄生蟲群落同時在宿主的身體末梢和腦部定居下來。

更驚人的是，被入侵的更新伺服器和它在世界各地控制的M.E.Doc後門副本之間的通訊模式。M.E.Doc被設計成經由超文本傳輸協定（http）與林科斯集團的伺服器連線，也就是網頁瀏覽器用來和網站對話的同一套基本網路通訊。因此，這些超文本傳輸協定訊息包含「小型文字檔案」（cookies）的標準管道，那是網站植入用戶瀏覽器中，追蹤其活動的位元資料。

此時，安裝在被入侵M.E.Doc伺服器上的命令和控制軟體，也用了同一個隱蔽的「cookie」管道，發送命令給它開了後門的那些電腦。它可以發送各式各樣的指令，不只包括安裝不是佩提亞之類的檔案，也包括從正在運行這套會計軟體的主機上，竊取駭客們選定的任何檔案，過程中利用M.E.Doc自身的通訊系統以避開偵測。「他們利用M.E.Doc自身的基礎架構對付它的手法非常巧妙，」塞珀說：「幹得非常好。」

塞珀對於這些駭客與他們所要對付的防禦之間是多麼不相稱感到驚異。這些敏捷、創新的駭客，漫步穿行於M.E.Doc伺服器軟體多歷年所、配置不良、修補粗劣的漏洞之間。「這不是一次挑戰，」他對我說，彷彿強忍著不願說出更無禮的話。

但這一切最值得注意的，或許純粹是M.E.Doc的安全災難歷時多麼長久。塞珀在該公司的硬碟裡也發現了自二〇一五年十一月以來，另一套更久以前的記錄檔，記錄著該公司成為不是佩提亞災難的震央之前許多年的網路活動。塞珀在這些記錄檔裡，發現了「另一個」隱匿的網頁殼層。

無從判斷更早以前的這次感染，是否與不是佩提亞或任何特定駭客集團有關。但它顯示出有人在至少二十個月的時間裡，偷偷存取成為一次全球災難震央的同一個網路。觸發了沙蟲最高潮網路武器的這家公司，早在駭客們第一次發動耶誕節斷電之前，就已被悄悄地滲透了。

第二十九章
SANDWORM

距離

當奧莉西亞．林尼克說起「不是佩提亞」，她表現出一個已經習慣一再化解職場生涯最凶險時刻的人那種耐心耗盡。「情緒上，這完全是恐怖電影，」林尼克坐在林科斯集團的一間會議室裡，以帶著分寸的憎惡口吻這樣對我說：「我們的口號是『財務申報不成問題』。然後我們自己成了問題。」

在這家公司不幸成為注目焦點之前的七年間，林尼克將M.E.Doc衍生出來，從她父親的會計軟體公司獨立成為一項新產品，將它從一個概念的種子培育起來，自成一門興隆的生意。她雇用了將近三百人，同時撫養四名子女，而且幾乎把公司看成另一個子女。「它就像我的第五個孩子，最大的一個，我的其他孩子通常得不到這麼多關注，」她帶著一抹微笑對我說：「七年的聲譽，毀於一旦。」

我準備好提出那個不客氣的問題：那麼，為何在她自己、她的公司和全世界面臨如此重大危險之時，林科斯卻沒有把自己保護得更好？怎麼會讓一個如此強大的全球感染機制這麼不安全？

林尼克為我省了事，我還沒開口提問她就先解答了。她堅稱自己的公司對於保護自己和消費者免於網路攻擊，從來沒有故意輕忽。他們只是從來不曾設想自己可能成為目標。「我們做的是很基本的簡單工作。我們幫助會計師。」她說：「我們以為自己離網路安全問題很遠。」

這種對「距離」的理解讓我覺得，它簡明扼要地總結了讓不是佩提亞得以在全球網路造成極其重大影響的那種更廣泛心態。林科斯集團絲毫不曾想像過，自己有可能成為全世界數位感染的載體。烏克蘭警方在災難過後，對成為蠕蟲發射點卻不知情的總公司發動作秀式的查抄，而真正的攻擊罪犯則冷眼旁觀不受懲罰，他們可能在數千英里之外。美國情報體系——可愛貓的發明者在較輕程度上也是這樣——不曾設想過自己的工具落入敵手的可能後果。就連不是佩提亞的發明者自己，看來都未能理解這個蠕蟲在烏克蘭之外，對西方和俄國本身都造成了何等程度的附帶損害。

但其中最大的盲點，或許在於西方看待烏克蘭的心態，以及面對該國遭受網路戰蹂躪的沉默。十年來，美國都把俄國對其鄰國的網路攻擊——愛沙尼亞、喬治亞，尤其是烏克蘭——當成「遠方」的問題。歐巴馬政府自從二〇一五年以來，坐視烏克蘭成為俄國最凶殘駭客技術的無助受害者及國家規模實驗場。它放任這些駭客跨越一道又一道紅線，包括不只一次，而是兩次史無前例的斷電攻擊。第二次斷電抓準時機從外交縫隙中溜過，發生在歐巴馬政府正在交卸之時，而政府未曾公開指責過這些破壞行動就結束任期。

當然，川普政府更加露骨地向普丁做出這方面的認可。川普虛無主義式的否認，使得俄國駭客入侵美國選戰目標一事成了爭論話題——在愈來愈多無可辯駁的證據面前——就連要討論烏克蘭關鍵基礎設施遭受更具攻擊性的駭客攻擊，都沒有餘地。同時，川普更公然讚揚普丁，在公開言論中再三稱他為「強大領袖」，甚至讚美普丁對歐巴馬政府發動制裁的回應。49

同時，他的政府更廣泛的孤立主義立場，則向全世界發出訊息：烏克蘭面對俄羅斯的攻擊只能自謀生路——無論實體或數位攻擊。「美國納稅人為什麼要對烏克蘭感興趣？」川普政府的國務卿雷克斯・提勒森（Rex Tillerson）在義大利的一次會議上，麻木不仁地詢問一群外交官，就在不是佩提亞釋出三個月前。[50]

不是佩提亞對提勒森的問題做出了滿意的答覆。美國人再三受到警告，烏克蘭遭受的攻擊可能很快就要擴散到全世界，卻忽視烏克蘭不斷升級的網路戰。然後，轉瞬之間，這樣的局面就上演了，帶來慘重代價。

所有這些短視相加起來的結果，則是地球上至今所見最趨近於早經預言、重創基礎設施的那種網路戰末日的事物。一次網路奇襲就以前所未見、此後（直到本書寫作之時）也不復見的程度，去除了人類文明基礎的一大部分，從製藥到航運，再到食品。散布於全世界、更加集中於烏克蘭的不是佩提亞，正是何慕禮在一九九七年首次警告過的「電戰珍珠港事件」。

約翰・霍普金斯大學戰略及軍事研究教授托瑪斯・里德，曾撰文質疑過網路戰的可能性，並批評「網路武器」和「網路九一一事件」迫近的隱喻太過浮誇；但就連他也說過，不是佩提亞終於象

49 Philip Bump, "What Trump Was Saying About Russia and Putin — and What the Campaign Was Doing," *Washington Post*, Dec. 14, 2017, https://www.washingtonpost.com/news/politics/wp/2017/12/14/what-trump-was-saying-about-russia-and-putin-and-what-the-campaign-was-doing/ .

50 Nick Wadhams and John Follain, "Tillerson Asks Why U.S. Taxpayers Should Care About Ukraine," Bloomberg, April 11, 2017, https://www.bloomberg.com/news/articles/2017-04-11/tillerson-asks-why-u-s-taxpayers-should-care-about-ukraine .

徵著一次值得如此誇飾的事件。「要說有什麼趨近於『網路九一一事件』，」里德對我說：「這就是了。」

*

不是佩提亞的受害者們在處理它所造成的損害程度時，往往用無法控制的病原體或天災這類說法向我描述。但當然，它毫無自然之處，這種蠕蟲是人造的，充滿了發明者的惡意。但問題還在：這些駭客的意圖是什麼？

攻擊發生將近一年後，我造訪資訊系統安全夥伴公司升級後的新總部，它拋棄暗淡的舊街區，搬進一棟時髦的新創大樓，其中包括優步（Uber）的一處分區辦公室。在公司的一間會議室裡，我見到歐列克西．雅辛斯基，他的外表轉向周遭環境的反面：他這時不再穿著熨過的半正式上班服，而是穿著破牛仔褲、白T恤衫，鬍渣幾天沒刮，這是過勞的網路安全專家典型的服裝。

雅辛斯基和他的老闆，資訊系統安全夥伴公司共同創辦人歐列赫．德里維揚科，很快就開始用關於烏克蘭網路戰的那些常見理論，解釋不是佩提亞的意圖：威嚇、實驗、附帶損害。但他們補上另一個引人注目的說法：不是佩提亞不僅意圖破壞而已，它也要滅跡。他們指出，啟動不是佩提亞的駭客們，首先經由他們劫持的M.E.Doc基礎架構，無拘無束地存取受害者的網路數月之久。除了它所造成的恐慌與破壞之外，不是佩提亞可能還把從事間諜行為，乃至偵察以供日後破壞之需的相關證據全都抹滅了。

事實上，蠕蟲攻擊後數日及數週之間，雅辛斯基查看不是佩提亞的烏克蘭受害者網路時，發現了一件沒有人對我說過的事：阿米特．塞珀確認為不是佩提亞疫苗的那個「perfc」檔案，在實際上未被蠕蟲感染的電腦上出現，某些例子裡的主機數量將近一成。受害公司的資訊管理員告訴他，他們並未安裝這個疫苗。儘管如此，這些電腦卻還是逃過了加密。

雅辛斯基確信，所謂「疫苗」其實在駭客手中有著不同用途：其功能是確保駭客們的存取權。就算在受害者重建網路之後，他可能也不會重建那些擁有疫苗、毫髮無傷的電腦。而這些主機有可能受到另外某種更巧妙的感染，是受害者或資訊系統安全夥伴公司仍未能確認的。「烏克蘭被利用成了全世界的後門。」雅辛斯基對我說。他警告，這扇後門的某些部分可能還開著。

當我和其他網路安全分析師談到不是佩提亞，「非烏克蘭公司遭受蠕蟲襲擊是意想不到的附帶損害」這種說法，也變得更像是過度簡化了。塞珀、ESET，以及思科的 Talos 資安團隊全都提到過，那個 M.E.Doc 後門有能力將一組由烏克蘭政府核發，名為 EDRPOU 的納稅識別號碼，從每一組 M.E.Doc 裝置中取出，並上傳給駭客。[51]這個身分證明讓駭客得以查詢每一個向烏克蘭政府註冊的法人實體，對每個潛在受害者建立一份精確的目錄，然後在它們的系統裡放出蠕蟲。如果駭客們想要，他們其實能夠小心避免絕大多數附帶損害，轉而協調出一次精確導引飛彈攻擊。

思科的克雷格．威廉斯斷言，這意味著俄國完全知道這種蠕蟲會在國際上造成何等程度的痛苦。他設想，這樣的惡果絕非意外。它反倒是一種高度攻擊性的貿易禁運手段，意在明確懲罰膽敢

51 David Maynor et al., "The MeDoc Connection," *Talos* (blog), Cisco, July 5, 2017, http://blog.talosintelligence.com，存檔參看 http://bit.ly/2S6UpuU。

在俄國的敵國國境之內開設分公司的任何人。「誰以為這是意外的話，他就是一廂情願。」威廉斯說：「這個惡意軟體的用意，是要發出一個政治訊息：你要是跟烏克蘭做生意，就會大禍臨頭。」

關於不是佩提亞意圖的其他爭論，至今仍在持續。某些網路安全研究員指出它對俄國公司造成的重大損害，以此證明它不可能是俄國政府的行動。保加利亞科學院的資安研究員維塞林．邦切夫（Vesselin Bontchev）強調不是佩提亞勒贖軟體元件的編碼錯誤，斷言它必定是學藝不精的駭客，而非俄國政府特工所為，即使他也提到，那個M.E.Doc後門確實具有政府情報行動的一切特徵。事實上，要是發明者不揭露自身意圖，隱藏在不是佩提亞層層誤導之下的思維之諸多謎團，恐怕永遠得不到確切解答。

但無論其目標及用意為何，不是佩提亞最為持久的經驗教訓，或許純粹是它啟動之處，那片怪異且超次元的戰場景觀。這正是令人不知所措的網路戰地貌：在基輔某個粗陋街角M.E.Doc伺服器室裡的幽靈，以人類直覺至今仍難以置信的方式，將混亂散播到首都聯邦政府部門富麗堂皇的會議室，散播到分散於全球各地的港口，到了哥本哈根港口氣派的快桅總公司，到了美國醫院的手術室裡，並擴及整個全球經濟。「這套烏克蘭會計軟體的弱點，不知怎麼地影響了美國疫苗的國家安全供給，以及全球航運？」大西洋理事會的網路安全人員約書亞．柯曼問我，彷彿仍在苦思著讓這種因果關係成為可能的蟲洞大小。「網路空間的物理學，跟其他任何戰爭領域完全不一樣。」

不是佩提亞提醒我們，在這套物理學裡，距離再也不構成防禦。每一扇門外都有野蠻人伺機而動。糾葛在這片蒼穹之中的網路，過去二十五年來團結並改進整個世界，卻有可能在某個夏日的數小時之內，讓整個世界轟然停頓下來。

PART 5

SANDWORM

第五部 身分

圈套連著圈套連著圈套。

第三十章

SANDWORM

總參謀部情報總局

到了二〇一七年末，我已經追蹤沙蟲一年多了。我花了大半時間研究它的「不是佩提亞」是如何在全球發生。這個集團如今得到了我的全部關注：它的成員在我心中已經脫穎而出，成為世界上最危險的駭客。它也冒犯了我身為記者的感性，因為我幾乎對於沙蟲是誰一無所知。

沒錯，他們看來是俄國人，幾乎肯定由俄國政府掌控。但我想知道更多。我要了解從鍵盤和電腦螢幕背後釋放出沙蟲混亂的那些個人，他們的姓名、面貌和個人動機——或盡我所能接近一個在半個世界之外運作，利用網路匿名潛能已有多年專業經驗之集團的任何這類相關資訊。

沙蟲成了我的某種執念，一如它在三年前成了約翰．霍奎斯特的執念那樣。而我和霍奎斯特，以及歐列克西．雅辛斯基、羅伯．李等其他人，還有別的共通之處：我加入先知們的孤獨俱樂部，即使在世界其他地方似乎都決心忽視之際，也決心要讓人們注意到這個集團。

伴隨著前所未有的破壞，沙蟲的不是佩提亞蠕蟲，在它身後留下了無法解釋的六個月沉默。二〇一七年夏天剩下的時間，以至秋天和冬天，除了烏克蘭之外，沒有一個不是佩提亞的受害者點名俄國是攻擊加害者。除了烏克蘭之外，也沒有任何一個政府發聲指控克里姆林宮。看來，俄國啟動一種網路戰武器，它跨越無數界限，違反了幾乎每一項可想而知的國家資助駭客入侵相關規範，卻還是沒有被西方指責一句。

不是佩提亞爆發三天後，在二〇〇七年俄國對愛沙尼亞發動最初一波粗殘的網路攻擊過後，成立於該國的北約卓越合作網路防禦中心（NATO Cooperative Cyber Defence Centre of Excellence）發表一份意志薄弱的聲明：它呼籲國際社會採取行動，並提到不是佩提亞極有可能是某處、某國政府的傑作。「不是佩提亞很可能是由某個國家行為者，或得到國家支持或贊同的非國家行為者發動，」聲明寫到：「不太可能有其他選項。」[1]

但它卻差了一點，沒有指名俄國。聲明也提到，任何反制措施都需要確鑿地歸因攻擊來源，而它堅稱來源仍然成謎。即使有更確切的歸因，但聲明卻天真或拘泥法條地宣稱，不是佩提亞並未真正造成「可與武裝攻擊相提並論的後果」，因此並未觸發北約集體防禦條約第五條——也就是規定成員國將針對其中一國的軍事攻擊，視為攻擊全體會員國的條文。*

除了快桅集團董事長思納博在世界經濟論壇發表的那種簡短公開說明之外，不是佩提亞在國際上的受害者們，只分享最少限度的必要公開資訊，以解釋他們依法必須向股東們報告的那些激增的

1 "NotPetya and WannaCry Call for a Joint Response from International Community," NATO Cooperative Cyber Defence Centre of Excellence, June 30, 2017, https://ccdcoe.org/news/2017/notpetya-and-wannacry-call-for-a-joint-response-from-international-community/.

損失。即使赤字在財報上流淌，這些跨國大公司還是沒有一家點名俄國是施虐者。彷彿這些公司全都客氣地從地緣政治衝突的棘手混亂中退避，或者更有可能，它們試圖避免替一篇報導搧風點火，懼怕報導內容會讓他們的網路安全漏洞引人注目。

*

事實上，俄國罪責的證據在我看來已經夠明確了。ESET的安東・切列帕諾夫發表了他對鑑識線索網線的分析，顯示沙蟲極有可能背後操縱了不是佩提亞。其他大量公開報導顯示，同一個集團也要為烏克蘭網路戰升高負責，包括該國兩次斷電在內，所有跡象全都指向克里姆林宮難辭其咎。這些更早的破壞行動瞄準烏克蘭之時，西方世界的無動於衷看來是理性的，即使自私自利得殘忍。但如今不知為何，同樣這些國家對於真正發生在他們國土上，造成極其嚴重影響的一次攻擊，卻視若無睹。

像這樣的貌似漠不關心令人惱怒，尤其在美國方面。川普總統不願承認俄國駭客行為幫助了他的競選，如今是否擴及到不願承認一切俄國駭客行為，無論破壞多麼嚴重？或者，他的政府純粹是無能或被誤導？「他們甚至從未『指名行為者』。」羅伯・李在二〇一七年末對我說，政府對於沙蟲挑釁持續不予回應，令他驚詫。

「不是佩提亞測試了西方的紅線，測試結果則是目前還沒有紅線，」約翰・霍普金斯大學的托瑪斯・里德說：「缺乏任何適當回應，幾乎就是在招惹對方變本加厲。」

*

終於，在二〇一八年一月，這堵沉默之牆開始出現第一道裂縫。《華盛頓郵報》主跑情報機構的資深記者艾倫．中島（Ellen Nakashima）是首先揭露民主黨全國委員會入侵事件的人，這時她發表一篇只有四百二十四字的簡短報導。報導題為〈中情局做出結論：俄國軍方幕後主使烏克蘭的『不是佩提亞』網路攻擊〉。[2]報導引述不具名的美國情報官員說法，他們讀到中央情報局去年十一月的一份報告，以「高度確信」斷言，俄國軍方駭客發明了不是佩提亞。來自中央情報局這種情報機構的這樣一份聲明，它所承載的意義，更大於群擊或火眼這類私人公司的同樣調查結果。中央情報局和國家安全局一樣，都擁有運用人力及數位間諜技術滲入某次網路攻擊源頭的獨門工夫，其他任何人使用這種能力幾乎都是違法的。

中島的報導不只是指出美國政府強烈確信俄國國家幕後主使攻擊而已。它更進一步指出了

---

* 二〇一八年末，不是佩提亞並未升高到戰爭行為程度這一說法，被蒙受這種蠕蟲損害的某個出人意料的受害者正式提出異議：一家保險公司。食品製造商億滋國際為了不是佩提亞對它造成的損害，要求蘇黎世保險集團（Zurich Insurance Group）賠付一億美元，但保險公司援引一條規定其保險對於「政府或主權」之任何「敵對或類似戰爭行為」不負賠償責任的附屬細則條文，拒絕了這項要求。億滋國際提起訴訟，本書撰寫之際，訴訟仍在進行中。（Steve Evans, "Mondelez's NotPetya Cyber Attack Claim Disputed by Zurich: Report," *Reinsurance News*, Dec. 17, 2018, https://www.reinsurancene.ws/mondelezs-notpetya-cyber-attack-claim-disputed-by-zurich-report/.）

* 如同我在本書先前幾章收錄的內容那樣，要得知這些攻擊的細節，反倒需要與快桅之類的受害公司現任及前任員工透過祕密渠道，進行長達數月的匿名對話；其中許多人害怕，要是上司得知他們和一位記者談論不是佩提亞的影響，他們的職業生涯就會毀於一旦。

2 Ellen Nakashima, "Russian Military Was Behind 'NotPetya' Cyberattack in Ukraine, CIA Concludes," *Washington Post*, Jan. 12, 2018, https://www.washingtonpost.com/world/national-security/russian-military-was-behind-notpetya-cyberattack-in-ukraine-cia-concludes/2018/01/12/048d8506-f7ca-11e7-b34a-b85626af34ef_story.html.

不是佩提亞的程式設計師們所效力的確切單位名稱：特殊技術主力中心（GTsST），這是人們一般以其俄文縮寫「格魯烏」（GRU）稱呼的俄國軍方間諜機構——總參謀部情報總局（Glavnoye Razvedyvatel'noye Upravleniye）其中一個部門。

突然間，不具名的政府消息來源不僅歸咎於俄國，更對沙蟲身分這個更大的謎題指出了一個答案——儘管毫無解釋。俄軍總參謀部情報總局應當對不是佩提亞承擔責任，以此類推，對烏克蘭長達數年且持續升級的攻擊行動，也是在情報總局主持下實行，這個答案既是重大揭露，卻又未必出人意料。畢竟，同樣來自情報總局這個機構的奇幻熊駭客，在二〇一六年美國總統選舉和二〇一四年烏克蘭總統選舉中，都被揭露了是首要攪局者——他們在後面一次行動喬裝為激進駭客團體網路金鵰。最終跨越了網路戰爭紅線的沙蟲，屬於同一個該對其他這些不計後果，打破規範的破壞民主企圖承擔責任的機構，這個觀點看來說得通。

事實上，我先前就聽說過沙蟲與情報總局的奇幻熊駭客有所關聯的暗示。一年前，我和約翰．霍奎斯特一起坐在加勒比海東海岸島嶼聖馬丁（St. Martin）一間旅館的草坪上。我們正在俄國資安公司卡巴斯基主辦的安全分析高峰會上，趁著休息時間吃午餐。我開始向霍奎斯特提問他最喜歡的主題，也就是他協助發現及命名的，不過數月前才再度癱瘓了烏克蘭輸電網的那個駭客集團。

「這只是傳聞情報（rumint），」他壓低聲音，在回答前先做了開場白。（「傳聞情報」是情報體系裡一個半開玩笑的術語：一如「訊號情報」指經由攔截訊號取得的情報，「人力情報」是從人類來源蒐集的情報，「傳聞情報」意指從情報體系的小道消息打探到的線索——換言之，就是未經證實的八卦。）

霍奎斯特說，地位優越的消息來源告訴他，沙蟲和奇幻熊是同一群人馬。「我聽說這些人把兩個名稱互換使用。」他挑起眉毛說道。我那時困惑地回答，這兩個集團的工具箱、任務，甚至性格看來明顯不同——沙蟲專注於精密的基礎設施破壞，奇幻熊則實施喧鬧且更為基本的入侵行動，像是政治洩密及抹黑行動。

霍奎斯特聳聳肩，看來跟我一樣困惑。他的傳聞情報就只說到這裡，沒有更多消息。

此時，《華盛頓郵報》的報導，看來提供了一種方式解讀他的內幕消息：沙蟲和奇幻熊都是總參謀部情報總局內部的駭客隊伍。霍奎斯特的政府人脈可能就只是沒有費心區分這兩群人，把這兩個攻擊性極強的情報總局行動歸為同一類。

《華盛頓郵報》報導刊登數月之後，我有一次在基輔市中心一間窗簾密閉的會議室裡，與烏克蘭首要情報機構——烏克蘭安全局的兩名官員會面。當我向他們詢問那些被歸咎於沙蟲的攻擊行動，他們的答覆正是我從霍奎斯特的傳聞情報裡聽到的，同一個令人困惑的說法。「不同因素讓我們和美國同事們所見相同，這是一個叫做奇幻熊的集團，」一位名叫馬特維·米哈伊洛夫（Matviy Mykhailov）的安全局分析師對我說，再一次把沙蟲和我所認為另一個不同的駭客實體混為一談。「俄軍情報總局很可能幕後主使了對烏克蘭基礎設施的破壞攻擊。」

坐在米哈伊洛夫身邊一位更年長，也更審慎的律師同事舉起一隻手指。「或許，」他用英語補充。（當我向布拉格國際關係研究所的俄國事務觀察家馬克·加里奧蒂〔Mark Galeotti〕說起這段怪異的對話，他說，情報部門消息來源以更不含糊的說法告訴過他，沙蟲就是情報總局。「和律師之外的人喝酒談話，往往會帶來更坦率的討論。」他說。）

線索很雜亂又不完整。但在二〇一八年初，這些線索的結果是一件引人注目之事：俄國政府內部的一個機構，對於史上最明目張膽的至少三次重大駭客入侵事件難辭其咎，這些事件全都發生在最近三年。如今看來，俄軍情報總局策劃了史上第一次駭客引發的斷電、陰謀干預美國總統選舉，以及人類所施放過最具破壞力的網路武器。一個更大的問題，此時在我腦海中揮之不去：總參謀部情報總局都是些什麼人？

第三十一章 SANDWORM 叛逃者

總參謀部情報總局在蘇俄初年創立至今這一百年來，大多數時間裡，這個機構幾乎都籠罩在謎團之中。該機構不僅隱藏其目的、策略、工具，或組織架構而已。數十年來，它連自己的存在這一事實都深藏不露。

總參謀部情報總局一九一八年由列寧建立——起初名為登記部（Registration Directorate, RU）——既要成為紅軍的耳目，也要制衡令人害怕的祕密警察赤卡（全俄肅反委員會）的勢力，赤卡日後演變成了國安會。這個軍方間諜機構的使命不同於國安會，它奉命從事對外行動，並不參與國安會令人聞之色變的監視及肅清國內敵人任務。[3]專注於對外也就意味著，情報總局從來不需要像國安會那樣向蘇聯臣民灌輸恐懼。它並不在莫斯科市中心的某個廣場設置雄偉的總部，以張揚它隱伏的力量；它也不曾在共產黨需要為國內清洗、鎮壓及大規模處決尋找替罪羊時，為這些暴行

3 Suvorov, *Inside Soviet Military Intelligence*, 8.

承受大眾責難，像是赫魯雪夫將史稱「大清洗」的恣意政治屠殺歸咎於國安會那樣。[4]

在它大半個漫長而隱晦的歷史裡，這條組織保密的紀律獲得了預期效果：即使情報總局在對外諜報及破壞行動上，運用的預算及人力多過國安會數倍——即使它存在的時間，比蘇聯解體後就被正式解散的國安會史久——總參謀部情報總局的名字，數十年來鮮少出現於公開書寫或言論中。它不動聲色地運作，蘇聯或俄國公民對它不太知情，它偷偷摸摸執行任務的那些外國，對它知道的就更少。

世界對於情報總局的歷史及其內部人員之所知，來自於該局難得一見的叛逃者及臥底。情報總局則對任何膽敢背叛的人施加傳奇性的嚴厲後果，將洩密降到最低。一九七八年成功叛逃的總參謀部情報總局上尉軍官弗拉基米爾・雷岑（Vladimir Rezun）在自傳中寫道，他在該局受訓的第一天，就觀看一段影片：一名變節的上校被鐵絲綑綁在擔架上，然後推進火裡活活燒化。[5] 他也寫過，在另一個場合，一位上級告訴他，有個不忠的特工被裝進棺材裡活埋。[6]

這些恐怖故事都無從獨立確認。西方第一次公開記載某個倒楣的情報總局消息來源的故事，反倒是派駐維也納的一名年輕中尉彼得・波波夫（Pyotr Popov）。一九五三年，波波夫把一張紙條扔進一位美國外交官停放著的車內，提議在情報總局內部充當美國間諜。二十九歲的他是貧農之子，在伏爾加河北岸長大，始終無法原諒史達林政權對農民階級的殘害，此等暴行在一九三〇年代摧毀俄國某些地區的程度，如同烏克蘭一般徹底。[7]

其後六年間，波波夫先後在維也納和柏林吸收蘇聯特工的同時，他也和中央情報局會面，幾乎完全指認了情報總局的指揮架構，包括超過六百五十名情報總局官員。[8] 接著在一九五九年，護送一名蘇聯間諜搭機離開柏林的行動砸鍋之後，波波夫遭到俄國當局調查，立刻被捕，短暫被轉用為雙面間諜，隨後被槍決。[9]

波波夫身為效力西方情報機構的情報總局首席洩密者之角色，沒多久就被一個價值遠遠更高的消息來源給取代：歐列格·潘可夫斯基（Oleg Penkovsky）。這位情報總局上校軍官在中央情報局的代號是「英雄」（HERO），他成了冷戰史上官階最高，也最多產的臥底。一如波波夫，潘可夫斯基對於蘇聯政權，也懷著根源於歷史宿怨的深仇大恨：他的父親服役於效忠沙皇的白俄軍，在俄國內戰的一次圍城戰中喪生，他感受到這段家族歷史妨礙了自己在蘇軍中的升遷。[10]他也想要靠著私下通敵賺到足夠的錢，買一輛車和一幢莫斯科郊外的別墅，逃離家族三代同居的那間兩房公寓，有朝一日再舉家遷居西方。[11]

自一九六一年起，經由一位英國商人聯繫英國情報機構之後，他用了一年半時間，持續將高度

---

4 前引書，頁三九。
5 前引書，頁三。
6 前引書，頁一六二。
7 Hart, *CIA's Russians*, 18.
8 Richard C. S. Trahair and Robert L. Miller, *Encyclopedia of Cold War Espionage, Spies, and Secret Operations* (New York: Enigma Books, 2009), 342.
9 Hart, *CIA's Russians*, 51.
10 Schecter and Deriabin, *Spy Who Saved the World*, 59.
11 前引書，頁八七。

機密報告和照片提供給英美兩國政府。他會將資料在倫敦傳遞給英國官員——他奉派在倫敦為蘇聯執行產業間諜任務——或在莫斯科一處公園與一名英國情報官的妻子見面，她將膠卷盒藏在嬰兒車內的一罐罐糖果裡。[12]

人們普遍將歷史走向的改變歸功於這些洩密。其中包括蘇聯核子武器規模的詳細資訊，美國政府在它所認知的軍備競賽中，大大高估這些核武力量。最關鍵的是，潘可夫斯基在一九六一年提供了線索，讓白宮隨後在赫魯雪夫採取行動，將核彈部署於古巴時，推演出這位蘇聯領導人的策略。根據某些記載，正是這項警告讓甘迺迪總統得以對抗赫魯雪夫，並展開談判，在核彈投入戰備之前數日予以撤除。[13]

幾乎在事件一結束，俄國情報機構就發現了潘可夫斯基的背叛。他被逮捕並再三拷問，然後被處死。他被捕的確切經過始終不曾透露。[14]

潘可夫斯基為西方帶來了對於蘇聯軍方及赫魯雪夫戰略思考前所未有的理解。但他也不太經意地帶給了他的西方上線們一種新感受，關於一名情報總局高階軍官麻木不仁、極具攻擊性的思維模式。

潘可夫斯基在倫敦一家旅館與中央情報局及英國軍情六處第一次會面時，就展現出如此鮮明的印象。在面談中途休息，吃過三明治、喝過德國乾白酒之後，潘可夫斯基不待提示就主動建議，他準備率領一支隊伍，在莫斯科蘇聯紅軍、蘇聯共產黨及國安會總部周圍，親手安裝威力相當於二千噸TNT炸藥的小型核子武器。只等英國人或美國人一聲令下，他的隊伍就會炸掉這些建築物，殺光整個蘇聯政府高層。[15]

潘可夫斯基冷靜地說明，他可以協助定位蘇聯每一座大城市的類似目標，以及目標周圍能夠用來藏匿這些原子武器的住宅及商業大樓。他完全不提將會在核彈爆炸及後續的放射性落塵中喪生的成千上萬平民。

潘可夫斯基的西方訊問官們目瞪口呆。根據這次會議的逐字稿，他們無視他的提議，繼續詢問他蘇聯軍事力量的問題。但在歷史對於蘇聯軍事情報機構的理解之中，潘可夫斯基的提議或許正是他生涯中最為生動的一刻：由此得以一瞥情報總局官員如何看待大規模毀滅的創新手法，以及他們運用這些創新的意願。

*

要是波波夫和潘可夫斯基在西方情報機構沒有窗戶的密室裡，成了情報總局相關資訊的最佳來源，那麼弗拉基米爾·雷岑對於西方大眾，也就扮演著相同角色：情報總局最多產的說書人。

一九七八年，雷岑從情報總局上尉軍官的職位叛逃，他傳了一張字條給英國駐維也納大使館，最終設法到達倫敦。按照他後來的敘述，他奉命出賣局裡的一位朋友，而他始終無法原諒逼他做

12 前引書，頁一七九。
13 Jerrold Schechter, "A Very Important Spy," *New York Review of Books*, June 24, 1993, https://www.nybooks.com/articles/1993/06/24/a-very-important-spy/.
14 Hart, *CIA's Russians*, 123.
15 Schecter and Deriabin, *Spy Who Saved the World*, 75.

出這個抉擇的蘇聯體制。[16]在他的新生活中，他成為一位出色的多產作家，爆料他效力蘇聯情報機構的時光——即使有些情報專家警告，真正有價值的機密多半已被刪除或掩蔽，其他細節則被編造或誇大。[17]他揭露最多的著作以筆名維克多．蘇沃洛夫（Viktor Suvorov）寫成，包括《深入蘇聯軍情部門》（*Inside Soviet Military Intelligence*，他將這本書獻給歐列格．潘可夫斯基），以及一部名為《水族箱內》（*Inside the Aquarium*）的自傳，「水族箱」指的是位於莫斯科霍登卡機場（Khodinka airfield），曾作為總參謀部情報總局總部之用的那棟玻璃包覆的九層樓建築。[18]

雷岑在這些著作中，講述了自己從戰車連長的低階職位獲得拔擢，並被情報總局培訓的經歷。他敘述了長達一週的入局考試，連著每天十七小時回答數千個問題，有時不吃不喝，以及他在局內從受命支援其他官員的低階「牧羊犬」（borzoi），晉升為一名自行運作線民的熟練間諜「維京人」（viking）的過程。[19]雷岑接著細數吸收西方平民成為消息來源，找出並記錄「無人情報交換點」（dead drops），也就是可以藏匿資訊並由其他特工收取的祕密地點，有時在存放於地下、水下的隔間，或偽裝成小小的平凡物體，像是橋墩上的假鉚釘。[20]

據雷岑所言，幾乎任何一次技術博覽會或會議都擠滿了情報總局特工，他們將這些活動當成是獲取產業間諜資源的富礦。[21]太空也是情報總局的領域：他寫到，蘇聯的全部衛星有三分之一為情報總局所用，「絕大多數」太空人都把將近一半的時間用來從事情報總局的間諜任務。[22]按照雷岑的說法，他自己的創新是想出這個主意：買下歐洲的一系列連鎖旅館，由情報總局完全控制，用於吸引在高山度假的西方官員，將他們鎖定為潛在消息來源。[23]

但雷岑對情報總局的記載並不僅限於諜報工作。他也在該局從事破壞、暗殺，及恐怖活動的特種部隊（spetsnaz）分支待過一段短時間。他說，蘇聯軍隊的五十多個情報部門，每一個都包含了這樣一個小組。「這個連隊的為數一百一十五名破壞分子和殺人凶手，能夠滲入敵方領土綁架和謀殺，炸毀橋樑、發電廠、水壩、油管等設施。」雷岑寫道。[24]

他敘述這些特種部隊穿著牛皮製的「傘兵靴」空降敵後，靴子的鞋跟為欺敵而設計：根據任務內容，這些可替換的鞋跟能夠設計成模仿敵國或他國樣式。他寫道，在某些例子裡，他們穿著的靴子會留下腳跟在前、腳趾在後的腳印，好讓他們看似朝著反方向行動，每一名隊員都踩在別人的腳印上，以掩飾確切人數。[25]

雷岑所敘述的特種部隊行動中，有些更加聳人聽聞的細節，看似混淆了事實與紅色恐怖小說的

16 Suvorov, *Inside the Aquarium*, 241.
17 Dimitri Simes, "A Soviet Defector Cashes In on His Story," *Washington Post*, May 11, 1986, https://www.washingtonpost.com/archive/entertainment/books/1986/05/11/a-soviet-defector-cashes-in-on-his-story/7c2c7b7c-db32-4836-a4ac-cac918e2c5b2/ .
18 "*The Aquarium* GRU Headquarters," Federation of American Scientists Intelligence Resource Program, https://fas.org/irp/world/russia/gru/aquarium.htm .
19 Suvorov, *Inside the Aquarium*, 92, 131, 148.
20 Suvorov, *Inside Soviet Military Intelligence*, 105, 124.
21 Suvorov, *Inside the Aquarium*, 143.
22 Suvorov, *Inside Soviet Military Intelligence*, 60.
23 Suvorov, *Inside the Aquarium*, 193.
24 前引書，頁三三。
25 前引書，頁三八。

界線。他敘述這些士兵會藉著與「傀儡」對打，鍛鍊徒手格鬥的技能——所謂傀儡是從蘇聯監獄送來，情急拚命的死刑犯。（即使這段描述備受爭議，但國際特赦組織〔Amnesty International〕在一九九六年的一份報告卻提到，特種部隊的確獲准在訓練中使用囚犯，許多囚犯在過程中遭到酷刑或虐待。）[26]他在另一部名為《特種部隊》，準確性令人懷疑的著作中描述得更深入。他在那本書中宣稱，除了塑膠炸彈、地雷，及其他典型破壞工具之外，特種部隊還會攜帶化學及生物武器，以及威力約相當於二千噸TNT炸藥的小型核武，大小正與歐列格．潘可夫斯基提議裝置在莫斯科市中心的原子彈相同。[27]

雷岑對這些大規模毀滅武器的描述或許可疑，但十年後，另一名情報總局的叛逃者會以更令人震驚的說法複述。一九九二年叛逃美國的情報總局上校軍官斯坦尼斯拉夫．盧內夫（Stanislav Lunev），寫下爆料的自傳《透過敵人之眼》（*Through the Eyes of the Enemy*）。自稱在蘇聯解體後不滿俄國政府腐敗的盧內夫，在這本小書中不僅強調了雷岑對情報總局大規模破壞計畫的說法；他還宣稱，俄國和情報總局在蘇聯解體後只是繼續加以推進。

盧內夫的書中陳述，情報總局特工其實「已經」在美國領土上設置手提箱大小的核武，準備在戰爭萬一發生時引爆。他更進一步推斷，堅稱俄國軍方特工也準備使用生化武器，污染美國各大城市的供水。「可能目標之一會是波多馬克河，瞄準華盛頓特區的居民。」他寫道：「少量武器就會造成小規模傳染病。大量則可能產生不堪設想的致命影響。」[28]

國會針對手提箱恐慌舉行聽證會之後，盧內夫的核武說法遭到部分否定，聯邦調查局在二〇〇一年告訴眾議員柯特．魏爾登（Curt Weldon），盧內夫誇大了威脅。[29]但其他蘇聯叛逃者證實，蘇聯確實製造了小型戰術性核武，與盧內夫的描述大致相符，俄國也繼續策劃在全面戰爭萬一發生時，於美國境內施放生化武器。[30]

盧內夫對於大規模破壞準備的更廣泛說法，如同雷岑的許多說法，或許無從證實或證偽；畢竟，總參謀部情報總局打從草創之時，目的就在於避免其作為受到那種確認。但盧內夫書中確實有一段文字，看似提供一種盡可能最清晰的觀點，讓人一探即將在二十年後透過網際網路，對敵國公民社會每一層面執行類似攻擊的那些情報總局破壞人員之心態。「特種部隊滲入美國不該令人震驚，」他寫道：

> 這純粹是良好的軍事作為。戰爭就是戰爭。聽來很簡單，但許多美國人似乎相信應當有一套紳士規範，戰爭應當由遠方戰場上的士兵來打。美國人相信戰爭應該了無新意，因為自從一百三十年前南北戰爭以來，戰爭不曾波及美國本土，即使南北戰爭當時，也只波及了該國東南部。俄國數百

---

26 "Torture and Ill-Treatment — Comments on the Second Periodic Report Submitted to the United Nations Committee Against Torture," Amnesty International, Oct. 1, 1996, https://www.refworld.org/docid/3ae6a9831c.html.

27 Viktor Suvorov, *Spetsnaz: The Inside Story of the Soviet Special Forces* (New York: Norton, 1987), 98.

28 Lunev, *Through the Eyes of the Enemy*, 32.

29 Nicholas Horrock, "FBI Focusing on Portable Nuke Threat," UPI, Dec. 21, 2001, https://www.upi.com/Top_News/2001/12/21/FBI-focusing-on-portable-nuke-threat/90071008968550/.

30 Alexander Kouzminov, "False Flags, Ethnic Bombs, and Day X," *California Literary Review*, April 25, 2005，存檔參看 http://bit.ly/2B7yn1w。

年來遭受每一個試圖征服世界的人蹂躪。千百萬俄國人在戰火中喪生於家園。美國人不明白這種感受。讓敵人屈服的唯一方法，就是把戰爭帶給他們的人民。31

*

今天的總參謀部情報總局不存在雷岑或盧內夫。大眾所知的最後一位情報總局高階叛逃者是謝爾蓋・斯克里帕爾（Sergei Skripal），傘兵出身的他晉升到上校，爾後從一九九六年開始私下為英國軍情六處效力。他悄悄和英國上線在義大利、馬爾他、葡萄牙、土耳其等地會面，有一次還在一本小說的頁緣用隱形墨水寫下筆記，由他太太在西班牙交給特工。斯克里帕爾知道的行動細節極少，但他為英國情報機構勾勒出情報總局的架構，並點名數百位情報總局特工。按照大多數說法，斯克里帕爾仍是俄國的愛國者；他出賣同袍純粹是為了錢。32

二〇〇四年，斯克里帕爾遭到蘇聯國安會的後繼者——負責國內安全事務的俄羅斯聯邦安全局（FSB）逮捕。他入獄六年，爾後在一次國際間諜交換中獲釋。英國廣播公司日後的報導提到，他在此後數年間繼續不動聲色地擔任西方情報機構的消息來源。33

接著，二〇一八年三月初，斯克里帕爾和他三十三歲的女兒尤莉婭，被發現倒在索爾茲伯里（Salisbury）一張長椅上，他自從叛逃西方之後，就遷居倫敦西南方八十英里的這個城鎮。父女兩人都陷入半昏迷狀態、渾身抽搐、口吐白沫、呼吸困難。34

其後數月間揭露，兩名情報總局特工來到索爾茲伯里，用一種名為諾維喬克（Novichok），意圖造成癱瘓和窒息的神經毒劑，對斯克里帕爾父女下毒。這種強效毒劑被噴灑在斯克里帕爾家前門，毒素蹤跡也出現在他和女兒去過的兩家餐廳裡。

尤莉婭和謝爾蓋・斯克里帕爾兩人都被送進附近一家醫院救治，花了好幾個月才康復，倖免於死。*但訊息已經傳達給斯克里帕爾，以及俄國現代軍事情報機構裡其他任何可能寫下自傳的人：洩密者就是這個下場。

斯克里帕爾父女中毒案見報時，我研讀堆成一座小山的原情報總局叛逃者傳記及自傳，試圖釐清該局至今為止歷史的工作，正進入最後階段。但斯克里帕爾案清楚表明了：要是我今天想對同一

31 Lunev, *Through the Eyes of the Enemy*, 32.

32 Luke Harding, "The Skripal Files by Mark Urban: Review—the Salisbury Spy's Story," *Guardian*, Oct. 17, 2018, https://www.theguardian.com/books/2018/oct/17/skripal-files-mark-urban-review.

33 Richard Galpin, "Russian Spy Poisoning: Why Was Sergei Skripal Attacked?," BBC, Oct. 25, 2018, https://www.bbc.com/news/av/world-europe-45979830.

34 John Lauerman and Caroline Alexander, "Novichok, Russian Nerve Agent Spooking Britain," Bloomberg QuickTake, *Washington Post*, July 5, 2018, https://www.washingtonpost.com/business/novichok-the-russian-nerve-agent-spooking-britain/2020/09/02/09ffb6be-ed34-11ea-bd08-1b10132b458f_story.html.

* 不幸的是，兩名英國公民數月後與斯克里帕爾父女出現相同症狀而住院治療，似乎是因為撿了一個裝過諾維喬克神經毒劑，由試圖暗殺斯克里帕爾父女的兇手拋棄的瓶子。其中一人，四十四歲的唐恩・史特吉斯（Dawn Sturgess）在九天後死亡。（Vikram Dodd and Stephen Morris, "Novichok That Killed Woman Came from Bottle, Police Believe," *The Guardian*, July 13, 2018, https://www.theguardian.com/uk-news/2018/jul/13/novichok-that-killed-woman-came-from-bottle-police-believe.）

個機構知道更多，閱讀爆料著作不是辦法。將實情的些微暗示與蛛絲馬跡拼湊起來，在黑暗中自謀出路才是辦法。

第三十二章 SANDWORM

資訊對策

即使該局的叛逃者們險惡地談及深入敵後破壞基礎設施、戰略性核武和化學武器，但情報總局似乎很晚才想到，網際網路可以做為某一類新品種非常規武器的載體。我和我所能找到極少數真正談及近年俄國情報內幕的消息來源談話時，沒有一個人能指出多少證據，證明情報總局參與過俄國對於網路戰，乃至基本網路間諜行動最初的原始實驗，從月光迷宮行動到突襲愛沙尼亞網路。

畢竟，正如克里夫．史托爾的著作《杜鵑蛋》所述，一九八〇年代雇用德國自由業駭客，發明國家資助駭客行為的是蘇聯國安會，不是情報總局。費時多年調查俄國情報機構的極少數俄國記者及作家之一安德烈．索達托夫（Andrei Soldatov）對我說，一九九〇年代的俄國網路間諜行動、克里姆林宮的駭客入侵及網路安全，皆由一個名為聯邦政府通訊情報局（FAPSI）的機構主導，它在俄國的職能相當於美國國家安全局。

二〇〇三年，俄國聯邦政府通訊情報局被分拆併入不同的兄弟情報機構，大多數關鍵功能交給聯邦安全局，這是從蘇聯國安會的殘骸建立起來的幾個不同機構之一。據索達托夫所述，結果是聯邦安全局在二〇〇〇年代接下來的時間裡，接管克里姆林宮的多數國家資助駭客行為。「聯邦政府通訊情報局併入聯邦安全局之後，就由他們負責，」我在一家旅館酒吧訪問他時，他這麼對我說，那時他正要在紐約舉行的普丁會（PutinCon）發表演說，這個會議是為了支持俄國總統最直言不諱的批評者。「在所有層面上，他們都界定了規則。」這一階序意味著在俄國對愛沙尼亞和喬治亞的初步網路戰中，情報總局的作用不如聯邦安全局，降格為直接支援軍方作戰的傳統情報工作，而非數位攻擊行動這個刺激的新領域。*

但二〇〇八年的戰爭，是情報總局的一個轉捩點：在克里姆林宮看來，這場戰爭證明該局罪不可恕的無能。俄國在喬治亞衝突中始終居於上風，按照各種說法，情報總局的特種部隊也有良好表現，但該局的情報不靈卻也造成難堪場面，像是轟炸早已棄守的喬治亞機場。情報總局間諜也錯失重要情報：喬治亞人擁有防空飛彈，對俄國空軍作戰構成威脅。[1] 攔截喬治亞通訊的企圖也失敗了。[2] 莫斯科逐漸覺得，情報總局過度執迷於特種作戰式的跑轟突襲（run-and-gun raid），對於更巧妙的諜報及影響力行動不夠用心。[3]

在俄國各部門彼此背地中傷的惡毒氛圍裡，結果是情報總局被剝奪了權責、蒙受羞辱。時任俄國總統季米特里．梅德維傑夫（Dmitry Medvedev），將該局多項情報責任移交給聯邦安全局和對外情報局。一千名情報總局官員被免職或轉調，幾乎所有特種部隊也被移交給軍方另一部門掌控。

克里姆林宮還考慮在編制上將該局降級，讓它無法再與梅德維傑夫總統，乃至一切真正權力的來源——普丁直接聯繫。（甚至揚言要把情報總局的「總」字去除，讓它僅止於軍方情報局之一，而非「總」局。但它反倒被怪異地更名為總局〔GU〕，即使多數西方人仍繼續用更加耳熟能詳的

GRU稱呼它。）4就連該局的標誌——一隻雙翼籠罩地球的險惡黑蝙蝠，也被替換成了遠遠不那麼令人畏懼的花朵圖像。「在我看來，同樣是一種侮辱之意，」索達托夫說。

但情報總局不同於先前的聯邦政府通訊情報局，它並沒有被摧毀。當今的總參謀部情報總局，反而正是從隨之而來的改革與突變期間脫穎而出。

決定了這次復甦的機關鬥爭，多半仍完全不為外界觀察者所知。「這就像是看牛頭犬在地毯下面打架，」英國智庫皇家國際事務研究所（Chatham House）俄國事務觀察家、曾任英國國防學院顧問的凱爾・吉爾斯（Keir Giles）說：「你只能等著看哪一隻狗打贏。」

情報總局的改造，得益於其後數年間的兩項人事異動：首先是局長瓦倫丁・柯拉別利尼科夫

---

* 有一條線索確實暗示，情報總局參與了喬治亞網路攻擊：看似為了招募及裝備激進駭客投入攻擊而設立的「阻止喬治亞」網站，主機設在一家名為可靠主機（SteadyHost）的公司裡，它的總公司就位於莫斯科一處已知的情報總局研究單位隔壁。（"What Is the GRU? Who Gets Recruited to Be a Spy? Why Are They Exposed So Often?" *Meduza*, Nov. 6, 2018, https://meduza.io/en/feature/2018/11/06/what-is-the-gru-who-gets-recruited-to-be-a-spy-why-are-they-exposed-so-often .）

1 S.J., "What Is the GRU?" *Economist*, Sept. 11, 2018, https://www.economist.com/the-economist-explains/2018/09/11/what-is-the-gru .

2 Mark Galeotti, "Putin's Hydra: Inside Russia's Intelligence Services," European Council on Foreign Relations Policy Brief, May 2016, 6, https://ecfr.eu/publication/putins_hydra_inside_russias_intelligence_services/ .

3 Mark Galeotti, "Putin's Secret Weapon," July 7, 2014, https://foreignpolicy.com/2014/07/07/putins-secret-weapon/ .

4 Mark Galeotti, "We Don't Know What to Call Russian Military Intelligence and That May Be a Problem," *War on the Rocks*, Jan. 19, 2016, https://warontherocks.com/2016/01/we-dont-know-what-to-call-russian-military-intelligence-and-that-may-be-a-problem/ .

（Vlanetin Korabelnikov）遭到免職，馬克・加里奧蒂在《外交政策》（*Forign Policy*）撰文指出，「隨同特種暗殺小隊在車臣行動，比起在莫斯科玩弄宮廷政治，似乎更令他舒適。」[5] 柯拉別列尼科夫的職位最終在二〇一一年由伊戈爾・謝爾貢（Igor Sergun）接替，他不僅和普丁更為親近，穿梭於克里姆林宮凶險迷陣的天賦也更為高明。[6] 接著在二〇一二年，新任國防部長謝爾蓋・紹伊古（Sergey Shoygu）就職，他支持總參謀部情報總局重新成為俄國三軍的先鋒。

同時，在機密掩護之下，情報總局開始自我改造為俄國政府內部（或許也是全世界）最具攻擊性的駭客入侵機構這一過程。「他們陷入停滯，想盡辦法不被降格，」加里奧蒂這麼說，他從任職英國外交部的時候開始，花了三十年時間和俄國情報機構的局內人對話，關於現代情報總局公開發表的著述內容，或許多過所有其他分析家。「從二〇〇八到二〇一四年，情報總局試圖向克里姆林宮重新展現其作用和價值。方法之一就是更認真投入網路。」

按照加里奧蒂的說法，在該局極力重塑自身之時，最近那場喬治亞網路戰給了它一幅草圖。「情報總局就在這時說：『啊哈！』」加里奧蒂說：「癱瘓及竄改網頁這麼簡單的事，就能改變戰爭結果。」（二〇一〇年，震網展現更加強大許多的網路戰模式，但這種模式在此後數年間，似乎仍在情報總局的技術能力範圍之外。）

我沒有問到一個能夠提供情報總局蛻變之內部細節的人。但這些改變的時機，在我看來不只是巧合：這些年代與約翰・霍奎斯特在iSight Partners公司的團隊所發現的沙蟲攻擊時間順序大致相符，從這些駭客二〇〇九年已知的第一次入侵，到沙蟲在二〇一四年崛起為危險性與眾不同，專門攻擊關鍵基礎設施的行動。

到了該年俄國入侵烏克蘭之時，情報總局的重振旗鼓已是顯而易見。接管克里米亞的行動計畫，多半根據情報總局的情報而擬訂。率領「小綠人」入侵，武裝及煽動烏克蘭東部親俄分離主義者的，正是總參謀部情報總局。[7] *全世界有所不知的是，該局也已經不動聲色地為網際網路前所未見的那種網路戰做好了準備工作。

擁有百年歷史的俄國軍事情報機構，其最新化身「向全世界展現了俄國今後想要進行戰爭的那個世界：混合偷偷摸摸、撇清責任、顛覆，以及外科手術式的暴力。」加里奧蒂在那年七月如此寫道：「情報總局重新回到全球間諜賽局之中，手上的新劇本將在今後的年代裡成為西方的一大挑戰。」[8]

---

5 Galeotti, "Putin's Secret Weapon."
6 Galeotti, "Putin's Hydra," 6.
7 Galeotti, "Putin's Secret Weapon."
* 二〇一八年春，調查性新聞網站冒險者（*Bellingcat*）和俄國新聞網站局內人（*The Insider*），也指名兩位情報總局官員應對馬來西亞航空公司ＭＨ一七班機遭到擊落，二百九十八名平民死亡負責。其後數月間，同樣這些調查者們也點名三位情報總局特工是企圖暗殺謝爾蓋・斯克里帕爾的刺客。（"MH17— Russian GRU Commander 'Orion' Identified as Oleg Kannikov," *Bellingcat*, May 25, 2018, https://www.bellingcat.com/news/uk-and-europe/2018/05/25/mh17-russian-gru-commander-orion-identified-oleg-ivannikov/；以及"Third Suspect in Skripal Poisoning Identified as Denis Sergeev, High Ranking GRU Officer," *Bellingcat*, Feb. 24, 2019, https://www.bellingcat.com/news/uk-and-europe/2019/02/14/third-suspect-in-skripal-poisoning-identified-as-denis-sergeev-high-ranking-gru-officer/。）
8 同前引書。

*

但這段歷史並未解答我的基本問題：沙蟲在想些什麼？又是什麼激起軍民不分的無限制網路戰？

一份更晚近的文件，似乎能為俄國軍方的思維，以及他們對於軍民之分的理解，提供一孔之見。二〇一三年，俄文期刊《軍事工業信使》（*Voenno-Promyshlennyi Kur'er*）刊載一篇二千字的文章，標題頗為枯燥：〈科學的預見價值〉（The Value of Science in Prediction）。這篇文章乃是根據俄軍參謀總長瓦列里．格拉西莫夫將軍（Gen. Valery Gerasimov）發表的一次演講。[9] 它在西方很少獲得注目，但馬克．加里奧蒂一年後在自己的部落格刊登了譯文。[10]

「在二十一世紀，我們看到一種模糊戰時與平時狀態的傾向，」文章如此開頭：「戰爭再也不經宣告，一旦開戰，則依照著一套我們所不熟悉的範本進行。」

> 新資訊科技促成了武裝力量與控制機關之間的空間、時間及資訊差距大為縮減。戰略及作戰層次上，大編隊兵力在前線的接戰逐漸成為明日黃花。對敵方遠距離、不接觸的行動，正逐漸成為達成戰鬥及作戰目標的主要手段。挫敗敵方目標的行動實施於其領土全境。

附在文中刊出的一張圖表，言簡意賅地逐條列出戰爭的「新型態與新方法」。其中包含：

- 「藉由短時間內摧毀某國軍用及民用基礎設施之至關重要功能，減損其軍事與經濟潛能。」

- 「在一切實體環境及資訊空間中同步作戰。」
- 「不對稱及間接行動之運用。」

格拉西莫夫將北非各國發生的阿拉伯之春革命，指為這種新型態戰爭的經典範例，堅稱它們表現出外在政治因素足以削弱或摧毀一個政權。他這部分的分析反映出一套可疑的陰謀理論——無疑在克里姆林宮內部獲得普遍採信——即認定突尼西亞、埃及和利比亞的起義，全都由西方政府以某種方式祕密煽動。

但在加里奧蒂寫下自己對於格拉西莫夫文章的評註之時，阿拉伯之春的類比看來只不過是一套託詞，其實要說的是俄國本身能夠削弱或摧毀它的敵人。格拉西莫夫論證，達到這個目標的方法是對敵方社會穩定的文柱進行非傳統、不對稱和隱祕的攻擊，通常運用他稱為「資訊對策」（informatsionnoye protivoborstvo）的手段。

當加里奧蒂在二〇一四年七月發表他對格拉西莫夫演說的評論，題為〈「格拉西莫夫主義」與俄國的非線性戰爭〉，他從這篇演說裡看出預見性的解釋，足以說明俄國入侵烏克蘭的最初數月間所採取的策略。即使在網路戰的跡象披露之前，俄國就偷偷派出脫掉軍服的官兵越境，以不實訊息

9 Valery Gerasimov, "The Value of Science Is in the Foresight: New Challenges Demand Rethinking the Forms and Methods of Carrying Out Combat Operations," *Military-Industrial Courier,* Feb. 27, 2013, translated and reprinted in *Military Review,* Jan./Feb. 2016, https://www.armyupress.army.mil/portals/7/military-review/archives/english/militaryreview_20160228_art008.pdf .

10 Mark Galeotti, "The 'Gerasimov Doctrine' and Russian Non-linear War," *In Moscow's Shadow,* Feb. 27, 2013, http://inmoscowsshadows.wordpress.com，存檔參看 http://bit.ly/2G2NsEK。

淹沒烏克蘭媒體，並利用烏克蘭內部的不穩形勢。

但當情報總局干預美國總統選舉的事件在兩年後發生，它突然看來像是格拉西莫夫所描述的概念影響更深遠，也更陰險的一個範例，此時付諸實行了。隨著二〇一六年末到二〇一七年間，圍繞著俄國駭客入侵選舉相關目標的公眾狂熱增長，西方主流媒體開始提及格拉西莫夫主義，稱之為理解俄國一切戰事的關鍵。這個概念受到廣泛複述，使得加里奧蒂自己覺得有必要跳脫出來，他指出格拉西莫夫絕非提議發動混合戰，跨越傳統軍事前線的第一人——五年前的喬治亞戰爭就提供了明確的範例——他的「格拉西莫夫主義」甚至算不上一套正式或詳盡的主義，毋寧說是對俄國軍事思想演進的短暫窺探。

但在二〇一八年初，沙蟲與俄國軍方直接扯上關係之後，我不禁看到了格拉西莫夫的概念也同樣能夠解釋沙蟲的行動。格拉西莫夫提議的「資訊對策」，未必限於不實訊息或宣傳。事實上，加里奧蒂和吉爾斯都向我強調，常用的俄語辭典裡並不區分「資訊戰」及提示駭客行動之破壞性或實體後果的「網路戰」概念。兩者都被納入同一個詞彙「資訊戰」（informatsionnaya voyna）。「不論是改變某人心意或達到實體影響，都是同一回事。」吉爾斯說。

格拉西莫夫所說的「於其領土全境」針對敵方目標的「遠距離、不接觸行動」，完全符合沙蟲的做法，從斷電到「不是佩提亞」皆然。沙蟲並非俄國軍方內部某個反常或無賴的派系，它是俄軍最高統帥戰略的直接表現。

*

要是情報總局和俄國軍方思想的模糊輪廓難以從官方層面辨析，要深入基層官兵的思維就遠遠更加困難。當我向加里奧蒂和索達托夫詢問情報總局普通駭客的心理側寫時，他們都從一個簡單的答案說起：這些人聽命行事。

加里奧蒂解釋，聯邦安全局惡名昭彰地將編制內駭客與它所吸收的網路罪犯混合在一起，往往以避免入獄為條件逼迫後者合作。當情報總局在二〇〇八年開始建立自己的駭客入侵行動，加里奧蒂說，它轉而採用速度遠遠更慢，但更可靠的過程：招募年紀十八歲或十九歲的駭客，然後如同訓練士兵那樣培訓他們。

從最平淡無奇的層面看來，這意味著相較於其他俄國政府部門的駭客，情報總局駭客更有可能身穿軍服，在真正的情報總局大樓裡上班。但加里奧蒂說，這種士兵心態同時意味著，情報總局駭客對於執行高風險，甚至高度破壞性的行動更無顧忌。該局維持著一種陽剛的軍人文化，敢於冒險就能得到獎賞，甚至到了目光短淺的地步。「他們更有可能因為嘗試做些什麼而獲得升遷，即使無效也沒關係，而不是因為辦事可靠。」加里奧蒂對我說：「要是你證明了自己積極又有效，上司會對你另眼相看。」

加里奧蒂提醒我，即使許多支特種部隊多年前就脫離情報總局掌控，它仍是特別行動殺手和破壞人員的發源地，而這種精神影響了該局上下。「駐外武官和深入敵後炸橋暗殺的突擊隊員，都在同一個組織裡，」他對我說：「有時還是同一個人。最低限度上，他們感受到彼此的聯繫。」

按照跟我談話的俄國事務專家們所描述，情報總局基層人員的心態，看來多半也跟格拉西莫夫的憤世嫉俗一致，也就是讓他相信西方煽動了阿拉伯之春的同一套陰謀推論。許多俄國軍人堅信，烏克蘭的主權完全是西方的發明，該國最近的革命不過是美國策動的政變。攻擊烏克蘭這個「偽國家」不只是討好上級、不得已而為之的任務而已，在與歐洲和美國不宣而戰、持續進行的第二次冷戰，更是一項愛國職責。

但索達托夫警告我，這種對情報總局駭客的刻版形象塑造絕非普遍通用。與加里奧蒂的說法相反，其中有些人實際上是外部約聘人員和私營部門的自由工作者，他們被徵用服役，對這件事沒有多少選擇餘地。

對於情報總局軌道上的這些次要參與者，他們的個人動機就不同了。要是身為研究員、研發者甚至行動駭客，卻拒絕為國服務，就有可能面臨事業、職業生涯毀於一旦，甚至更慘的下場。「人們用許多事物掩飾恐懼：用愛國主義、用憤世嫉俗。」索達托夫對我說：「但你跟人們談話的時候，會看到恐懼起了很大作用。你刮開他們的表面，就會看見恐懼。」

第三十三章

SANDWORM

懲罰

二〇一八年二月某個午後，川普的白宮發布一份極其簡短又直截了當的聲明：

二〇一七年六月，俄國軍方發動史上破壞力最大、損失最慘重的網路攻擊。這次稱為「不是佩提亞」的攻擊迅速傳遍全世界，在歐洲、亞洲、美洲各地造成數十億美元損失。這是克里姆林宮顛覆烏克蘭的持續努力之一環，無比清楚地展現出俄國介入正在持續的衝突。這也是一次魯莽輕率的無差別網路攻擊，必將遭受國際制裁後果。11

隨著這四句話張貼於白宮官方網站上的某個頁面，美國政府終於公開承認俄國在烏克蘭的網路

11 Sarah Huckabee Sanders, "Statement from the Press Secretary," Whitehouse.gov, Feb. 15, 2018, https://www.presidency.ucsb.edu/documents/statement-the-press-secretary-the-notpetya-cyber-attack .

戰。圍攻開始之後將近三年半，攻擊在全世界其他地方爆發將近八個月後，這份承認才終於到來。

即使從當天的時間順序看來，這項聲明也是來遲了：英國情報機構政府通信總部當天一早已經發布聲明，將「不是佩提亞」歸咎於俄國，比白宮快了一步。但美國在下午稍晚發布聲明之後，加拿大、澳大利亞、紐西蘭等國的情報機構，也都各自跟進確認。到了當天深夜，所謂五眼國家（Five Eyes）的全體成員國——五大英語系國家情報機構的鬆散聯盟——共同發表罕見的聯合確認，將不是佩提亞與俄國聯繫起來，並譴責攻擊，好讓他們的調查結果不留一絲懷疑餘地。[12]

當然，克里姆林宮無論如何都會否認。「我們強烈拒絕這種指控，我們認為這種指控無憑無據，它們是以仇恨俄國為基礎、同樣無憑無據的運動之一環。」普丁的發言人季米特里．佩斯科夫（Dmitry Peskov）在莫斯科對記者說。[13]

白宮絕不會拿出證據支持自己的聲明。但它承諾會有後果，過了一個月，後果也就發生了：美國財政部宣布針對十九人和五個組織實施新的制裁。[14]但多數被點名的個人，看來都與不是佩提亞毫無瓜葛。名單列出的禍首在俄國各式各樣的不當行為中被送作堆，其中多半仍著重於干預二〇一六年大選一案。他們包括網際網路研究中心（Internet Research Agency）這個聖彼得堡機構的十二名員工，該機構付錢給平民工作者，讓他們用引戰和支持川普的言論淹沒社群網站，同時也是這門生意的諮詢機構及承辦公司。但也點名了總參謀部情報總局及其局長伊戈爾．科羅博夫（Igor Korobov），以及該局三名副局長。儘管這些情報總局官員在歐巴馬政府先前的制裁中早已榜上有名，但新的制裁名單加上一名尚未被制裁過的副局長，以及情報總局訓練學校的校長。

一如多數制裁，懲罰純粹是財務上的。儘管如此，它還是會對制裁對象帶來個人影響。對這些榜上有名的人來說，要在生活中完全不與一切美國公司往來——以至於其他任何想要跟美國保持友好關係的公司——絕非易事，戰略與國際研究中心（Center for Strategic and International Studies）俄國事務專家詹姆士．路易斯當時這麼告訴我。「它讓你或多或少被華爾街拋棄了，」路易斯說：「你要去匈牙利度假，向他們出示俄國信用卡嗎？俄國信用卡是什麼玩意？你把這些人從美國經濟切割開來，那會產生全球性影響。」

在對俄國駭客行為的一切否認之後，川普政府看來終於以冰河流動般遲緩的時機，意識到自己再也不能漠視克里姆林宮變本加厲的數位暴行。「或許讓人難以置信，但白宮對俄國的態度似乎硬起來了。」路易斯說。

制裁公告當天與記者的通話中，川普總統的國土安全顧問湯姆．博塞特明確表示，不是佩提亞其實才是最需要索賠的事項——它在美國期望同儕國家在網際網路上如何行事這方面，侵犯了一條

---

12 “Russian Military ‘Almost Certainly’ Responsible for Destructive 2017 Cyber Attack,” National Cyber Security Centre website, Feb. 15, 2018, https://www.ncsc.gov.uk/news/russian-military-almost-certainly-responsible-destructive-2017-cyber-attack；“CSE Statement on the NotPetya Malware,” Communications Security Establishment website, Feb. 15, 2018, https://www.cse-cst.gc.ca/en/media/2018-02-15；“New Zealand Joins International Condemnation of NotPetya Cyber-attack,” Government Communications Security Bureau, Feb. 16, 2018, https://www.gcsb.govt.nz/news/new-zealand-joins-international-condemnation-of-notpetya-cyber-attack/；“NotPetya Malware Attributed,” CERT Australia website, Feb. 16, 2018, http://www.cert.gov.au.

13 “Kremlin Slams ‘Russophobic’ Allegations That Pin NotPetya Cyber Attack on Russia,” *TASS*, Feb. 15, 2018, https://tass.com/politics/990154.

14 “Treasury Sanctions Russian Cyber Actors for Inter-ference with the 2016 U.S. Elections and Malicious Cyber- attacks,” U.S. Depart-ment of the Treasury website, March 15, 2018, https://home.treasury.gov/news/press-releases/sm0312.

明言或不明言的紅線。「合眾國政府認為，輕率散播、漫無約束的任何惡意軟體，都侵犯了比例原則與區別對待的每一項標準和期望。真正負責任的國家不會這麼做，」博塞特說：「我們另外有個期望：不是佩提亞這樣的工具不能被輕率使用，導致全球各地損失一百億美元甚至更多，不只在歐洲，也包含美國。」

博塞特說，經由當天的制裁，美國政府的用意在於不容置疑地呈現這條紅線的樣貌。「我們申明了規則，」博塞特補充：「我們也開始明定與這條規範相關的罰則。」

*

白宮對俄國的斥責，為任何期望預防今後網路戰全面爆發的人，傳達出樂觀的訊息：終於，史上最惡劣的網路攻擊獲得了「某種」回應，而非多年來看似庇護了沙蟲行徑的完全逍遙法外。

但這份樂觀被同時發出的另一則危險訊息給遮蔽了：聯邦調查局和國土安全局在宣告制裁當天也發布一份聲明，證實俄國駭客自二〇一六年起，鎖定了範圍廣泛的美國關鍵基礎設施目標，其中包含供水及電力事業，有些還是核電廠。[15]而且不同於先前關於駭客鎖定這類目標的警告，例如二〇一四年沙蟲初次入侵美國公用事業，這些駭客潛伏得很深。

在少數案例中——所幸不是核電廠——入侵者的滲透範圍超出公用電業的傳統資訊網路，深入其工業控制系統之中。他們還沒有跨越界限，對實體設施造成真正破壞。但他們對設施控制已經取得了足夠的存取權，隨時可以開始任意操控。數月之後，國土安全部長基爾斯琴．尼爾森（Kirstjen Nielsen）解釋，這樣的行動看來像是偵察——她形容這是在試圖「準備戰場」。[16]

按照各方說法，這些駭客不同於沙蟲。從資安研究員所能判斷的範圍來看，這個新集團並未使用沙蟲的任何一項獨門工具、技術或基礎架構。資安公司賽門鐵克在六個月前的一份報告中，首先詳細記載他們的攻擊，將入侵歸責於該公司稱作蜻蜓二點零（Dragonfly 2.0）的一個集團，而不點名這些駭客可能屬於哪一國。但賽門鐵克確實提到，先前從來沒有人發現過公用事業網路被滲透得這麼深的證據——除了烏克蘭兩次斷電之外。[17]

「只差一步就能實施破壞，和真正……能夠切換發電開關，兩者有所差別，」賽門鐵克的資安分析師錢艾力（Eric Chien，音譯）當時對我說：「我們現在談的是這種事情可能在美國發生的現場技術證據，除了外面世界上某個行為者的動機之外，再也沒有什麼能夠阻止他。」

這時，二〇一八年三月，美國政府證實了所有人都在懷疑的事：把手指放到了開關上的行為者正是俄國，唯一一個國內駭客先前膽敢關閉平民用電的國家。即使在全世界開始意識到沙蟲威脅之際，這個集團的破壞社會實驗，似乎也正在轉移到俄國駭客的其他行動——對付新的受害者。

---

15 "Russian Government Cyber Activity Targeting Energy and Other Critical Infrastructure Sectors," US-CERT website, March 15, 2018, https://us-cert.cisa.gov/ncas/alerts/TA18-074A.

16 Blake Sobszak, "DHS on Russian Grid Hackers: 'They Are Doing Research,' " *EnergyWire*, Oct. 3, 2018, https://www.eenews.net/energywire/stories/1060100359.

17 Andy Greenberg, "Hackers Gain Direct Access to U.S. Power Grid Controls," *Wired*, September 6, 2017, https://www.wired.com/story/hackers-gain-switch-flipping-access-to-us-power-systems/.

第三十四章 SANDWORM

壞兔子、奧運破壞者

將「不是佩提亞」歸咎於俄國軍方，是迄今為止對沙蟲的情報總局身分最強烈的確認。可是就在二〇一八年最初幾個月，這個身分似乎逐漸清晰之際，兩件詭異的事件卻讓局面變得曖昧不明，這兩件事看來都令人直接聯想到這個駭客集團的破壞軌跡。但它們也包含令人費解的偏離沙蟲形象之處，打破了我試圖用來理解其行動的任何明確心理模式。

第一個事件作為不是佩提亞的某種餘震而發生。二〇一七年十月二十四日一早，ESET的安東·切列帕諾夫正坐在ESET總公司同一間休士頓戰情室的相同座位上，這時他再度開始接收到勒索軟體的截圖，取自這家資安公司的東歐客戶。這一次的勒贖訊息在要求受害者支付比特幣解密檔案的文字上方，顯示出意義不明的「壞兔子」（BAD RABBIT）字樣。再一次，這種惡意軟體在烏克蘭網路迅速擴散。它很快就襲擊了奧德薩機場和基輔地鐵，再度癱瘓了大眾運輸系統的信用卡支付。

切列帕諾夫曾用似曾相識形容這種感受。一如四個月前應對不是佩提亞，切列帕諾夫從ESET防毒軟體蒐集的資料中，發掘出這種惡意軟體的一個新鮮樣本，開始拆解程式碼。他很快就發現，這種惡意軟體一如先前，運用了可愛貓和一種從美國國家安全局外流的技術，在不同主機之間擴大感染。但出人意料的是，它並未包含不是佩提亞所使用的永恆之藍程式碼。它反倒只用了國家安全局外洩工具庫裡，以舊版Windows為目標的永恆浪漫程式，以及一套自訂編碼機制，在它試圖經由國家安全局駭客工具所利用的同一種電腦間通訊功能傳染之際，循環使用一套共用密碼。

更奇怪的是ESET從世界各地運行該公司防毒軟體的電腦上開始擷取到的統計數據。其中顯示，這一次的蠕蟲只加密了數百部主機——相較於不是佩提亞的毀滅性結果，僅僅是很小一部分。最怪異的是，受害者的數量翻轉了：絕大多數被感染的電腦在俄國，不在烏克蘭。ESET偵測到的受害者整整百分之六十五來自俄國，相形之下，烏克蘭只比百分之十二略高一些。

ESET和俄國資安公司卡巴斯基的分析師們分析這種壞兔子惡意軟體的來源時（他們立刻這麼為它取名），他們發現它經由所謂的水坑攻擊手法（Watering hole attack）傳播，這是入侵某些網站，以感染網站訪問者的技術。駭客們侵入了俄國、烏克蘭、保加利亞和土耳其等國的一連串新聞網站，在這些網站頁面植入程式碼，要求訪問者下載內含勒索軟體的偽造Flash更新程式。這種技術與攜帶著不是佩提亞酬載、專攻烏克蘭的強大後門相比，顯得粗陋又草率。

但壞兔子和不是佩提亞是由同一批駭客發布的，這點卻幾乎毫無疑問。據資安公司群擊指出，它包含整整百分之六十七的相同程式碼。[18] 壞兔子爆發數小時後，卡巴斯基就揭露了更有力的證

18 Dan Raywood, "The Rabid Ransomware Bunnies Behind #BadRabbit," *Infosecurity*, Oct. 25, 2017, https://www.infosecurity-magazine.com/news-features/badrabbit-rabid-ransomware-bunnies/.

據：結果顯示，不是佩提亞在至少一個案例中，也是經由水坑攻擊傳播的。卡巴斯基發現，烏克蘭新聞網站 Bahmut.com.ua 在六月二十七日不是佩提亞觸發當天遭到入侵，被用來傳送這種蠕蟲。該公司分析師當時將那個網站的入侵，聯繫到另外三十個網站所遭受的一系列攻擊，其中許多網站這時正在傳播壞兔子。看來，不是佩提亞的幕後主謀，已經為壞兔子的後續行動準備好幾個月。

但是為什麼？即使在二〇一七年秋天，沙蟲還沒正式牽連到俄國軍方之前，所有跡象也都暗示，這個集團的駭客為克里姆林宮效力。俄國政府駭客會出於怎樣的動機，故意以惡意軟體感染數百部俄國電腦？

當切列帕諾夫和他的上司羅伯·李波夫斯基苦思這些無法匹配的線索，他們注意到壞兔子攻擊有個可疑之處：這種惡意軟體侵入烏克蘭地鐵及機場網路等基礎設施的確切手法仍未被解釋清楚，但這些感染看來都是高度針對性的。同時，襲擊俄國電腦的水坑式攻擊，則讓他們覺得更隨機得多。「那看來像是一層煙幕，」李波夫斯基對我說：「他們有自己想要感染的對象。然後他們在其他地方到處釋出惡意軟體，以分散注意力。」

李波夫斯基提醒，他只能推測——壞兔子仍然無法憑直覺解釋。但他的理論暗示，這次攻擊可能有兩個不同目的：它順道再次打擊了烏克蘭的基礎設施；同時，還針對調查者創造出新一層混淆加密。「它把事情混淆了，」李波夫斯基對我說：「使得目標國家遭受的攻擊無從歸因。」

情報總局真的麻木不仁到了隨機摧毀俄國自身公民的電腦，就只為了虛晃一招的地步嗎？事實上，它的下一次行動揭示，為了挑動不確定性，它情願做得變本加厲。

＊

二〇一八年二月九日晚上八時前，在韓國東北部的高山中，吳尚珍正坐在平昌奧林匹克體育場的記者席裡，距離二〇一八年冬季奧林匹克運動會開幕典禮即將舉行的巨大圓形舞臺約有數百英呎遠。*

三萬五千名觀眾興奮期待著，但很少人的感受跟吳尚珍一樣熱切。這位四十七歲的公務員在平昌冬季奧運籌備委員會，已經當了三年多的技術主任。他為這場奧運會監督建立了一套資訊後端，由首爾兩處資料中心的一萬多臺個人電腦、將近二萬五千部行動裝置、六千三百部無線網路路由器和三百部伺服器，加上夥伴公司設施內的一百多部額外伺服器共同組成。

幾分鐘前，他從其中一家夥伴公司得到消息，該公司發生某種技術問題。事實上，該公司的差錯是一項長期困擾。吳尚珍氣惱地回覆：就連此時此刻，全世界一致矚目著他們負責的這場盛事，公司都還在排除故障嗎？

但首爾的兩處資料中心並未回報任何這種問題，吳尚珍的團隊相信，夥伴公司資料中心的問題是可以應付的。他這時還不知道，這些問題已經使得某些出席者無法列印票券，因而進不了體育場了。他在位子上坐定，準備觀看職業生涯的精彩一幕在眼前揭曉。

* 譯者案：漢字姓名參看 http://cdb.chosun.com/search/m-people/mchosun/people_beforeview.jsp?uci=G010+1-02142006062300374939。

晚上八時前十秒，數字開始一個接一個在舞臺周圍的投影燈光裡成形，兒童合唱團的聲音則以韓語為冬奧會開幕倒數：「十！」「九！」「八！」「七！」。

在倒數之間，吳尚珍的三星 Galaxy Note 8 手機突然亮起來。他低頭看去，看到一位下屬從韓國流行的通訊應用程式 KakaoTalk 傳來一則訊息。訊息內容是吳尚珍在此時此刻所能收到的最大噩耗：首爾資料中心的所有網域控制器，正被某種力量逐一關閉。

開幕典禮正在進行中，成千上萬枚煙火這時正在體育場四周施放，數十位巨大人偶和韓國舞者登上舞臺。吳尚珍卻無心觀看。他拚命傳訊息給全體團隊人員，他們此時正看著整套資訊後端遭到關閉。他隨即意識到，夥伴公司方才回報的不只是小差錯而已，這是攻擊正在發生的最初跡象，他必須趕回技術營運中心。

就在吳尚珍踏出記者區，走向出口的同時，他身邊的記者已經開始在抱怨無線網路似乎突然停止運作。體育館和另外十二處奧運場館內，轉播著開幕典禮的成千上萬部連網電視也都熄滅了。進入每一處奧運場館建築的無線射頻辨識（RFID）安全門全都故障。奧運會的官方應用程式也故障了，程式要從後端伺服器接收資料，伺服器卻突然提供不了任何資料。這意味著不知凡幾的購票觀眾無法將票券下載到手機裡，不能進場觀賞表演。

吳尚珍的心情既惱怒又超乎現實。平昌冬季奧運籌委會對這種狀況已有準備：他們的網路安全顧問團自二〇一五年至今已經開過二十次會。他們早在前一年六月就已經開始實施演練，模擬網路攻擊、火災、地震等災害。但吳尚珍還是幾乎不能相信，其中一種噩夢場景這時真實上演了。「真的發生了。」吳尚珍自忖，彷彿要把自己從這一切都只是噩夢的感覺裡搖醒。

吳尚珍設法穿越人群之後，立即奔向體育場出口，走進平昌冬夜的冰冷空氣裡，穿過停車場，這時有兩位資訊人員隨同。他們跳上一輛現代運動型休旅車，開始駕車東行四十分鐘，穿山越嶺前往奧運會技術營運中心的所在地——海濱城市江陵。

吳尚珍立即從車內打電話給體育館內的資訊人員，要他們開始發送無線網路熱點給記者，並通知保全人員手動檢查證章，因為無線射頻辨識系統全部故障。但他知道，開幕典禮再過兩小時出頭就要結束，數萬名到場的運動員、出席貴賓和觀眾，屆時會發現他們既不能連上無線網路，也無法使用滿載著行程表、飯店資訊及地圖的奧運會應用程式，結果將是顏面掃地的大亂。要是他們在隔天上午之前還修復不了伺服器，籌委會的整套資訊後端——負責從訂餐到預訂飯店，甚至訂票等一切功能——就會繼續斷線。不曾在奧運會發生過的一種技術慘敗，就會在全世界網際網路最發達的其中一個國家裡上演。

晚上九時，開幕典禮進行到一半，吳尚珍抵達江陵的奧運會技術營運中心，這是一間龐大的開放式討論室，一面牆上鋪滿螢幕，一百五十名員工各有辦公桌和電腦。他走進來的時候，許多員工都三五成群站著，焦急地討論要如何應對這波攻擊，攻擊也阻止了他們使用電子郵件、訊息等多項個人基本功能。

奧運會團隊的九部網域控制器全都以某種方式遭到癱瘓，同樣這些中樞伺服器的資料清除，先前也幾乎重創快桅航運。資訊人員們決定以某種暫時變通辦法應對，將所有驅動著無線網路和奧運會應用程式等關鍵服務的倖存伺服器，全都設定成逕自繞過這些斷線的網域控制器。開幕典禮結束前僅僅幾分鐘，他們設法將這些系統重新上線。

隨後兩小時，正當員工們試圖重建網域控制器，重新創造出更長遠、更安全的網路之際，他們發現這些伺服器不可思議地一再損壞。網路內部的某種惡意存在仍然持續著，破壞伺服器的速度快過他們所能重建。

午夜前數分鐘，吳尚珍和他的資訊管理員們不得不決定，將所有系統從網際網路切斷，試圖將它們與破壞者隔絕開來，而破壞者顯然仍存在於系統內部。這意味著將所有服務全部斷線——就連冬季奧運會公開官網也不例外——同時全力清除從內部摧毀他們網路的不管哪一種惡意軟體感染。

那一夜剩下的時間裡，吳尚珍和他的團隊拚命重建著這次奧運會的資訊基礎架構。直到清晨五時過後不久，與籌委會合作的韓國資安公司安博士（AhnLab），設法建立一套病毒碼特徵庫，得以協助吳尚珍的團隊為網路上連接的成千上萬臺個人電腦及伺服器進行接種，抵抗攻擊根源所在的那個謎樣的惡意軟體，該惡意軟體的檔名就只是 winlogon.exe。早上六時三十分，奧運會的資訊管理員們重新設定一百二十名員工的密碼，以封阻可能已被駭客盜用的任何存取途徑。就在韓國時間早上八時前，奧運會遭受網路攻擊幾乎整整十二小時之後，吳尚珍和徹夜未眠的員工們終於從備份將伺服器重建完成，並且重新啟動所有服務。

令人驚喜的是，他們的緊急鑑別應對奏效了。當天的單板滑雪、跳臺滑雪和冰壺項目競賽全都順利進行，頂多只有無線網路出現一些小問題。成千上萬運動員和千百萬觀眾始終不曾察覺到，奧運會資訊人員才剛在前一天深夜，不眠不休地擊退一次危害整場奧運會的網路攻擊。

即使如此，回想起開幕典禮的那一夜，吳尚珍仍是滿腔怒火：「對我來說，奧運會是關於和平的。我還是覺得很憤怒，竟然有人攻擊這項盛事，而沒有任何明確理由。」他在數月後對我說：

「要是我們無法解決問題，它就會讓這些和平的賽事蒙上巨大污點。我只能盼望國際社會能夠想出辦法，確保這種事絕不重演。」

第三十五章 SANDWORM 偽旗

數小時內，謠言就開始輾轉流傳到了網路安全社群：冬季奧運會開幕典禮期間的網站、無線網路及應用程式故障，是由外力造成的。平昌冬季奧運籌委會很快就證實，奧運會的確成了網路攻擊目標，但籌委會拒絕評論攻擊來源。這次事件反倒在全球舞臺上成了一篇駭客偵探小說——可能的禍首人數多得讓人傷腦筋。

任何在韓國發生的網路攻擊，意料中的嫌疑犯當然是北韓。這兩國在一九四五年分裂之後的內戰始終不曾正式宣告終戰，為北韓這個閉關自守之國效力的駭客，長久以來都像俄國對付烏克蘭那樣，把南邊的鄰居當成某種線上沙包使用。十年來，北韓駭客對韓國目標的攻擊種類一應俱全，從粗陋的垃圾網路流量攻擊波，到刪除資料的惡意軟體——這番齊射跟沙蟲的網路戰手法一樣猛烈又持久，即使沒那麼精密。在奧運會籌備階段，資安公司邁克菲（McAfee）的分析師們發出警告，使用韓語的駭客以釣魚郵件和看似間諜軟體的惡意軟體，鎖定平昌冬季奧運的組織人員攻擊，他們在電話中向我暗示，北韓有可能幕後策動了這場間諜陰謀。19

但隨著奧運開始，北韓似乎正在試驗一種更友善的姿態。北韓獨裁者金正恩指派他的妹妹擔任外交特使參加奧運會，並邀請韓國總統文在寅訪問北韓首都平壤。[20]兩國甚至採取了出人意料的做法，聯合編組奧運女子冰球隊以展現友誼。[21]北韓為何要在這波魅力攻勢之中發動一次破壞性的網路攻擊？

再來是俄國。克里姆林宮本身具有攻擊平昌冬季奧運的動機：事實上，該國的奇幻熊駭客已經入侵並外洩奧運相關目標的資料數年之久，以報復反禁藥調查對俄國運動員協同使用體能增強藥物實施懲處。二〇一八年冬季奧運會之前，國際奧林匹克委員會做出最終裁決，正式全面禁止俄國參賽。俄國運動員可以參加奧運，但不得配戴俄國國旗或代表色，他們獲得的任何獎牌都會歸屬於他們個人，而不列入母國記錄。[22]有可能刺激克里姆林宮針對開幕典禮施放某種破壞性惡意軟體的，正是這種輕慢。要是俄國政府不能享受奧運會，那麼誰都別想享受。

19 Andy Greenberg, "Hackers Have Already Targeted the Winter Olympics — and May Not Be Done," *Wired*, Feb. 1, 2018, https://www.wired.com/story/pyeongchang-winter-olympics-cyberattacks/.

20 Joe Sterling, Sheena McKenzie, and Brian Todd, "Kim Jong Un's Sister Is Stealing the Show at the Winter Olympics," CNN, Feb. 10, 2018, https://www.cnn.com/2018/02/10/asia/kim-sister-olympics/index.html.

21 Ivan Watson, Stella Ko, and Sheena McKenzie, "Joint Korean Ice Hockey Team Plays for First Time Ahead of Olympics," CNN, Feb. 5, 2018, https://edition.cnn.com/2018/02/04/sport/north-south-korea-ice-hockey-intl/index.html.

22 Rebecca R. Ruiz and Tariq Panja, "Russia Banned from Winter Olympics by I.O.C.," *New York Times*, Dec. 5, 2017, https://www.nytimes.com/2017/12/05/sports/olympics/ioc-russia-winter-olympics.html.

但如果俄國想要藉由攻擊奧運會的伺服器傳遞什麼訊息，訊息的內容卻很不明確。就在開幕典禮前幾天，該國搶先否認對任何奧運相關目標發動過駭客入侵。「我們知道西方媒體正在策劃，對大韓民國主辦的冬季奧運會相關資訊資源遭受駭客攻擊之所謂『俄國指紋』這個主題進行偽調查，」俄國外交部長向路透社表示：「當然，不會有證據公諸於世。」[23]

事實上，有大量證據不太明確地提示俄國應當負責。但分析攻擊的鑑識指紋，卻變得比釐清攻擊的地緣政治動機更加令人困惑。

開幕典禮過後三天，思科的 Talos 資安團隊透露，它已經取得並剖析攻擊奧運的惡意軟體，命名為奧運破壞者（Olympic Destroyer）。奧運籌委會的某位成員，或者韓國的安博士資安公司，把那個程式碼上傳到 VirusTotal 供分析之用，思科的逆向還原工程師就在那兒找到它。思科發布的奧運破壞者剖析，其中敘述大致與不是佩提亞和壞兔子相似：它有一種類似於可愛貓的密碼竊取工具，又一次將這些偷來的密碼和 Windows 的正當功能結合，以便擴散到網路內部的其他電腦，還有一種抹除組件，從主機裡刪除掉一個啟動組態檔，然後關閉電腦，讓電腦再也無法重開機。

但與壞兔子不同的是，不是佩提亞與奧運破壞者的程式碼似乎並沒有明確吻合之處。即使它包含了類似功能，但這些功能顯然是從頭重建起來，或從別處複製來的。資安公司群擊的分析師們，會發現另一組明顯的俄國指紋：比方說，攻擊奧運的惡意軟體所使用的 C＋＋程式語言版本，與沙蟲的 XData 勒索軟體相符，它處理從受害主機所竊取之憑證的機制也相同。但惡意軟體分析師們挖掘得愈深，這些線索就變得愈發詭譎。奧運破壞者的資料抹除部分，特性與一組資料抹除程式碼相同，但使用這組程式碼的不是俄國，而是名為拉撒路的北韓駭客集團。[24]當思科的研究員們將兩組抹除碼的邏輯結構並列，它們看來大致吻合。而且兩者都以同一種獨特手法破壞檔案，它們只刪除檔案的前一千位元組資料。[25]北韓到頭來還是攻擊的幕後主使者嗎？

但還有其他更加矛盾的指標。資安公司 Intezer 注意到，奧運破壞者程式碼中近似於可愛貓的部分，有一大段與一個名為「APT3」的駭客集團所使用的工具完全吻合。該公司也將奧運破壞者用以產生密鑰的一個組件追溯到第三個集團——「APT10」。[26]他們指出，就該公司分析師所知，這個加密組件先前從來不曾被其他駭客團隊使用過。APT3和APT10兩個集團，都被多家資安公司同時點名為可能與中國政府有關。[27]

俄國？北韓？中國？鑑識分析師們追查得愈深，他們距離確切的結論似乎就愈遠。

資安世界先前就見識過許多次偽旗行動：多年來，幕後策動每一次大規模攻擊的國家資助駭客，

---

23 "Olympics Officials Confirm There Was a Cyber Attack During the Opening Ceremony—and Russia's Already Denying They Did It," Reuters, *Business Insider*, Feb. 11, 2018, https://www.businessinsider.com/r-games-organizers-confirm-cyber-attack-wont-reveal-source-2018-2.

24 Juan Andres Guerrero-Saade, Priscilla Moriuchi, and Greg Lesnewich, "Targeting of Olympic Games IT Infrastructure Remains Unattributed," Recorded Future blog, Feb. 14, 2018, http://www.recordedfuture.com，存檔參看 http://bit.ly/2CXNGdd。

25 Paul Rascagneres and Martin Lee, "Who Wasn't Responsible for Olympic Destroyer?" *Talos* (blog), Feb. 26, 2018, http://blog.talosintelligence.com，存檔參看 http://bit.ly/2UuAyDs。

26 Jay Rosenberg, "2018 Winter Cyber Olympics: Code Similarities with Cyber Attacks in Pyeongchang," *Cybersecurity DNA* (blog), Feb. 12, 2018, http://www.intezer.com，存檔參看 http://bit.ly/2WvQFCD。

27 "Advanced Persistent Threat Groups: Who's Who of Cyber Threat Actors," FireEye, http://www.fireeye.com，存檔參看 http://bit.ly/2MG27qI。

都把自己偽裝成別人，他們的假面具從網路罪犯到激進駭客，再到他國特工，不一而足。但這次不太一樣。從來沒有人看過這麼多欺敵手法被包裝在同一件軟體裡。涉入奧運破壞者宛如走進一片由鏡子構成的迷宮，每一條死路盡頭都是一面不同的偽旗。

*

在這片混亂與誤導的迷霧中，洩露給《華盛頓郵報》記者艾倫．中島的一則消息，以毫不含糊的陳述撥雲見日。她的報導題為〈美國官員表示，俄國間諜攻擊奧運，並試圖表現得像是北韓所為〉。[28]《華盛頓郵報》又一次引述美國情報機構的不具名消息來源——有兩人——他們指稱俄軍總參謀部情報總局的特殊技術主力中心幕後策動這次攻擊，也就是應當對「不是佩提亞」負責的同一批駭客。看來可以由此推知，奧運破壞者是沙蟲的傑作，或是沙蟲在情報總局裡的同事們所為。

《華盛頓郵報》這篇報導看來可信。即使玩弄這麼多伎倆，奧運破壞者在我看來，卻恰好就是沙蟲和情報總局已經從事多年的那種輕率破壞行為。但中島的報導並未引述任何證據——至少沒有提出可供大眾查核的證據。隨著克里姆林宮主動否認與任何駭客攻擊奧運的行為有關，結果是兩國政府互相矛盾的說法陷入某種僵持。即使其中一國政府的可信度遠高於另一國，在網路安全社群的懷疑論者看來，爭論卻遠未平息。他們怎能確信不具名的「美國官員」解開謎底，而不只是被奧運破壞者層層謊言的某一層給耍弄了？

不久，另一組線索出現在一個令人難以置信的來源：卡巴斯基實驗室。影子掮客從美國國家安全局竊密一事牽連到卡巴斯基的軟體之後，位於莫斯科的這家資安公司蒙受更強烈的猜疑。但在二〇一八年三月，該公司踏進奧運破壞者的泥淖，找出實際上坐實了俄國涉案的證據。

卡巴斯基不是從奧運籌委會，而是從一家同樣遭受攻擊的滑雪勝地旅館取得奧運破壞者惡意軟體副本。看來，其實除了奧運會本身之外，駭客還試圖入侵各式各樣與奧運會相關的目標，但卡巴斯基只能證實有兩處滑雪場遭到入侵（連同一家滑雪裝備自動化公司，以及法國資訊服務供應商源訊〔Atos〕）。和卡巴斯基分享惡意軟體樣本的這家旅館遭受嚴重感染，以至於該旅館的自動化滑雪門和滑雪纜車一度癱瘓。

當卡巴斯基的韓國分公司團隊將惡意軟體樣本傳回莫斯科進行分析，該公司的全球研究與分析團隊開始撒下印粉採集指紋。但他們並未像思科、Intezer 等其他公司立即進行的那樣，專注於惡意軟體的程式碼，而是查看該軟體的「標頭」（header），軟體詮釋資料的這一部分，包含了用於編寫軟體的編程工具種類之線索。將這個標頭與卡巴斯基龐大的惡意軟體樣本資料庫裡其他樣本對照，他們發現它與思科 Talos 團隊業已指出的，和奧運破壞者特徵相同的同一個北韓資料抹除惡意軟體樣本完全吻合。

但在這個例子裡，一位名為伊戈爾・蘇門科夫（Igor Soumenkov）的卡巴斯基高級研究員決定更進一步。蘇門科夫是駭客神童出身，多年前還在青少年時代就被延攬加入卡巴斯基研究團隊，他

28 Ellen Nakashima, "Russian Spies Hacked the Olympics and Tried to Make It Look Like North Korea Did It, U.S. Officials Say," *Washington Post*, Feb. 24, 2018, https://www.washingtonpost.com/world/national-security/russian-spies-hacked-the-olympics-and-tried-to-make-it-look-like-north-korea-did-it-us-officials-say/2018/02/24/44b5468e-18f2-11e8-92c9-376b4fe57ff7_story.html.

對於檔案標頭有一套獨門的深厚知識，決定對同事們的調查結果進行複核。某天深夜，在該公司莫斯科辦公室工作告一段落時，他確認了這個標頭詮釋資料，其實與奧運破壞者程式碼本身的其他線索不符；這個惡意軟體不是用標頭所暗示的那種編程工具寫成的。詮釋資料被偽造了。29

這與研究員們所執著的所有其他那些誤導跡象不同。奧運破壞者裡的其他障眼法之所以傷腦筋，部分是由於無從辨別哪些線索屬實、哪些是欺敵手法。但這時，在圍繞著奧運破壞者惡意軟體的一切偽旗深處，蘇門科夫發現了一面「可被證偽」的旗幟。

這時完全清楚了，某人試圖讓這個惡意軟體看來像是北韓所用，卻在蘇門科夫一絲不苟的三重查核之下，只因為一個破綻而失手。「這是一面完全可被證實的偽旗。我們可以百分之百肯定地說這是假的，因此主使者『不是』拉撒路集團。」蘇門科夫後來在卡巴斯基資安分析師高峰會上做了報告，其中提及那些普遍被相信是北韓人的駭客之名。30但無論是出於懷疑論的嚴苛，還是私下受到克里姆林宮某些影響，卡巴斯基的研究員們拒絕公開指明他們所確信的惡意軟體幕後主使者。

假如奧運破壞者真是情報總局的作品，它的時機看來就不只是巧合。正當俄國軍方即將因為史上最大網路攻擊而被揭發和懲罰之時，一件惡意軟體順手出現，其目的看來就是要質疑資安研究員確認任何網路攻擊來源的根本能力。「即使在它達成任務之際，它也向資安社群發出了訊息：你們不該這麼快歸因事件。」思科的克雷格．威廉斯對我說：「你們可能會被誤導。」這就好像情報總局感受到調查員從身後步步逼近，就拋下一顆煙霧彈，並且成功脫逃。

一切跡象前所未見地指出，俄國才是駭客攻擊奧運會的加害者，而不是北韓。但在謎題逐漸展開之際，我卻想起弗拉基米爾．雷岑描述過的那種特種部隊穿用的傘兵靴，鞋跟模仿敵國樣式與足跡而設計。這些偽旗也發揮了同樣功用：它們一出現，每一件證據全都蒙上一層疑慮，即使事實明明白白就擺在眼前。

29 Kaspersky GReAT Team, “OlympicDestroyer Is Here to Trick the Industry,” SecureList blog, March 8, 2018, http://securelist.com，存檔參看 http://bit.ly/2GcHdhR。

30 Kaspersky Lab, “Surprise Keynote,” YouTube, April 2, 2018, http://www.youtube.com .

第三十六章
SANDWORM

七四四五五

二〇一八年九月一個溫暖的秋日，我跨出約翰．霍奎斯特的座車，步上他在華盛頓郊區恬靜的兩層樓住宅車道，其中還有一座設備齊全的後院，和一隻非常親熱的黃金貴賓犬，名叫潘妮（Penny）。

身穿綠色T恤和短褲的霍奎斯特邀請我進屋。我們在他家見面，是因為他的第二個孩子出生後，他上個月向火眼總公司請了陪產假，正在休假中。當然，離開辦公室的這段時間，並未減弱他對沙蟲的癡迷。當我們在廚房的餐桌坐下，他第一次告訴我，他正在撰寫一部湯姆．克蘭西（Tom Clancy）風格的小說，已經寫了一萬字——當然，內容純屬虛構——故事是一位網路安全研究員，發現自己正在追蹤一個超級駭客團隊造成的破壞線索。他目前的暫定標題為「強尼救了網際網路」（Johnny Saves the Internet）。

但霍奎斯特也繼續在進行自己非虛構的駭客搜查。他要我從紐約到這兒來，是因為他和他的研究員團隊發現了新的連結，他想要親自向我闡述——重要的連結，而且他警告我，非常、非常複雜。我打開了手機裡的錄音機。

「我想想……七—四—四—五—五，」霍奎斯特不做開場白，突然這麼說：「我想那就是你要找的人。」

我停頓下來，目瞪口呆。「這是什麼意思？」我緩緩問道，一邊苦思著這串數字可能代表哪一種密碼。

「我認為七—四—四—五—五就是沙蟲。」他就事論事地說。

「七—四—四—五—五是什麼？」我再問，還是完全困惑著，同時懷疑霍奎斯特是不是在享受這場遊戲。

「那是部隊番號，」霍奎斯特耐心解釋，就像在對他的孩子說話那樣。「我認為七四四五五部隊就是你要找的人。」

我花了更久時間才搞懂霍奎斯特正在跟我說什麼。某種意義上，它正是困擾了我一年多，困擾霍奎斯特更久的那個謎題的解答。他的意思是，沙蟲就是俄軍總參謀部情報總局的七四四五五部隊。

霍奎斯特都還沒開始解釋支持他說法的證據，光是聽到這個番號本身，感覺都像一種頓悟。這五位數字並沒有立即向我透露我對沙蟲還不知道的任何事，但他們有可能代表沙蟲稱呼自己的祕密名稱。這個部隊番號也有可能是理解隱身代號背後，坐在網際網路彼端那些人的關鍵所在。

當我請求霍奎斯特說明這層聯繫是如何建立起來，他打開筆記型電腦，出示二〇一八年六月火眼的一份報告，他說該公司曾將這份報告發給某些情報部門的客戶，但並未公開分享。報告題為〈鎖定美國及法國選舉的攻擊，與奧運及其他攻擊事件相關〉。我一眼就能看出，在技術數據點之間，報告中包含一頁又一頁圖表和圖像連結。接下來兩小時，霍奎斯特向我詳細解釋一連串關聯，將我對於沙蟲、它在情報總局內部的地位，及其任務的想法徹底重新定義。

「基本上，你可以從不是佩提亞連結到奧運，再連結到攻擊選舉基礎設施，」霍奎斯特在我們一開始時就先做總結：「你讓自己掉進了好大一張網啊，朋友。」

*

霍奎斯特的研究員麥可．馬托尼斯在二〇一八年二月發現這條拆散整面網的浮線之時，並不是從奧運破壞者的酬載程式碼中找到線索的。反而，在奧運會網路攻擊消息見報之後頭幾天裡，馬托尼斯都在檢視這次行動一個瑣碎許多的要素：載有惡意軟體的假 Word 文件檔，它是奧運破壞行動幾乎造成災難的第一步。

馬托尼斯從 VirusTotal 擷取被感染的文件檔時，他看到這個誘餌在奧運開幕兩個多月前，即二〇一七年十一月下旬，被寄給國際奧委會人員。這個 Word 檔仿冒一份出席賽事的貴賓代表名單，但其中暗藏一個惡意巨集腳本，正是霍奎斯特的團隊在二〇一四年首次看到沙蟲使用，最晚在第一次發動斷電攻擊時仍繼續採用的那套文件內藏程式之簡單手法。

一如三年前德魯．羅賓遜在 iSight 辦公室為霍奎斯特團隊進行另一次調查時的做法，馬托尼斯開始梳理火眼的惡意軟體歷史資料庫，以及 VirusTotal，搜尋與那個程式碼相符的結果。第一次掃描時，他沒有找到。但馬托尼斯確實注意到，檔案庫裡有數十個被惡意軟體感染的文件檔，特徵與他的檔案大致符合：它們同樣攜帶著內嵌的 Word 巨集，而且如同針對奧運會的檔案，也是為了啟動某一套名為 PowerShell Empire 的共用駭客工具而建立。

但這些 Word 巨集陷阱彼此看起來卻大不相同。每一個巨集都有一層混淆加密層——正如羅賓遜在 iSight 辦公室裡解開的第一件沙蟲惡意軟體——而那層編碼的雜音看來每個樣本都各自不同。但在馬托尼斯對照這些惡意軟體樣本，細查雜音尋找線索的時候，他察覺到一個關聯。馬托尼斯拒絕向我透露他從亂數中抽取的模式；如同一位優秀賭徒，他想把駭客們的「小動作」保密，以便日後再度利用。但在最抽象的意義上，結果是這些檔案即使看似不同，它們看似不同的「方式」卻顯得一致。其實，就像那些全都在夾克上釘著同一個冷門樂團徽章，髮型都設計成同樣款式的青少年龐克，他們試圖顯得獨一無二，卻反倒因此成了某個容易辨識的與眾不同群體之一分子。

馬托尼斯很快就拼湊出來，雜音中的信號來源是一套共用工具，這些暗藏陷阱的文件檔全都用這種工具製作。它是一套開放原始碼程式，在網路上很好找，叫做惡意巨集產生器（Malicious Macro Generator）。馬托尼斯推測，駭客們選擇這個程式，是為了混入其他惡意軟體作者之中。但除了使用共同工具之外，馬托尼斯從檔案詮釋資料裡取得的作者姓名，也把這群惡意軟體聯繫在一起：它們幾乎全部都由某個名為「AV」、「BD」或「約翰」的人編寫。當他檢視惡意軟體反向連接的命令和控制伺服器——任何成功被感染的傀儡，都受到這些線操縱——這些主機的網際協定位址也幾乎全都重疊，只有少數例外。

這些指紋幾乎算不上精確。但在數週之間，他將線索的鬆散網格組裝起來，成了一張堅實的網，將這些假 Word 文件檔聯繫在一起。

當馬托尼斯建立起這些連結，令他血液上湧的是這些 Word 檔真正可見的內容，而不是藏匿其間的惡意軟體。這批文件檔裡的其中兩份文件可以回溯到二〇一七年春天，它們似乎鎖定了烏克蘭LGBT（男女同性戀、雙性戀及跨性別者）運動團體，運用的感染檔案冒充成一份同性戀權益組織的策略文件，以及一張基輔同志遊行的路線圖。其他檔案則以一份被感染的立法草案，鎖定烏克蘭公司及政府部門。

在馬托尼斯心中，奧運會攻擊的其他所有嫌疑犯全都消失了。只有一個國家會在將近一年前的同樣駭客行動中鎖定攻擊烏克蘭，那既不是中國，也不是北韓。

奇怪的是，在馬托尼斯發現的這批被感染文件檔裡，其他受到感染的文件似乎鎖定俄國企業及房地產世界的受害者。有一個俄國駭客團隊奉情報部門的監工之命，負責窺伺某些俄國寡頭嗎？他們是否參與了專事牟利的網路犯罪，以此為兼職？無論如何，馬托尼斯都覺得自己正朝著最終確鑿地突破奧運會網路攻擊的偽旗，揭露真正的攻擊來源邁進：那就是克里姆林宮。

*

馬托尼斯建立這些令人激動的初步連結，將奧運破壞者與俄國駭客攻擊一群耳熟能詳的受害者聯繫起來之後，他想再看看這些新連結會帶他走到多遠。他對霍奎斯特說，他在可見的將來都不會再到火眼辦公室上班。他反倒把自己鎖在華盛頓國會山莊區（Capitol Hill）的地下室公寓裡。接下來三週，他幾乎沒有離開過那個四百平方英呎的廂房，而是坐在摺疊椅上用筆電工作，背靠著家中唯一引來陽光的窗戶，細看有可能透露下一批駭客目標的每一個數據點。

前網際網路時代的偵探，可能會從查找電話簿開始，對某人進行初步搜索。馬托尼斯開始挖掘網路上與電話簿對應的事物，也就是稱為網域名稱系統（Domain name system, DNS）的全球網路目錄。域名伺服器將 facebook.com 之類可供人類閱讀的網域，轉譯為可供機器閱讀的網際協定位址，這列位址實際上描述了運行該網站或服務的連網電腦所在位置，像是「69.63.176.13」。馬托尼斯開始認真檢查他方才發現的惡意 Word 文件檔行動中，駭客們用作命令和控制伺服器的每一個網際協定位址，將這些網域轉譯為曾經存放過網域主機的任何網際協定位址。同時，他又運用一個反向查詢工具倒過來搜尋，找出任何單一網際協定位址曾經支援過的每一個網域，拼湊出一幅樹狀圖。

一旦為數十個涉及奧運會攻擊的網際協定位址及網域名稱做出樹狀圖，這次勘查的其中一個分支就導向了一個網域，宛如霓虹燈一般在馬托尼斯心中點亮。沿著他的網際協定位址及網域菊鏈（daisy chain）下推三條鏈結就是了：account-loginserv.com。

照相式記憶在情報分析中是有用的技巧。馬托尼斯一看到這個 account-loginserv.com 網域，立刻想起自己將近一年前也曾在聯邦調查局的一份「閃光警報」（flash）裡看過它，閃光警報是發給美國網路安全從業人員及潛在受害者的簡短警訊。這段警訊對於二〇一六年入侵亞利桑那和伊利諾兩州選舉委員會的駭客，提供一項新細節：同一批入侵者也偽造了一家投票技術公司——選民登記系統（VR Systems）的電子郵件，試圖誘騙更多與選舉相關的受害者提供密碼。*

* 在一家政府承包商工作的吹哨者瑞艾麗提．溫納（Reality Winner），將文件外洩給新聞網站《攔截》，其中揭露，同一批駭客也入侵選民登記系統公司。

馬托尼斯在一張紙上將這些關聯畫成錯綜複雜的圖，用一枚貓王磁鐵貼在冰箱上，他對自己的發現大為驚嘆。根據聯邦調查局的閃光警報──馬托尼斯對我說，他也向另一名人類消息來源確認過這層關聯，但拒不透露對方身分──偽造的選民登記系統公司電子郵件，是一次釣魚行動的一部分，這次行動還用上他在奧運破壞者地圖上找到的 account-loginserv.com 網域裡一個偽造的登入頁面。在網際協定位址和網域的長長鏈結盡頭，馬托尼斯找到一枚指紋，將攻擊奧運會的人，與先前直接鎖定二〇一六年美國大選的一次駭客入侵行動聯繫起來。

自從青少年時代開始，馬托尼斯一直是摩托車迷。他剛滿合法騎乘機車的年齡，就努力湊足了錢，買下一輛一九七五年出廠的本田 CB 七五〇。後來有一天，一位朋友讓他試騎自己的二〇〇一年哈雷機車，它配備一一〇〇 EVO 引擎。發動才三秒，他就在紐約州北部一條鄉間道路上以時速六十五英里飛馳，既害怕送命，同時又笑得不能自已。

當馬托尼斯終於畫出自己的鑑識網，智取史上最具欺騙性的惡意軟體，他說，他有相同的感受，這強烈的感受只能與一檔發動那輛哈雷機車比擬。他獨自坐在華盛頓公寓裡，盯著電腦螢幕大笑。

第三十七章
SANDWORM

高塔

當馬托尼斯向上司約翰・霍奎斯特回報這個調查結果，他們一致認為，再也沒有任何疑問了：幕後操縱奧運破壞者的駭客是俄國人，但這真是他們最中意的網路戰士亂暴隊伍——沙蟲的傑作嗎？

馬托尼斯在他所發現的新行動交會點與沙蟲過去的活動之間，做了一些紮實卻不太確鑿的聯繫：攻擊奧運的駭客將他們的命令和控制伺服器，放置在由FortUnix網路及全局控制層（Global Layer）等特定公司營運的資料中心裡，這些公司最有可能是因為它們接受比特幣支付，使得任何追蹤金流的鑑識更加困難而獲選的。而在少數例子裡，他可以看出這些主機支援公司彼此相同：Fortunix被某些最早的黑能源攻擊使用過，隨後又被奧運會駭客使用。奧運集群裡的其他攻擊，主機則設在全局控制層公司，像是沙蟲用來控制它所劫持之M.E.Doc伺服器的那些命令和控制伺服器。

不久，馬托尼斯做出更加引人注目的連結：沙蟲在不是佩提亞之前的小規模破壞攻擊中使用過的同一批命令和控制伺服器，其中之一也跟針對法國總統候選人艾曼紐・馬克宏（Emmanuel

Macron）陣營的入侵及洩密行動扯上關係。*沙蟲在不是佩提亞之前用於實驗的同一組後端伺服器，也被運用為另一次針對選舉的入侵及洩密行動之基礎架構。不是佩提亞與干預法國選舉有所牽連，一如奧運破壞者與針對美國的選舉干預扯上關係。火眼這張分析大綱的這些線路，侵犯了我可能想像過的，區分政治資訊戰與破壞性網路戰的任何明確界線。

我在二〇一八年初第一次和馬托尼斯談到沙蟲時，他對我描述過，它是俄國駭客工具箱裡的錘子。「你想要大肆破壞的時候，就叫上他們。」他在一場會議的早餐時間對我說。但他對沙蟲使命的概念改變了——我的概念也是。將沙蟲看作專事破壞的情報總局所屬部門，任何像這樣的簡單概念，如今看來都不完整。情況愈來愈明顯，情報總局的各個駭客團隊通力合作。

*

到了六月，火眼將馬托尼斯的調查結果，收集成了寫給客戶的那份複雜報告，霍奎斯特後來在他家廚房向我出示。同時，馬托尼斯又得出一個連結：針對烏克蘭社運人士、俄國房地產事業以及奧運會的同一個Word文件檔感染作戰，也同樣鎖定攻擊了禁止化學武器組織（Organisation for the Prohibition of Chemical Weapons），這個位於瑞士施皮茨（Spitz）的化學武器研究團隊，當時正在調查情報總局叛逃者謝爾蓋．斯克里帕爾父女毒殺事件。指向俄國涉案的矛頭清晰得前所未見。

火眼私下發表這些調查結果一個月後，美國政府為馬托尼斯和霍奎斯特正在拼湊的這幅拼圖，又補上了最後一塊。七月十四日，美國司法部發表一份起訴書，針對的是十二名俄軍總參謀部情報總局駭客干預二〇一六年美國選舉的角色。31這些刑事指控將在美國情報機構能夠行使完整調查權力之處，就連對於遠在天邊的國家資助駭客，也在所能透露的範圍內揭示入木三分的細節。

這份起訴書由特別檢察官羅伯．穆勒（Robert Mueller）提交，是為了查明俄國對於二〇一六年美國大選之全盤作用而進行的獨立調查之一環，其中甚至明確指出這些情報總局人員各自在駭客行動中的角色：例如，一位名叫阿列克謝．維克多羅維奇．盧卡謝夫（Aleksey Viktorovich Lukashev）的情報總局特工，被控鎖定民主黨及希拉蕊．柯林頓陣營人員發送釣魚郵件。謝爾蓋．亞歷山德羅維奇．莫爾加切夫（Sergey Aleksandrovich Morgachev）被控監督發明並運作惡意軟體的團隊，使用該軟體窺伺民主黨全國委員會人員數月之久。另一名情報總局官員伊凡．謝爾蓋耶維奇．葉爾馬科夫（Ivan Sergeyevich Yermakov）則被控竊取民主黨全國委員會伺服器的電子郵件，這些郵件隨後遭到外洩，導致慘重後果。這份起訴書甚至點名了多數駭客在情報總局的特定工作單位——二六一六五部隊——以及莫斯科的該單位地址：共青團大街二十號（20 Komsomolsky Prospekt）。

如同針對外國政府駭客的多數起訴，這些被指控的犯罪者幾乎可以肯定不會出庭受審。起訴反而是為了傳達訊息——點名羞辱涉案的個別駭客——並對他們的生活施加嚴厲限制。他們再也不可能踏上與美國訂有引渡協議的任何一國而不被逮捕。

＊ 讓馬托尼斯做出這樣的聯結，將沙蟲與針對法國選舉的入侵行動扯上關係的線索，象徵著穿越其調查之網的另一條漫長且錯綜複雜的路徑。完整的分解參看本書附錄。

31 Indictment, Case 1:18-cr-00215-ABJ, U.S. Department of Justice, July 13, 2018, https://www.justice.gov/file/1080281/download .

我第一次讀到這份起訴書時，即使它或許盡量揭露俄國針對選舉的駭客行徑之內情——由名為奇幻熊的團隊領軍的行動——我那時以為它與尋找破壞力量更大的沙蟲駭客無關。但霍奎斯特對於馬托尼斯調查結果的機密記憶猶新，他的解讀卻不同。他反倒特別專注於這十二人其中一人所遭受的指控：阿納托利．謝爾蓋耶維奇．科瓦廖夫（Anatoliy Sergeyevich Kovalev）。

科瓦廖夫在這份文件中，由於在二〇一六年入侵至少一州的選舉委員會，據稱盜取將近五十萬選民的資料而被單獨點名，這些資料包含姓名、地址、出生年月日、駕照號碼，以及社會安全碼的片段。起訴書接著指控科瓦廖夫入侵了一家公司，該公司軟體用於驗證選民登記資訊。

霍奎斯特看得出來，這些入侵都在馬托尼斯描繪的那張網裡：在促成這些選委會攻擊事件的基礎架構中，馬托尼斯發現了與攻擊奧運會事件強烈相關，以及更間接地與「不是佩提亞」和沙蟲相關的鑑識線索。對駭客攻擊選舉的這次起訴，顯示加害者都與這張更廣大的混亂之網相關。

科瓦廖夫的起訴書中細述，此人並不跟多數受到指控的駭客一樣隸屬於二六一六五部隊。他和另外兩名情報總局人員——亞歷山大．弗拉基米洛維奇．奧薩德丘克（Alesandr Vladimirovich Osadchuk）和阿列克謝．亞歷山德洛維奇．波坦金（Aleksey Aleksandrovich Potemkin）反而都隸屬於七四四五五部隊，駐地位於莫斯科市郊另一處不同地點：鄰近莫斯科的希姆基市（Khimki）基洛娃街二十二號（22 Kirova Street），這棟建築物在起訴書中被確認為「高塔」（The Tower）。

起訴書陳述，七四四五五部隊為二六一六五部隊入侵民主黨全國委員會及希拉蕊陣營提供了後端伺服器。但更令人意外的是，起訴書指控七四四五五部隊「協助」外洩從這些行動中竊取的電子郵件。起訴書陳述，七四四五五部隊協助建立了華府解密網站，就連冒充羅馬尼亞駭客古奇法二點零，自稱入侵了民主黨，並將竊取的電子郵件交付維基解密的那個人格面具，都是由他們建立的。

一套新理論在霍奎斯特腦中成形。二六一六五部隊是奇幻熊。七四四五五部隊是沙蟲。這兩個團隊的行動密不可分，在情報總局是一體兩面。他們工作單位的地址這時完全公諸於世了。

*

聯邦調查局在該局網站上張貼十二名被起訴駭客當中十一人的照片，我和霍奎斯特見面之後，凝視著七四四五五部隊三名成員的照片。指揮這個單位的亞歷山大．奧薩德丘克上校是一名五十六歲男子，有著褐色眼珠，以及犯罪小說《狄克崔西》（*Dick Tracy*）人物角色的那種寬闊而斑駁的面貌。他在照片中身穿海軍藍色的俄軍制服，配戴著大量勳章和徽章。[32]

在一名烏克蘭古董及收藏品賣家的網站上，其中一枚徽章似乎可供販售——聯邦調查局的照片解析度太低，無從確認——那是一大塊圓形的金色合金，中央刻著白色鑽石圖案。一道閃電和一把劍劃過這個圓，在寶石後方交叉。圖案底部是一條綬帶，上書「七四四五五」這個數字。徽章背面刻著一行銘文，譯成英文是「為祖國服務」。[33]

另外兩張臉孔令我更感興趣：阿納托利．科瓦廖夫和阿列克謝．波坦金兩人都年輕得多。三十

32 "Aleksandr Vladimirovich Osadchuk," Most Wanted, FBI website, https://www.fbi.gov/wanted/cyber/aleksandr-vladimirovich-osadchuk.

33 "Investigative Report: On the Trail of the 12 Indicted Russian Intelligence Officers," Radio Free Europe/Radio Liberty, July 19, 2018, https://www.rferl.org/a/investigative-report-on-the-trail-of-the-12-indicted-russian-intelligence-officers/29376821.html.

二歲的波坦金是兩人之中年長的一位，身穿藍色襯衫、打著領帶，綠色船形帽掩蓋了看似緊貼頭皮的短髮。他的淺藍色雙眼凝視鏡頭，目光堅定地近乎蔑視。[34]

被控親自動手入侵美國至少一州選舉委員會網站的科瓦廖夫，按照名單記載只有二十七歲。他的照片被裁去了頸部以下，看不出制服上的符號，即使頭髮剪得極短，他仍有一張坦率而聰明的面孔，是我在全世界網路安全公司或研究所的任何駭客臉上都能想見的。[35]二〇一七年，科瓦廖夫在網路安全會議建設性駭客日的網站上列為與會者。他記載自己的所屬單位是莫斯科國立技術大學（Moscow State Technical University）。我的俄語翻譯打電話給校方；她發現該校沒人聽說過他。[36]

我現在有三個姓名、三張臉孔和一個地址。這些是最低限度的線索。但我在見過霍奎斯特之後幾天裡意識到，它們也是我所能找到最趨近於紮實線索的事物。我把這些姓名和高塔的地址烙印在心中，訂了班機前往俄國。

第三十八章
SANDWORM

俄國

二〇一八年十一月下旬，我抵達聖彼得堡，正值該市長達十七小時、氣溫零下的其中一個冬夜深處。隔天早上，我走進市中心附近的Ａ２綠色音樂會俱樂部（A2 Green Concert Club），這是一座龐大的音樂展演場地，內部的磚牆閃耀著螢光綠和紫色，貝斯轟鳴。其中兩個房間裡，臺上的駭客正在報告技術研究成果，從工業控制系統的劫持手法，到自動提款機硬碟逆向還原，內容包羅萬象。而在建築物的其他地方，身穿暗色服裝的年輕人在俱樂部走廊上和酒吧裡晃蕩。其中一張餐桌上，俄國國營的聯邦儲蓄銀行正在招募資安工程師。另一張餐桌則是駭客們帶著筆電齊聚，努力在

34 "Aleksey Aleksandrovich Potemkin," Most Wanted, FBI website, https://www.fbi.gov/wanted/cyber/aleksey-aleksandrovich-potemkin .
35 "Anatoliy Sergeyevich Kovalev," Most Wanted, FBI website, https://www.fbi.gov/wanted/cyber/anatoliy-sergeyevich-kovalev .
36 Kevin Poulsen, "This Hacker Party Is Ground Zero for Russia's Cyberspies," Daily Beast, Aug. 3, 2018. https://www.thedailybeast.com/this-hacker-party-is-ground-zero-for-russias-cyberspies-3 .

最短時間內贏得一場入侵電子郵件伺服器的比賽。這是零夜（ZeroNights）——俄國最大的兩場駭客會議之一，而我期望它或許會是最佳時機，令我得知俄國駭客群體與俄軍參謀總部情報總局的互動方式。

接下來兩天的會議中，我對任何一位能夠開啟對話的俄國駭客，都問了那個恐怕在這場活動裡最無助於破冰的話題：他們國家的情報機構。我一提起這件事，大多數人就明顯變得疏離，告訴我他們對這個話題無話可說，然後找出藉口脫身。極少數願意開口的人則表示，他們不認識我正在尋找的情報總局七四四五五部隊那三名成員，也不認識別的情報總局特工。他們對我說的話看來反倒讓我愈來愈遠離事實，或在原地打轉：俄國政府沒有精密的駭客；它付不起錢供應他們。在這樣的場合裡，沒有人跟俄國情報部門合作。沒有哪個具備一技之長的俄國駭客，既聰明地展現駭客天分，卻又愚蠢地擔任愛國的情報總局特工。我不想跟相信俄國駭客攻擊美國選舉這一套的人說話。烏克蘭輸電網？你連駭都不用駭。只要稍待片刻，它就會自行瓦解。

終於，有一位資安研究員和我一起坐下，坦白承認他和其他認識的人，確實把駭客工具賣給了俄國政府——即使是間接的。他的情況是，他提供零日漏洞的訂購服務，以及利用零日漏洞的工具。他說，他的駭客用具是以工業控制系統軟體為目標。

他的買家包含了試圖查明客戶弱點、美國政府部門漏洞的滲透測試人員，他相信其中也有為克里姆林宮情報人員打掩護的俄國公司，即使他客氣地拒絕指出任何客戶的名字。他對我說，他不認識任何被迫與聯邦安全局或情報總局合作的人，但毫不懷疑自己和駭客夥伴們都跟那些人打過交道——無論知情與否。「他們不需要對你施壓，以前才會這樣，」他平靜地說，那時我們坐在俱樂部陽臺上，陳年菸味從隔壁的吸煙室飄散出來。「錢可以解決很多問題。」

他是否相信情報總局特工或他們的掩護公司也正在參加零夜，招兵買馬或採購工具？他對我說，他不知道，但他肯定在俄國其他會議上見過他們。「他們不會戴著徽章走來走去，」他說：「他們有可能是這裡的任何人。」

*

會後，我離開聖彼得堡，搭上開往莫斯科的游隼號（Sapsan）子彈列車，這些對話沒有帶來更多啟發，而是讓我更加困惑。那天晚間，當我走出列寧格勒車站，進入俄國首都核心，微雪正開始飄落。但我即使接近情報總局的地理中心，卻發現自己面對著它的機密，仍是白費心思。

隔天造訪卡巴斯基實驗室全球總部時，我實實在在感受到這堵機密之牆的不可穿透；我來到它在莫斯科西北部公路旁外觀時髦的玻璃大樓，蘭花和達利（Salvador Dalí）的大象雕刻裝飾著白色鑲版的大廳。在四樓一間會議室裡，我見到了伊戈爾・蘇門科夫，這位聰穎的資安分析師首先找出了最有說服力的線索，證明奧運破壞者攻擊與北韓無關。

接下來一小時，我為了這個令人刮目相看的調查結果採訪他，而這位瘦削、面容和善的三十二歲男子，帶著大學教授的全副自信與清晰，以無懈可擊的英語清楚說明北韓無罪的理由。他在會議室的白板上圖解軟體編譯器的運作方式，說明惡意軟體的標頭不符之處，透露出它的偽旗企圖失敗。那時，卡巴斯基也已經從奧運破壞者之中，查出火眼的麥可・馬托尼斯所發現的其中大部分關聯，將奧運會駭客與針對烏克蘭、俄國企業及瑞士化學武器實驗室的攻擊聯繫起來。（蘇門科夫並未提及這些駭客與美國各州選舉委員會遭受攻擊的關聯，正是這層關係讓他們牽扯上了情報總局七四四五五部隊。由於馬托尼斯和霍奎斯特私下和我分享這個數據點，我也就沒對蘇門科夫提起。）

在我與蘇門科夫的一小時簡報即將結束時，我總結了在我看來，他向我清楚說明的內容：奧運會的攻擊顯然不是北韓所為。「看來完全不像他們，」蘇門科夫同意。

肯定也不是中國人，即使暗藏在奧運破壞者之中，更為顯而易見的假造程式碼，早先曾經騙過某些研究員。「中國人的程式碼很好認，而這看來不一樣。」蘇門科夫再次同意。

最後，我提出那個顯眼的問題：如果不是中國，也不是北韓，那麼是誰幹的？看來，消去法的結論差不多就跟我們一起坐在會議室裡，卻不能大聲說出口。

「啊，關於這個問題，我帶了好玩的遊戲來。」蘇門科夫說，語調故作歡快。他抽出一個小小的黑色布袋，取出一對骰子。黑色小方塊的每一面都寫著「匿名」、「網路罪犯」、「激進駭客」、「美國」、「中國」、「俄國」、「烏克蘭」、「網路恐怖分子」、「伊朗」等字樣。我以前看過這副所謂的歸因骰子（attribution dice），這個道具是為了闡述一種虛無主義觀念：沒有哪一次網路攻擊可能被追本溯源，任何人想要追溯網路攻擊都只是猜測而已。

拿著骰子的時候，蘇門科夫的臉頰微微泛紅。或許房間很悶，即使我沒感覺到。也或許蘇門科夫為了掩蓋他內心的智識誠信協助揭露的那個答案，而感到難堪。又或許他感受到安德烈．索達托夫向我描述過的，那種存在於俄國網路安全社群中，簡直呼之欲出的恐懼。

蘇門科夫將骰子拋擲到桌上。「歸因是很麻煩的遊戲。」他說：「幕後主謀是誰，那不是我們的說法，也絕不會是。」

*

在俄國的最後一個早上，我走出旅館，沿著莫斯科河岸走向共青團大街二十號，情報總局二六一六五部隊的駐地，他們是二〇一六年俄國干預美國選舉行動的首要行為者。當我走近那處如今在美國控告這些駭客的起訴書中惡名昭彰的地址，我先經過一座雕飾華麗的正教教堂，然後來到充滿整個街區的一長排褪色的黃色樓房。每一棟樓中間三分之一的立面，都有一排希臘圓柱，彷彿示意著它作為學術機關的無害身分——此地的正式名稱是軍訓教官學院（Institute of Military Instructors）。

但親眼見到這座建築物，卻表明了其中包含著比學校更被小心守護的事物。前門以整齊的紅色木板封住，側門的嚴防則令人哭笑不得：衛兵透過鐵門檢查訪客，三座沙包堆成的強化土墩圍繞著門，每座土墩正面都裝著弧形鋼板，鋼板上留有槍眼。這三座微型掩體都漆成綠色，蓋上偽裝網，因此在莫斯科市中心的人行道上看來醒目地可笑。我看見兩名身穿黑大衣的年長男子進門，隨後是一名身穿綠色冬季軍服的年輕男人。然後，我在衛兵還沒察覺我盯著看之前快步離去。

或許沙蟲就在這扇門裡面。但從烏克蘭第一次黑能源攻擊到真實的部隊番號和地址，自始至終唯一試圖追蹤這條線索的霍奎斯特，他的理論卻指向另一處地點。我也想去看看那座建築物。當白雪再度開始落下，我搭上地鐵北行，幾乎坐到終點站。將近一小時後，我出站搭上計程車，越過莫斯科河，來到郊區的希姆基市。計程車司機在基洛娃街二十二號放我下車：這裡是高塔，情報總局七四四五五部隊的駐地。

毗鄰莫斯科河的希姆基街區，由一九六〇及一九七〇年代的蘇聯式磚造公寓樓構成。那天下午，這些公寓樓寧靜的庭院覆蓋著白雪，成了一幅共產時代懷舊的恬靜風情畫。但在河岸上，高塔俯瞰著它們，這是一座至少二十五層樓的鋼結構玻璃帷幕大樓。

我走過一家修車廠、一處社區體育館，以及高塔設防的大門，門上的標示大約可以英譯為「兵力整建總局」（Glavnoye Upravleniye Obustroystva Voysk），四周圍繞著監視攝影機。接著我走下一道鐵梯，來到河邊的一條小徑，河面在城市北端開闊起來，凍結成了一條完全平坦的白雪緞帶。背靠著河，高塔就直直矗立在我頭上，由陡坡上一道高高的鐵柵欄阻隔。我不用望遠鏡看不出窗內有沒有人影，而我勇氣不夠，不敢嘗試使用。

我突然想到，這是我和追蹤兩年的這些駭客之間盡可能最接近的一次。走過將近五千英里的旅途，我卻沒有比自己在維吉尼亞州北部約翰．霍奎斯特家的廚房那時，更能接近於理解或揭發沙蟲。我感覺自己需要找出沙蟲的棲息地。但這時看來，我彷彿也被網路戰地理的同一種特點給戲弄了，正是這種特點使得烏克蘭警察查抄M.E.Doc的伺服器室變得出奇荒謬。正如不是佩提亞違逆人類對於武器投射之實體起源的直覺——正如距離不足以保護受害者——鄰近也無法讓我更有意義地靠近加害者。

一名警衛出現在我頭上的停車場邊緣，從高塔柵欄裡面往外看——是在看我，還是抽根菸休息片刻，我無法分辨。該是我離開的時候了。我沿著莫斯科河向北走，離開高塔，穿過街區公園和道路鋪上一層白雪的寂靜，來到附近的火車站。在返回市中心的列車上，我從結凍的河對岸看了那棟玻璃大樓最後一眼，直到莫斯科的天際線將它吞沒。

第三十九章
SANDWORM

大象與暴動分子

當霍奎斯特告訴我，俄軍總參謀部情報總局七四四五五部隊就是沙蟲集團，我很想相信他。那五位數再怎麼無法理解，似乎都為沙蟲之謎提供某種解答。但即使在我記掛著對高塔的想像飛往俄國之前，我都無法忽視那揮之不去的懷疑，在在告訴我故事全貌沒那麼簡單。

擁有國家安全局駭客追捕者這項政府部門資歷的羅伯．李，早在數月前就警告過我，從火眼到卡巴斯基再到ＥＳＥＴ，國際上追蹤沙蟲的研究者，全都只看到片段。他指出，他們多半都是在分析駭客攻擊過後遺留的惡意軟體線索，而不及其他證據，例如取自受害者記錄檔的入侵資料。

李解釋，這種惡意軟體分析取徑的問題在於，高度精密的駭客攻擊行動，通常都不是由單一團隊獨自實施的。反而一如任何發達產業，在稱職的情報機構中，駭客會按照專業分工。一個團隊可能只被指派開發工具，另一個團隊可能專門在目標網路內部獲得最初存取權，第三個團隊可能奉命接手那個立足點，監看植入網路的間諜軟體，或進行下一階段的入侵，像是從資訊網路滲入連結工業控制系統的電腦。

李指出，我所知道的沙蟲故事版本，問題就出在這個集團被追蹤的方式，多半是透過它所使用的軟體線索。就連「沙蟲」一名都來自於黑能源感染程式碼中的《沙丘魔堡》指涉。網路安全研究社群從這些最初的指紋入手，尋找與這些入侵相關的其他軟體跡象，再將這些行動歸類為沙蟲的作為。但如果這些行動的相同之處其實只有同一組軟體研發人員，運用程式碼進行攻擊的行動團隊卻各自不同呢？「你們在追蹤惡意軟體，但開發的人跟使用的人不一定相同。」李在電話中警告我。結果可能會造成像這樣的錯誤認知：把一連串謀殺案兜在一起，說成是單一幫派行凶，但其實只不過是凶器全都出自同一家槍械店而已。

我必須承認，沙蟲網路戰的戰線本身就至少有兩條不同主線，這點看來是事實：其中一條似乎專門摧毀資料，從KillDisk到「不是佩提亞」，另一條則似乎在鍛鍊造成實體影響的攻擊，直到崩潰覆寫（又名工業摧毀者）為止。假如他們是兩個不同集團，唯一的關聯只是共用同一個軟體研發團隊呢？

在德拉哥斯，李試圖闡明兩者的區別，做法是為他所見的沙蟲研發團隊另取新名稱，在提及其惡意斷電軟體時稱之為「電金」（Electrum）。事實上，他論證，這個研發人員團隊甚至有可能只是私人承包商，並不隸屬於同一個部門。「媽的，我們在追蹤的那個電金，說不定是俄國的博思艾倫公司（Booz Allen）。」李如此思忖過：「他們有可能是情報總局，但也有可能是一套共享資源。」

起初率先分析奇幻熊襲擊美國選舉相關目標一案的資安公司群擊向我提過，它有另一套不盡相同，但同等棘手的理論：沙蟲——或按照群擊對該集團的命名，巫毒熊——可能是俄國情報機構試圖製造最大損害時，在行動後段派出的重拳攻擊小組。群擊公司的情報副總裁亞當・梅耶斯

（Adam Meyers）向我暗示——但拒絕提供佐證——他看過該集團的指紋伴隨著眾多其他俄國駭客集團的指紋出現，包括群擊確信不屬於情報總局行動，而是聯邦安全局的其中一個集團。

梅耶斯的初步設想是，巫毒熊／沙蟲可能是一套共享資源，但種類與李的說法不同：可能有另一個集團被指派存取網路，投放酬載的時間一到，就由沙蟲接手。「巫毒熊可能是一個專業破壞團隊，是情報總局和聯邦安全局合作的成果。」梅耶斯說：「它可能多少像是集體努力，上場就是為了進行破壞性或摧毀性攻擊。」

二〇一八年秋天，火眼也和我分享過一套完全不同的理論。聽了麥可・馬托尼斯對於奧運會攻擊、不是佩提亞和選舉入侵行動三者，用過同一組命令和控制伺服器的分析之後，我忍不住想，這是否象徵著「又一種」追蹤沙蟲，卻有可能讓局面變得更加渾沌的不同方式。畢竟，馬托尼斯正在追蹤這些不同攻擊之間的基礎架構關聯，並將它們與沙蟲的行動和軟體聯繫起來。但如果李是對的，那麼這三種要素——軟體、伺服器、操縱鍵盤的手——或許全都出自不同團隊之手。

圍繞著沙蟲的更廣大研究群體，已經開始提醒我盲人摸象的故事。一個人抓住大象的尾巴，認定牠是繩索。另一個人摸到牠的腳，說牠是柱子。第三個人觸碰到牠的耳朵，就發誓大象必定是某種大扇子。

追蹤沙蟲的偵探們都在觸摸著同樣一小段身體，並得出同等迥然相異的結論。霍奎斯特和馬托尼斯等人進行必要的邏輯跳躍，將他們的觸覺經驗集合成為單一而複雜的動物概念。像李這樣的其他人則小心謹慎，只描述自己能夠直接觀察到的——這裡是軀幹、這裡是尾巴，每一個可能都是獨立的有機體。從沙蟲最初的蹤跡浮現開始，歷經這麼多年的努力和鑑識突破，那隻動物的全貌卻還是一個令人灰心的謎。

*

然而，就在我拜訪約翰・霍奎斯特數日後，英國政府的國家網路安全中心（National Cyber Security Centre）發布一份引人注目的文件。它最終證實俄軍總參謀部情報總局與沙蟲的關聯，在網路戰的迷霧之下建立起一層基本事實。

正如我預期會在政府對於國家資助駭客攻擊的聲明中讀到的，它只提供結論，而不告知推出結論的線索。但它的作用是為了過去兩年來我連結到沙蟲的幾乎所有網路攻擊，對俄國政府發出某種總括批判。最終可能應當歸咎於哪個情報機構，可以平息任何經久不息的疑問？

「我們的訊息很明確：我們將與盟邦一同揭露，並回應情報總局破壞國際穩定的企圖，」英國外交大臣傑瑞米・韓特（Jeremy Hunt）聲明：「情報總局的行動輕率、不分青紅皂白：他們試圖損害及干預他國選舉；他們甚至樂意危害俄國公司及俄國公民。這種行為模式表現出他們罔顧國際法及既定規範行事的欲望，並且自覺不受懲罰、無需承擔後果。」37

聲明附帶著兩份清單。一份枚舉了英國政府目前所能確認的，網路安全社群對於情報總局相關的駭客集團所使用的各種化名。這些名稱包含本書內文中，幾乎每一種稱呼所有已知俄國參與者的方式：「奇幻熊」、「黑能源行為者」、「網路金鵰」、「巫毒熊」，最後則是「沙蟲」。

文件接著列出它連結到這些行為者的一連串行動：不是佩提亞。壞兔子。襲擊民主黨全國委員會。入侵世界反運動禁藥組織。試圖入侵禁止化學武器組織，馬托尼斯將這次行動與奧運破壞者聯繫起來。對於以上每一次行動，國家網路安全中心都宣稱（並強調），它「高度確信情報總局幾乎肯定負有責任」。

以下這個基礎事實再也沒有任何懷疑餘地：不論沙蟲的形貌為何，曾被歸因於它的幾乎任何一次攻擊，如今都被指稱為俄軍總參謀部情報總局的工作成果。

事實上，這陣信號聲恰好就在描述沙蟲這一實體的明確界線開始崩解之時傳來。我對沙蟲與奇幻熊兩者有別的感受開始瓦解了。*我曾經相信沙蟲是單一一支網路戰部隊，專門進行實體破壞，但它如今看來定義更不清楚。研發與行動團隊的界線也變得模糊。它的任務在我的理解裡，再也不具備網路攻擊破壞作戰的純粹性，而是混合專門以選舉為目標的影響力行動。

這一切全都意味著，將霍奎斯特團隊在二〇一四年發現的那個集團，看作具有名稱的獨特實體，且自有一套行動，這樣的認知正在喪失效用。這一簡單模型再也無法符合實情。在這層意義

37 "Reckless Campaign of Cyber Attacks by Russian Military Intelligence Service Exposed," National Cyber Security Centre website, Oct. 4, 2018, https://www.ncsc.gov.uk/news/reckless-campaign-cyber-attacks-russian-military-intelligence-service-exposed.

* 約莫同一時間，另一組新線索也正在模糊沙蟲與奇幻熊的界線：ESET在二〇一八年十月揭露一套它稱之為「灰能源」（GreyEnergy）的工具，該公司表示，沙蟲用它接替黑能源，鎖定攻擊烏克蘭和波蘭的工業控制系統受害者。接著在二〇一九年二月，卡巴斯基揭露那套灰能源惡意軟體與奇幻熊的關聯，指出奇幻熊內部有一群人，似乎與灰能源惡意軟體同時鎖定同樣的受害者，而且使用同樣的命令和控制伺服器。（Anton Cherepanov and Robert Lipovsky, "GreyEnergy: Updated Arsenal of One of the Most Dangerous Threat Actors," *We Live Security* (ESET blog), Oct. 17, 2018, http://welivesecurity.com，存檔參看 http://bit.ly/2D5atDU；以及 Kaspersky ICS-CERT, "GreyEnergy's Overlap with Zebrocy," *SecureList* (blog), Jan. 24, 2019, http://securelist.com，存檔參看 http://bit.ly/2DdFEwK。）

上，沙蟲的故事結束了。

但身分之下隱藏的謎題卻解開了。答案就是一路走來愈來愈清晰的這個答案。盲人摸到大象的哪一部分都不重要。這頭動物就是俄軍總參謀部情報總局，效力於俄羅斯聯邦及其總統弗拉基米爾・普丁。

*

霍奎斯特對於沙蟲的一致理論，將它乾淨俐落地對應到七四四五五部隊及其希姆基高塔，這或許是對的——也可能不對。不在情報機構的局外人，大概不可能加以確認或反駁。

但二〇一八年那個溫暖的秋日午後，當霍奎斯特在他家廚房向我敘述他的理論，某種意義上，它太笨重了，我的頭腦無法處理。同樣一群情報總局駭客關閉烏克蘭的燈光、放出不是佩提亞、攻擊奧運會、入侵美國各州選舉委員會，甚至出力創造怪異的偽人格古西法二點零？這些迥然不同到了荒誕地步的任務，怎麼可能全都屬於情報總局內部一個駭客團隊的職權？

然而，在霍奎斯特看來，將沙蟲連結到七四四五五部隊，卻有著某種違背直覺的解釋力。在他向我描述的同時，這層關聯使得沙蟲集團全部歷史背後的動機變得更清楚了。這時他看得出來，干預選舉的影響力行動與破壞性攻擊基礎設施之間並沒有什麼界線。他如今確信，「這一切全部」都是一種影響力行動。

「重點不在於關掉燈光，」霍奎斯特說，雙眼在頓悟中睜圓了。「而是要讓人們『知道』你能夠關掉燈光。」

霍奎斯特指出，俄國在烏克蘭的網路戰，其實並未導致任何具體的軍事勝利。領土擴張、敵方傷亡或其他戰術性勝利都沒有達成。其全盤動機是心理層面的：削弱烏克蘭人民的抵抗意志。「這無關於戰場上的具體變化，而是要讓人們感到自己不再安全。」霍奎斯特堅稱：「沒有軍事目的和長遠目的，而是關於『心理』目的，要把戰爭帶出東部前線，帶到基輔去。」

霍奎斯特對我說，正如駭客攻擊選舉是為了擾亂公民對於自身民主政治正常運行的信任基礎，攻擊基礎設施也是為了動搖公民對自身社會根本安全的信心；這呼應了五年前格拉西莫夫報告所描述的那種整合意義的資訊戰。「政府的根基在於保護人民的能力，」霍奎斯特滔滔不絕地繼續說，彷彿我的提問令他數月以來陷入瓶頸的大量想法得以茅塞頓開：「要是政府做不到——要是他們保護不了這些易受攻擊的目標——他們就會顯得非法。」

霍奎斯特論證，這一威脅本質上與他在伊拉克和阿富汗對抗的威脅相同：突然且無從預測的摧毀，粉碎安全感的目的更多於真正推進軍力控制。「實行恐怖主義的理由，很少是為了殺害『那些』特定受害者。」霍奎斯特說：「它不會減損敵方的戰鬥能力。這向來不是某人試圖使用簡易爆炸裝置攻擊我的理由。它是為了把人們嚇死，好讓他們喪失抵抗意志，或對他們自身安全機構的合法性改觀，或過度反應。」

霍奎斯特敘述的這套網路戰理論，聽來不像是傳統戰爭的新前線，反倒更像是暴動的新形式。在他說話的同時，我有了這樣的想法：這個暴動分子的角色，或許是對俄國在現代地緣政治的地位最為準確的描述。普丁幾乎不能指望在世界霸權中心的對稱較量中勝過西方。俄國的經濟規模小於義大利或加拿大。即使該國用於戰爭的花費，相對於經濟體規模顯得過大，它的軍費預算也只略多於美國的十分之一。[38]

但俄國引爆了它的簡易爆炸裝置——不是佩提亞、干預美國選舉、攻擊奧運會——以此作為低成本而不對稱的戰術，動搖早已變得對它不利的世界秩序。「這就是俄國：危機四伏、資源短缺，於是出手傷害人民。」霍奎斯特最後做出結論。

他沒有把這套網路戰理論的另一個必然結果說出口，這是他從伊拉克的經驗，以及最重要的阿富汗經驗中早就心知肚明的必然結果。這些戰爭的其中一場延續了將近十年。另一場戰爭則始於霍奎斯特還在就讀大學之時，直到十八年後，本書寫作時仍在持續。反暴動是一條漫漫長路。至於這場數位的反暴動，目前還看不到盡頭。

38 Armedforces.eu, "Compare Armed Forces: Military Power of USA and Russia," https://armedforces.eu/compare/country_USA_vs_Russia .

PART 6

SANDWORM

第六部 教訓

進步概念起了一種保護機制的作用，使我們不至於害怕未來的恐怖。

第四十章
SANDWORM

日內瓦

二〇一八年一月下旬某個午後，就在J．麥可．丹尼爾最後一次以行政部門官員身分走出白宮之後剛過一年，我在世界貿易中心一號大樓（1 World Trade Center）六十四樓和他見面喝咖啡，我在那棟大樓為《連線》雜誌工作。這次會面是某種遲來的卸任專訪，回顧他身為歐巴馬政府網路安全最高階官員經歷的一個機會，他在將近五年的任期裡，負責監督政府對於網路上所有衝突的應對。

丹尼爾對這份經歷很自豪，其中包括細心標定尺度應對一切攻擊行動，從伊朗對美國銀行進行分散式阻斷服務攻擊，到北韓攻擊索尼影業，再到俄國攻擊美國選舉。但我想和他討論的，反倒是歐巴馬政府幾乎完全不予回應的那一連串事件：烏克蘭的網路戰，尤其是二〇一五年耶誕節前夕，由沙蟲發動的全世界第一次斷電攻擊。

「我相信，有鑑於我們當時所知及其後逐步開展的理解，白宮和歐巴馬政府對這些事件的應對還算適當。」在一張俯瞰曼哈頓市區風光的沙發坐下之後，丹尼爾審慎地回答。

我接著提出一個不禮貌的問題：有了這些年的後見之明，得知同一批駭客接著還會發動史上代價最高昂、蔓延全球的惡意軟體大流行，他會不會後悔沒有早點對付那些駭客，在他們第一次史無前例的基礎設施攻擊之時就出手？就算不制裁或起訴，何不至少用一份公開聲明回應這些斷電攻擊，明確指出攻擊輸電網在國際舞臺上是不可接受的行為？

丹尼爾首先提出的最明確答案是，他真的很有可能鼓吹這種回應——只要攻擊是針對美國人或甚至北約會員國。「海外發生的事件，與美國公司或美國領土上發生的事件，是有區別的。」他說。

但丹尼爾接著提出一套更暗黑、更符合現實政治的理由，解釋美國面對烏克蘭網路戰的毫無作為：美國可能不「想要」戰時針對關鍵基礎設施的網路攻擊受到禁止——它想要自己擁有發動這類攻擊的自由。「那是根本的緊張，」他繼續說：「我們不想為自己排除掉任何選項。」

丹尼爾指出，在一九九〇年代末期的科索沃戰爭中，北約軍機投下特製炸彈在目標上空爆炸，釋出大量微細的碳纖維，好讓電力設施短路，用這種方法關閉五座向塞爾維亞軍供應電力的發電廠。「我們在承平時期需要一直提倡，不得破壞基礎設施，」丹尼爾說：「你可以主張，輸電網在戰時是正當攻擊目標。」

但這些答案都無法令人完全滿意。烏克蘭或許正在與俄國交戰，但在國土彼端與交戰地區遙遙相對，供應烏克蘭西部平民的輸電網，卻絲毫不能算是軍事目標。烏克蘭不屬於北約會員國的身分，也並未阻止世界各國公開譴責俄國入侵克里米亞和頓巴斯，甚至為了這一實體侵略而對俄國實施制裁，這時距離全世界默不作聲地放任俄國進行後續的數位攻擊還不到一年。

我愈是追問丹尼爾，他的回應就變得愈發隱晦：他說，當時對俄關係的所有討論他都不在場。行政部門的其他單位正在把烏克蘭網路攻擊做為一項因素，納入盤根錯節的更大關係網裡考量，這張網裡還包括敘利亞局勢的血腥瓦解，俄國在敘利亞問題上正與美國彼此分歧。歐巴馬政府的對俄政策，仍在先前試圖與克里姆林宮友善「重啟」關係之後重新調整，雙方關係的緩和由於俄國入侵克里米亞而破滅。他不願披露他與總統的私下對話，認為這些對話受到行政豁免權保護。他不想當「事後諸葛」。

但在我第三次問他後不後悔沒有採取更多行動時，丹尼爾明白承認，他確實後悔。「我只希望我們能夠更加超前部署，對這個問題做出更大努力，沒錯。」他說。

接著他說出一輩子擔任政治官僚的人很少會講的話：一連串誠實的想法，在他咬文嚼字的論證之外，聽來就像是對於過去某項決策深思熟慮的分析，而他至今仍然無法確定自己的決定對不對。「這是一個難以置信的新時代，」丹尼爾說，他這時的語氣完全不同，顯得毫無防備：「我們還沒把思考轉換到這種節點式的光速網路上，它並不遵循真實世界所遵循的那套物理學，卻與真實世界緊密相連，而且一天比一天關聯更深。」

「我們的理解還在增長中。重要的是，我們記取這些教訓，並在往後加以應用，」他做出結論：「因為這是必定會再度遭遇到的問題之一。它還會再次發生。」

*

四個月後，二〇一八年五月，輪到湯姆．博塞特接受卸任專訪。直到四月為止，博塞特都是川普政府的國土安全顧問，也就是川普麾下專責網路安全的最高階官員。接著，動盪的川普內閣進行最近一次重組，由咄咄逼人的新任國家安全顧問約翰．波頓（John Bolton）領軍。博塞特任職剛過一年就辭職了——他小心向我保證，是友好的離職。

我在曼哈頓聯合廣場（Union Square）遇見新近失業的博塞特，他剛開完會，搭火車回華盛頓之前還有兩小時閒暇，急著想吃貝果。「你不能來到紐約卻不吃貝果。」我在街上疾走追趕他時，他對我說。高大英俊的博塞特，表現出政治人物的重要性與不耐煩，而我發現自己本能地扮演起了他的個人助理，為博塞特查詢 Yelp 尋找好吃的貝果。他考慮了我的提議，然後做出行政決策，以走路太遠為由不予考慮，轉身匆匆走進一家 Au Bon Pain 麵包店。

博塞特對自己在白宮業績的自豪，比丹尼爾更加強烈。畢竟，在多年不作為之後，他正是以實質制裁回應不是佩提亞，終於打擊了沙蟲集團的那個人。「我就任的前提，在我任職期間始終不變，那就是積極、主動進行歸責，」他拿著貝果三明治，在窗邊座位一坐下就對我說：「不只是為了知識而已。而是為了在確認加害者時採取懲罰行動。」

沒錯，為了回應不是佩提亞，而對俄軍總參謀部情報總局實施的制裁，事發八個月後才實施。但制裁傳達了必要的訊息，博塞特補充，還及時向歐盟各盟國施壓，讓他們通過表決，將針對二〇一四年俄國入侵烏克蘭所實施的制裁持續下去。

但博塞特以其法學訓練的邏輯精確性堅稱，制裁不是佩提亞加害者的決策，所根據的規範仍與俄國在烏克蘭之所作所為這一更大背景不同。「對於區別目標和比例原則是有期望的，」他這麼說，闡述論證的方式一如法官連珠炮般地宣判刑期：「我對這次特定網路攻擊的憤怒，背後的理論在於，它所散播的破壞不只是可預期而已；它顯然還會在烏克蘭之外不受控制地任意傳播。」

我同意，這些說法聽起來都很充分。但情報總局在外溢為史上最大規模網路攻擊的那次攻擊

「之前」，對烏克蘭發動的一切攻擊呢？羅伯．李、托瑪斯．里德等人所論證的，對烏克蘭民用基礎設施採取史無前例的網路攻擊數年之久，包括兩次斷電攻擊，本身應當已經足夠引起回應，又怎麼說呢？畢竟，關閉基輔輸電網的工業摧毀者／崩潰覆寫惡意軟體，是在二〇一七年六月披露的，那時博塞特已經上任很久。

「他們為了烏克蘭的斷電攻擊，沒有引起美國回應俄國而生氣？」博塞特挑起眉毛反問我：「忘掉網路環節，搞清楚任何侵略行為吧。自己想想，世界上任何地方都正在發生區域侵略行為。美國攪和進去的責任和風險因素是什麼？」

博塞特論證，這些先知們對於沙蟲的警告，以及他們呼籲的趁早遏制，都忽視了美國要是單方面予以施行的話，這種想像政策的沉重負擔，以及美國因此必須參與的衝突數量。「他們把美國的世界警察責任，擴大到荒謬至極的地步，」他鎮定地說，彷彿在壓抑著怒火：「試想一下，要對所有惡意網路行動提供全面防護，我們得在美國納稅人身上強加多少資源。」

但我提出，批評政府的人們並不是要求一個回應「所有惡意網路行動」的政策。更簡單、更限縮的政策如何呢：我們為世界訂下規範，即使在戰時都不該使用網路攻擊切斷民生用電？

博塞特停頓下來。「我得想一想我是不是這個意思，」他放慢速度回答：「我不認為我相信這回事。我不支持這樣的政策。」

「在戰爭情況下，我們保有權利，採取符合自身利益，並遵照武裝衝突規範的任何行動，」他繼續說著，呼應麥可．丹尼爾數月之前向我表達的論點：「要是你我設身處地，站在美國隊長的位子上，決定要跟某人開戰，我們可能會切斷對方的電力和通信，為自己帶來戰略及戰術優勢。事實上，戰爭法甚至容許對敵方實施一切種類的破壞行為。」

但我指出，這些斷電並不以達成軍事戰術進展為目的。它們的目標遠離前線，用意在於威嚇平民。

「我同意，我也不容忍這些行為，」博塞特說：「但你用普丁的角度想一想。」博塞特提到，普丁樂於派出小綠人入侵烏克蘭、擊落客機和入侵輸電網。按照普丁的看法，在他為了入侵烏克蘭而獨創的可疑理據中，所有這些行為全都變得合理。

「要是美國遭遇了同樣的假設性局面，而我們同樣不在乎國際輿論，這意味著我們得出結論，認定它符合我國的自衛利益，我們恐怕也會輕易採取同樣行動，」博塞特說：「『我們』要是跟他人開戰，會擊落客機。我們會切斷電力。我們會做出所有這些事。差別在此變成普丁的軍隊有沒有在烏克蘭出現的正當理由。我們都確信他沒有。」

直到博塞特吃完午餐，和我握手道別，跳上計程車趕往賓州火車站，我才能在心理上設法拆解他提出的這些政策層次：普丁侵略烏克蘭違背了規範。「不是佩提亞」做為侵略的一部分，它輕率魯莽地施加的破壞也同樣違背規範，但理由不同。但這些規範所劃出的紅線，仍然保留對民用基礎設施執行各式各樣網路攻擊的能力。

要是有任何國家小心選定網路攻擊目標，基於正當理由而對適當的國家發動戰爭，這些紅線就不會構成阻礙。換言之，在那場未來的網路戰中，目的會讓手段變得正當。

*

二〇一七年十一月九日，微軟總裁布萊德・史密斯（Brad Smith）站在日內瓦聯合國大樓一群聽眾面前，提醒他們這座城市歷史裡一條特殊的主線。一百五十年前，十二國在日內瓦集會並達成協議，規定今後不得在作戰時殺害對方醫護人員。往後一百年間，愈來愈多國家又集會三次，最終就在這個地點簽訂第四次《日內瓦公約》，明定戰時對於非戰鬥人員的基本保護，至今多半仍受到全世界遵守。

「一九四九年，就在日內瓦這裡，世界各國政府齊聚一堂，誓言即使在戰時也要保護平民。」史密斯說：「但我們來看看發生什麼事。就連在承平時期，我們都看到國家攻擊平民。」[1]

史密斯詳細解釋了就在幾個月前摧殘全世界的網路安全災難：先是「想哭」，爾後「不是佩提亞」。接二連三的國家資助駭客行動，使得全世界人類基礎設施的根本安全遭受質疑——從醫院到製造業再到船運——正如步槍和火炮在一八五九年索爾弗利諾戰役（Battle of Solferino）帶來的恐怖，使得最終成立紅十字會的需求得到注目，第二次世界大戰則顯示保護平民的需求。

「我們生活在這樣一個世界，生活的基礎架構最終在最弱一環易受攻擊，」史密斯向群眾發言，顯然略過他所說的兩次網路攻擊某些最弱環節，都是微軟自身Windows作業系統內部的安全漏洞。「這個世界的走向很清楚。我們正在進入一個這樣的世界，每個溫度調節器、每部電熱器、每臺空調、每座發電廠、每個醫療器材、每家醫院、每盞號誌燈、每輛汽車都會連上網際網路。想想看，當這些設備都成為攻擊對象，這對世界將會意味著什麼。」

然後他提出主張。「世界需要新的數位《日內瓦公約》。它需要新的交通規則。」史密斯說，他為了強調而緩緩說出這些話：「我們需要一個供各國政府採用的做法，其中明令國家不會在平時攻擊平民，他們不會攻擊醫院、不會攻擊輸電網、不會攻擊他國的政治過程。」

史密斯的演說或許是我多年來所聽過，對於這個理念最廣泛，也最公開的闡述，其中最著名的還有為三位總統效力過的前任國家安全反恐顧問理查·克拉克（Richard Clarke），在二〇一〇年的著作《網路戰》（*Cyber War*）中提倡的「網路戰限制條約」（Cyber War Limitation Treaty）。克拉克想像中的條約，會禁止對關鍵基礎設施「率先使用」網路攻擊，甚至禁止對輸電網、鐵路及金融機構等目標植入破壞用途的惡意軟體。[2]

網路戰鴿派的立場可以濃縮成羅伯·李的格言：無論何處，任何人都不該攻擊他人的民用關鍵基礎設施。對於在最近從烏克蘭外溢到全世界的這些網路攻擊中置身戰壕的人來說，這看來顯而易見。除了我從J·麥可·丹尼爾及湯姆·博塞特等官員那兒聽說的紅線之外，這個世界還需要新的紅線。它需要簡單明瞭的新準則，明載於國際法中，在某種強大又危險的新等級武器造成人命損失或重創整個社會之前，對其使用予以限制。

但事情不會那麼簡單。「我想在網路空間裡，仍有空間建立一套獲得一致同意的規則。」我們見面過後的另一次電話交談裡，博塞特在我提及日內瓦公約的構想時，對我說：「但很難想像必須納入其中的一切限制條款。」

---

1 "Brad Smith Takes His Call for a Digital Geneva Convention to the United Nations," Official Microsoft Blog, Nov. 9, 2017, http://blogs.microsoft.com，存檔參看 http://bit.ly/2t0Ft3c。

2 Clarke and Knake, *Cyber War* (New York: HarperCollins, 2010), 242.

博塞特指出，各國經常偵察彼此的基礎設施，甚至用惡意軟體感染，但不扣下破壞的扳機。這些偵察行動也會違反假定的新規則條文嗎？「我只想確認，不管條文是由誰起草，他們都理解自己想做什麼。」博塞特說：「要是他們把『攻擊』詮釋成掃描或控制，卻不真正切斷用電，那我們可能捲入無謂的戰爭。我參與那樣的灰色地帶太多了。」

但按照約書亞·柯曼的說法，數位《日內瓦公約》還有一個更根本的障礙，他在史密斯演說當時是大西洋理事會網路治理倡議（Cyber Statecraft Initiative）主任：美國這樣的國家仍然認為，發動網路戰的能力帶給它們的利益，更大於剝奪敵國網路戰能力所能帶來的利益。「沒有意願直接達成《日內瓦公約》。一點都沒有。」柯曼對我說：「微軟這件事一提出來就已經泡湯，因為我們不可能放棄這樣的行動自由。」

柯曼解釋，美國官員仍然仰賴國家安全局的優越能力，他們相信網路戰有利於攻擊能力最強的一方。他們沒有考慮到的是，西方仰賴網際網路與自動化已經到了何等程度——遠高於北韓，甚至俄國等敵手。「身為世界上網路連線最發達的國家之一，我們更依賴也更暴露，」柯曼說：「而我們會損失的也更多。」

儘管如此，柯曼提倡一套更為限縮的規範，而非完整的日內瓦公約式解答：例如，不得對醫院實施網路攻擊——他稱之為醫療目標周邊的「網路禁航區」。「好，只需要說，駭客攻擊醫院無論故意與否，都構成戰爭罪，」柯曼說：「駭客總是要攻擊網路，但你執行起來最好非常滴水不漏。你亂搞，攻擊醫院的話，就要吃上國際戰爭罪，就要去海牙（國際法庭）受審。」

當然，任何對於這種外交手段的辯論都還只是學術性質。俄國、中國、北韓和伊朗都不打算放棄自己的網路武器。川普政府看來也決心走向駭客非戰主義的反面。二〇一七年，川普宣布他將提升國防部網路司令部（Cyber Command）的職權，隔年更不動聲色地為這支網路戰武力添加任務：要是司令部確信外國正在策劃襲擊美國，他們應當先制攻擊外國目標。[3]三個月後，川普推翻歐巴馬政府的一道行政命令，該命令原先規定，任何駭客進攻行動都必須取得一連串複雜的聯邦政府部門批准。[4]

這一切全都遵照著川普當選總統之前，在二〇一六年十月做出的一項競選承諾。「做為威懾力量，以對抗我國關鍵資源遭受的攻擊，美國一定要擁有，也必須（擁有）無可爭議的能力，發動足以造成重創的網路反擊。」川普在維吉尼亞州對退伍軍人演說時告訴群眾：「我是說重創。重創。」[5]

數位《日內瓦公約》至今仍是一場美夢。同時，美國政府看來更有可能跟隨著最反射、最原始的回應，走向網路戰軍備競賽：升高。

---

3 David Sanger, "Pentagon Puts Cyberwarriors on the Offensive, Increasing the Risk of Conflict," *New York Times*, June 17, 2018, https://www.nytimes.com/2018/06/17/us/politics/cyber-command-trump.html.

4 Dustin Volz, "Trump, Seeking to Relax Rules on U.S. Cyberattacks, Reverses Obama Directive," *Wall Street Journal*, Aug. 15, 2018, https://www.wsj.com/articles/trump-seeking-to-relax-rules-on-u-s-cyberattacks-reverses-obama-directive-1534378721.

5 Daniel White, "Read Donald Trump's Remarks to a Veterans Group," *Time*, Oct. 3, 2016, https://time.com/4517279/trump-veterans-ptsd-transcript/.

第四十一章
SANDWORM

全黑啟動

二〇一八年十一月某個濕冷的日子，一位名叫史丹・麥克漢恩（Stan McHann）的公用電業工程師，正走在梅子島（Plum Island）東南海岸的一條道路上，這個小島是位於長島北叉半島（North Folk）末梢外海，長三英里、寬一英里的一小片陸地。他遠眺左方遼闊的大西洋，在這極其艱辛的一週裡，難得感受到片刻平靜。

麥克漢恩和同事們一直在對抗一隊狡詐的駭客，這些人極其堅決地要關閉他們的輸電網——而且不許重開。他連日都在全神貫注與入侵者戰鬥，在配電站之間來回奔波，有時要在高達六十節的風速和斜飛而來的雨中奔走，以便繞過損壞的數位設備並診斷問題。每當駭客看似被驅逐之時，他們都會找出別種方法注入新一輪混亂，讓麥克漢恩再次走進暴風雨中。

就在當天早上九時前，他所有的變電所看來終於全部恢復連線了。出於疑心，麥克漢恩還是決定逐一檢查，他走出靠近小島北端的電力公司調度中心，沿著海岸道路前行。就在這時，他聽見一陣非常特別的聲響。

「那是一陣砰砰砰砰砰砰砰，」麥克漢恩後來向我描述。宛如小口徑手槍發射的七聲爆響，在島上的風景中接連響起。他立刻知道，每一聲「砰」都是一個斷路器被打開。一位驚恐的聯合愛迪生公司（Con Edison）工程師和他同行，問起這陣怪異恐怖的噪音是什麼。麥克漢恩回答：「那就是你的電力全都熄滅了。」

謝天謝地，災情並不像聽起來那樣可怕。麥克漢恩和他的工程師同事們並不是在抵抗史上第一次發生於美國領土，觸發停電的網路攻擊。他們反倒是在一場針對這種可怕想定，真實地令人不適的模擬演練中，保衛著一套訂製的孤立電網，抵抗經驗老到的國防部承包駭客「紅軍」入侵；演練是為了讓他的「藍軍」感受到針對公用電業攻擊的網路攻擊切身之痛，而不讓這種痛苦施加在美國平民受害者身上。

梅子島的測試電網是由國防高等研究計畫署（Defense Advanced Research Projects Agency）建造的，這是五角大廈為了未來戰爭研發技術的實驗部門。國防高等研究計畫署由於被歸功研發網際網路，以及最近數十年間出力研發全球定位系統、無人機等其他改變世界的技術而著稱。在梅子島上，該署著手尋找能夠讓電力事業抵抗高度精密駭客的工具。為了測試這些工具，它將這些公用電業工程師投入最壞想定中：他們在此不僅奉命維持電力，更要在數位敵手將電網關閉數日之後「重新」加以開啟。

紅軍駭客將他的電力設施重新拉回斷電狀態之時，麥克漢恩也正在發現，修復過程可能會有多麼痛苦。「你的心往下沉，胃都掉到地底了，」他這麼形容重來一遍的感受：「然後你吞忍下去，重新開始工作。」

*

麥克漢恩聽見這七聲爆響響徹梅子島的數日前，國防高等研究計畫署以精心周到的設定，展開了網路攻擊戰爭演習：兩家電力公司在島上組裝起來，連同一個遠端調度中心，以及十六處輸電變電所，存放於散布島上各處的貨櫃中。其中一家電力公司在演習開始時完全黑暗；在引發恐慌的演習想定中，駭客切斷電力的時間夠久——長達數週，甚至數月——使得所有發電機全部故障，就連備用電池也完全耗盡。

第二家電力公司在這一週開始時，只有一部發電機連接到一處「重要資產」，藍軍被告知，這部發電機必須隨時保持通電。那處資產是梅子島南端一帶某座破敗的建築物，曾被五角大廈用作細菌戰實驗室，在國防高等研究計畫署的模擬世界中，它所代表的近似於醫院或防衛指揮中心——一個毫無商量餘地的想像電力用戶，是搶救生命或打贏戰爭所必需的。為了讓參與者從遠處就能看出這處重要資產是否獲得供電，一連串舞動的充氣式風向袋人形被安裝在建築物外面，讓它看來更像一家二手車行，而非陷入危機的醫院。

演習參與者是從全國各公用電力公司選拔的工程師，以及向國防高等研究計畫署呈交提案的網路安全研究員，他們被告知，必須進行一次所謂的全黑啟動（black start）。意思是靠自己的力量啟動柴油發電機，將被斷電的那家電力公司輸電網重新開啟，接著構築一條從兩家公司發電機到變電所的電力輸送線路，最後讓島上兩家電力公司同步，為重要資產創造出不虞匱乏的電力來源。

演習第一天，電力工程師們很快就發現，他們必須在輸電網完全遭到數位破壞者劫持之後，全面重新思考運作輸電網的方式。麥克漢恩說，有些資深的電力作業員一開始就告訴隊友，他們會「按部就班」重新啟動輸電網。這些工程師相信自己可以從連上網路的數位設備，運用遠端讀取為輸電網通電，一如任何天災過後的做法。「他們很確定，這會是另一次風災訓練情境，」他諷刺地說。

麥克漢恩說，不到二十四小時，這些天真的作業員就明白了：每一部電腦都在欺騙你的時候，簡單明瞭的方法沒有用處。電力作業員習慣使用的工業控制系統軟體，從電力設備取得電流和電壓的讀數，並將它們顯示在調度中心的人機介面電腦上。但那套軟體這時已被駭客完全滲透，只能提供嚴重失準，甚至騙人的答案。

更壞的是，作業員們很快就發現，不只是這些遠端讀取的數字，就連設備上的儀表板都不可信。「他們敲昏路由器，弄亂螢幕上的數據，扳開斷路器、接錯電流方向。」麥克漢恩說起折磨他們的那些幽靈駭客：「你想得到的任何事，全都衝著我們來了。」

電力公司的防衛者們試圖將駭客逐出系統並重建系統，卻發現這些攻擊者頑強地以各種手法鑽回系統裡。「在我們清理殘局的時候，敵方也在反制我們的行動，」網路安全研究員史坦・彼卓維茲（Stan Pietrowicz）對我在《連線》雜誌的同事莉莉・海・紐曼說，紐曼在演習期間冒著一場傾盆暴雨來到島上採訪。演習第三天，正當守方幾乎完全重啟整個電網，駭客們攻下一處關鍵的變電所，重新讓守方陷入大亂。「就連這場小小的勝利，都從我們手裡被搶走，」彼卓維茲哀嘆。6

6 Lily Hay Newman, "The Hail Mary Plan to Restart a Hacked US Electric Grid," *Wired*, Nov. 14, 2018, https://www.wired.com/story/black-start-power-grid-darpa-plum-island/.

電力工程師向網路安全研究員隊友們承認他們的傳統電腦藥石罔效之後，他們只能使用實驗工具，以繞過被駭客入侵的網路。工程師最後走進了每一處變電所，用鉗子直接將感應器連上電力設備。他們用一個由可攜帶式電腦——桌上型個人電腦大小的黑盒子——組成的「網狀」網路連接這些感應器，這些可攜帶式電腦經由不受電力公司網路感染影響的加密管道彼此聯繫。透過這個加密網路通信，並以電話發出語音指示，電力作業員們終於能夠取得一些進展，趨近於恢復穩定。就在為期一週的演習最後幾小時內，他們終於短暫地讓兩家電力公司同步，儘管要是演習持續的話，無法保證駭客不會再把它們切斷。

同時，紅軍則贏得一種完全不同的勝利：他們兩度設法切斷了藍軍奉命保衛的「重要資產」電力。充氣的風向袋人偶兩次都癱倒在建築物外面的混凝土坡道上，成了這場與極其頑強的潛伏敵人之戰的傷亡人數。

*

聽說了國防高等研究計畫署實驗對象的遭遇之後，我想起羅伯・李一年半前對我說過的話，就在第二次烏克蘭斷電過後不久。我們那時才在他剛成立的新創公司——德拉哥斯——陽春的巴爾的摩總公司第一次見面。恰如其分地，在他辦公室的窗外，隱約顯現出一排電塔，支撐著輸電線，將電力送往南方十八英里處的華盛頓特區。

「關閉美國輸電網會比烏克蘭更難，」李那時對我說：「讓它持續關閉可能更容易。」國防高等研究計畫署的演習，看來證實了這個想法：美國電力作業員學會了首先經由電腦及自動化系統管制電力生成及流動，其程度更高於烏克蘭。少了這些現代工具，他們就什麼都看不見。反觀烏克蘭的作業員們，則更習慣於這些工具的故障，因此準備好借助於類比（analog）選項。

當沙蟲在烏克蘭西部及中部的電力公司打開斷路器，這些電力公司的員工們都做好準備，數小時內就開著貨車前往變電所，手動切換開關。當我問史丹．麥克漢恩，為何國防高等研究計畫署演習裡的藍軍不直接將斷路器等設備從自動化斷線，改用手動操作，他告訴我，對於某些現代設備來說，這個選項甚至不存在。「有些斷路器自動化的程度，到了只能用軟體操作的地步。」他苦笑著說。

但比美國公用電業缺乏類比應變方案更嚴重的是，國防高等研究計畫署的演習，說明了李向我闡述過的一個更廣泛的重點：對輸電網或其他工業控制系統的攻擊，可能會遠比全世界至今所見的更嚴重得多。

未來的入侵恐怕不會以配電站或輸電站為目標，而是以真正的發電廠為目標。或者目的可能不只是關閉設備，更要摧毀設備，如同麥克．阿桑提的極光實驗早在二〇〇七年即已顯示的。畢竟，那次概念驗證攻擊所摧毀的那部運轉中的大型發電機，是由美國電力系統裡隨處可見的同一套保護電驛所保衛的，其中包括沙蟲攻擊基輔時成為目標的輸電站。只要對保護電驛利用得當，可能就有人得以讓發電設備，乃至常屬訂製、價值數百萬美元，在美國輸電系統裡發揮中樞作用的龐大變壓器永久故障。

李告訴我，把這種摧毀能力算進去，那樣的反烏托邦情境就會開始遠遠超越烏克蘭所經歷的短暫停電。「華盛頓特區？一個民族國家就可以不費多大力氣，讓它停擺兩個月。」他冷靜地說。

駭客所能造成的損害，甚至有可能不限於一次實體破壞的孤立事件。當網路安全社群談及國家資助的駭客，他們通常稱之為「先進且持久的威脅」——這些精密的入侵者不只是為了一次攻擊而入侵系統，而是留在系統內，不動聲色地持續掌握住目標。要是某個受害者運氣夠好，得以發現它們並從系統中清除——如同國防高等研究計畫署演習的藍軍試著做到的——它往往會發現，駭客們在網路內部不為人知的一角，為自己留下一扇後門，並利用它悄悄再次寄居其中，如同一群超智慧蟑螂的侵擾那樣。

李對我說，在他的噩夢裡，美國基礎設施所遭受的正是這種持久入侵：交通運輸網、管線或輸電網，一再被深深潛伏的敵手切斷。「要是他們在好幾處地點這麼做，你可能會看到一整個地區停電長達一個月，」他說：「告訴我，半個美國的重要城市停電一個月，有什麼事『不會』發生劇變。」

*

過了一年半，當我再度造訪德拉哥斯，羅伯・李創立的這家關鍵基礎設施網路安全公司，已經搬到城市彼端一處外型洗練的工業區。新辦公室的一角是一套由水管和幫浦構成的小型「管線」系統，以及滿滿一整櫃的可編程邏輯控制器。另一角則是一整套公司內部的工業啤酒釀造裝置。它們全都用來作為德拉哥斯公司駭客演示與訓練課程的目標——同時幾乎對公司內部無限量供應印度式淡色艾爾啤酒（IPA）和烈性黑啤酒。保護客戶不受工業控制系統攻擊的生意，似乎正在蓬勃發展：自從我上次和李見面以來，他的公司員工從二十二人暴增到八十四人，向投資人募得超過四千八百萬美元。

我和李坐在一張他用單株橡樹樹幹訂製而成的會議桌前。比起空軍服役時的照片，他看來更老也更圓了，留著維京海盜毛茸茸的紅鬍子。他從軍方獨行俠轉型為自信又古怪的公司執行長，這個過程看來是完成了。而他很快就表明，推動他和德拉哥斯發達起來的燃料，是駭客入侵全世界關鍵基礎設施的行動十分真實的升高。

「沒有一件事情好轉，」他總結：「我上次見到你的時候，我們正在追蹤專門鎖定工業部門的三個不同集團。如今我們在追蹤十個。」

德拉哥斯的分析師確信，這十個入侵基礎設施的團隊，分別為六個不同國家的政府效力，即使李拒絕確切列出有哪些國家。「俄國、中國、伊朗和北韓不是這個空間裡唯一的行動者，」他暗示：「我們正在追蹤一個鎖定工業部門的非洲國家。所有這些國家全都超出人們通常以為的範圍。」李估計，儘管德拉哥斯進行了全面情蒐——該公司如今是專攻工業控制系統的世界最大網路安全事件應變團隊——正在滲透世界各地輸電網、工廠、管線、水處理設施的活躍駭客入侵行動，他們發現的還不到一半。

事實上，二〇一七年末，這場多半不可見的衝突又多了一個里程碑：來源不明的駭客以一件名為 Triton 或 Trisis 的惡意軟體，襲擊沙烏地阿拉伯的拉比格石油化工廠（Petro Rabigh），這種惡意軟體的目的，是要癱瘓監控設備內部可能引發爆炸或化學物質外洩之狀況的所謂安全儀表系統（safety-instrumented systems）。[7]

---

7 Blake Sobczak, "The Inside Story of the World's Most Dangerous Malware," *E&E News*, March 7, 2019, https://www.eenews.net/stories/1060123327 .

結果可能會是一場悲慘的致命意外。所幸，這個惡意軟體僅僅引起工廠停機。即使這些駭客普遍被懷疑為伊朗效力，但火眼在二〇一八年秋天，將這個惡意軟體連結到俄國中央化學與機械科學研究院（Central Scientific Research Institute of Chemistry and Mechanics）一處實驗室，這意味著俄國研發人員可能也打造了這個網路武器，即使或許是為了另一支破壞隊伍。「威脅變得愈來愈大膽，」李對我說：「我們看到的眾多攻擊性行動，比我幹這行十年多以來看過的更多了。」

行動升高的首要理由，正是李多年來反覆叨念的那個理由，時間久到讓他的憤慨硬化成了某種靜止而犬儒的憤怒：美國政府，乃至整個西方世界，始終無法建立規範，阻止人類邁向網路戰。刺激他離開情報體系，讓他與政府部門這麼多熟人斷絕往來的同一套不作為、輕忽和只顧進攻，如今正在為一場全球數位軍備競賽火上加油。事實上，他們成了他的新創事業大獲成功的最主要成長來源。而他對此仍然不滿。「政府拋棄大部分職責，」李得出結論。紅線至今仍未劃定。「我們的敵人以為他們可以逍遙法外。」

但李也把基礎設施入侵的持續增加，視為某種自我存續的循環：他解釋，每一國的情報部門見證了他國的駭客入侵能力之後，都會立刻試圖迎頭趕上，甚至超越敵人。俄國在兩年多前已經演示了名為崩潰覆寫／工業摧毀者的那種斷電惡意軟體。從那時候起，可以有把握地假定，沙蟲駭客們已經研發出在實體世界製造混亂的新方法。

「國家都喜歡彼此並駕齊驅。要是你此時此刻是俄國或美國之外的任何一國，你會覺得自己『真的』落後了。」李說：「所有人都會爭先恐後打造這些能力。民用基礎設施的所有者則會是輸家。」

換言之，沙蟲如此率爾展現的破壞力量並非反常現象。它們只不過是一套工具最為顯而易見的型號，世界上每一個軍事化國家和流氓國家，或許很快都會覬覦甚至擁有：這是全球網路戰僵局中最新的標準武器配備。

第四十二章
SANDWORM

韌性

丹．吉爾（Dan Geer）住在田納西州和阿拉巴馬州交界附近一幢單層樓的白色房屋裡，四周是他二百畝的農場。他和妻子一起耕耘這片土地，栽種一個祖傳玉米（heirloom corn）品系，以及大蒜、大理花，還有豌豆種子，和一種名為塔布豆（tarbais）的特殊白豆，他向我解釋，任何一個有自尊心的主廚都需要它，才能做出一道像樣的白豆燉肉。

他在職業生涯的另一部分，則為ＩＱＴ電信（In-Q-Tel）擔任首席資訊安全官，這是一個非營利組織，功能趨近於為美國間諜機構擔任風險投資商。「我發現一腳踩在泥土裡，一腳踏進情報體系，多少有些成效。」他對我說。

ＩＱＴ電信的任務是投資既能賺錢，又能推進中央情報局、國家安全局、聯邦調查局，及其他間諜機關（three-letter agencies）計畫的那些公司。身為該公司網路安全業務的監督人，吉爾的工作是代表那些以洞察一切而自豪的情報機構，觀察資安的前景。

他符合專業先知的形象：六十九歲的年紀，染白了他的大把絡腮鬍，他把較黑的頭髮向後梳成了馬尾。他在資安社群裡的名聲，也符合這個絕地武士大師（Jedi master）形象。大西洋理事會的約書亞・柯曼以肅然起敬的語氣，向我形容他是網路安全的「元老與哲學家」。吉爾每半年從偏遠的內地現身，在黑帽大會（Black Hat）和RSA會議等全世界最大的資安會議上，向鴉雀無聲的聽眾發表言簡意賅的主題演講。他曾五度在國會關於國家安全及技術風險等議題的聽證會上作證。

但在未來主義者看來，吉爾的行為舉止很像反對進步的盧德派（Luddites）。當我在嘗試數週之後設法和他說上話，通話是經由一臺銅線電話機進行，連接到他家的螺旋線圈電話機。他唯一的一部手機關機，收在他布滿鐵鏽的二〇〇一年福特F—一五〇貨卡車雜物箱裡。他家裡沒有電視機，也沒有收音機，只有一部發條收音機供緊急用途。就連他那輛韓國製的老式拖拉機，也是為了把自動化和軟體使用程度減到最低而選擇。「要是你不跟隨最新時尚，過了一陣子，你就好像拋棄了現代生活，但不是這樣，你只是沒有養成這種生活方式。」吉爾解釋：「我沒有接觸。」

這最後一句話尤其說明了我去找吉爾的理由。關於他的數位禁欲行為，這句話暗示了一個關鍵事實：它不只是出於一位隱士執拗的習慣。它也是他身體力行自身安全原則的方式。二〇一八年初，吉爾在一篇由史丹佛大學智庫胡佛研究所（Hoover Institute）發表，題為〈一個臨界點〉（A Rubicon）的簡短報告中提出理由，檢視社會對抗網路攻擊的安全等式裡，經常被遺忘的一項變數：韌性。[8]

8 Daniel E. Geer Jr., "A Rubicon," National Security, Technology, and Law, Feb. 5, 2018, https://www.hoover.org/sites/default/files/research/docs/geer_webreadypdfupdated2.pdf.

「不是佩提亞」爆發之前很久及其後，網路安全達人、專家和推銷員紛紛提出策略，以攔阻網路攻擊造成災難：編寫更安全的軟體，並且更認真提供修補。運用機器學習磨練而成、用於查出入侵者或其惡意軟體的工具監控網路。懲罰俄國和北韓等惡意行為者。

但如同國防高等研究計畫署的梅子島演習，吉爾並不特別關注如何預防下一次接踵而至的重大資安慘敗。他反倒決心查明從中迅速恢復，並限制其損害的方法。「或許該是時候，不再對延長失敗間隔投注更多心力，」他這麼對我說：「反而是要縮短修復時間。」

吉爾在他的報告中論證，這一韌性的關鍵在於某種獨立自主。「由於風險的源頭在於依賴，聚集風險也就是聚集依賴的一項單調遞增函數。」吉爾寫道。更簡單地說，數位化文明這樣一個複雜體系，在一項事物有賴於另一項，另一項事物又依賴其他事物的情況下，容易遭受接踵而至的失敗。基礎一旦失敗，整座文明巨塔都要倒塌。要是控制系統遭受入侵，電力就會切斷，於是加油機不能運作，郵務車停擺，麵包無法運送——或者，會有上千種不可預期的後果，出自如此不計其數、令人費解、繁複到無從計算的互相依存之中。

吉爾論證，電腦系統可能串聯發生的失敗這一問題，危害我們所知人類生活的程度，某種程度上或許甚至更大於氣候變遷。「今日社會內部的互相依存以網際網路為中心，其程度更甚於氣候之外的一切其他依存關係，網際網路變動的時間常數，又小於氣候變遷五個數量級。」他寫道。或者，按照他在電話裡為我翻譯的說法，依賴穩定氣候對人類構成的生存風險，至少與依賴穩定的電腦網路不相上下。但一名惡意行為者盡其所能改變氣候，也需要大量排放碳數十年之久才能造成嚴重損害，而一支惡意的駭客隊伍只要幾分鐘，就能在網際網路上釋放混亂。

要怎麼保護社會不受這些危險的依存關係危害？「平息串聯發生的失敗，一如撲滅森林大火，需要一片在其他方面未受波及、去除傳輸機制的區域，也就是說，它所需要的與互相依存恰恰相反。」吉爾寫道。

他論證，社會需要以某種方式建立或維持備援系統，這些備援系統不與互相依存且易受損害的現代網路連接。這通常意味著一套類比式替代方案。行動網路失效時改用有線電話。計票系統若被入侵，就用可由手工計算的紙本選票。如同烏克蘭那樣的電力作業員，準備好轉為手動控制，每次處理一個斷路器，以人手恢復供電。還有迦納一處停電的資料中心裡備援的網域控制器，與慘遭蹂躪的全球船運網路斷開。

*

吉爾的報告讓我想起數月前的一段對話，那時我和烏克蘭郵政的執行長同車，他的私人駕駛正要送他到鮑里斯波爾機場。那位執行長——伊戈爾．斯梅利安斯基談及不是佩提亞蹂躪郵局成千上萬臺電腦，癱瘓郵政服務的影響，其坦誠令我刮目相看。他對於這種事會不會再次發生不抱幻想。「我不認為我們真能預防這種事，」他冷靜地說：「我們可以準備。我們也可以試著把損害減到最小。」

關於要如何為下一次網路慘敗進行損害管控，斯梅利安斯基有些主意。斯梅利安斯基說，對於自己旗下這家七萬四千名員工的公司每一部分，他和主管們為了如何退回一套最小限度的基本服務，以備另一次科技崩解，都擬訂了計畫。他們權衡著郵車的備用油量成本，以及重要辦公室的緊急備援系統。每一輛郵務車都會得到一個紙包，其中說明行動電話網路萬一斷線時繼續進行的方式。「我們會設立分類中心，在那兒設置備援發電機，讓系統還能以較小規模運行。」斯梅利安斯基用他在紐約工作數年間學會的美式英語說道：「駕駛們都知道自己需要到那兒去。要是他聯絡不上我們，他就這麼做，一、二、三。」

至於郵局至關重要的退休金給付，斯梅利安斯基也提出一套備援系統，萬一電腦系統大規模長期停電，每個人就會得到每月一千荷林夫納（hrvynias）退休金，大約是三十六美元左右的中位數津貼。當電腦重新連線，他們就會從下一筆款項裡予以增減。但在此同時，所有人都不會挨餓。

在某些方面，烏克蘭郵政服務在不是佩提亞襲擊過後的境況，已經遠勝於其他更現代化的國家郵政系統所能表現的了。當報紙訂戶資料庫遭到破壞，地方郵局就抽出紙本訂閱資料卡，重建送報名單。烏克蘭的退休人士仍能收取現金給付，而非電子支付的退休金。尤其在烏克蘭偏遠地區，郵局的許多支局仍使用紙本系統辦理付款；有些員工在日常工作中甚至沒碰過電腦。

「我們在大城市遇到最嚴重的問題。在小城市裡，有些員工還記得紙上作業怎麼做。」斯梅利安斯基對我說：「在基輔，我們有些員工甚至不記得還沒使用電腦的時候。我們得跟他們說，去找年紀更大的人教他們。」

即使烏克蘭郵政服務將一隻腳穩穩安插在過去的類比之中，不是佩提亞仍然造成了慘重代價，一如它帶給烏克蘭及世界各地眾多公司的那樣。為下一次攻擊未雨綢繆並不簡單，斯梅利安斯基在我們抵達鮑里斯波爾機場，等待他的班機時承認。但他很樂觀。「這是依存問題。你得一直設法克服依賴，直到最後。」他說：「我們正在克服。」

*

當我向丹・吉爾問起，他是否預期會有另一次不是佩提亞襲擊網際網路，他沒等我問完就回答了。「當然，當然，當然，」他說：「為什麼不會？有理由相信北韓會做出這種事嗎？有，他們做過。中國會嗎？會。有能力這麼做的國家數量增加了嗎？我猜是增加了。」

但上次網路安全災難的其中一個教訓——老一輩烏克蘭郵局員工擁有類比技能，能夠維持系統運行，年輕一代則缺乏這種技能——這種想法卻讓吉爾感到特別不安。這些類比式的應變方法正消逝在歷史之中，被數位化、自動化，最終不堪一擊的新體系取而代之。吉爾既把自己與現代科技斷開連結看作一種個人偏好，也看作一種對於「基本負載」人口的貢獻，讓過去穩定的應變系統得以繼續運行。

「要是現行選項崩潰，擁有一個現成、持續、已知可用的替代方案，其社會優勢不易衡量，但我相信這很重要，」他說：「但要上哪兒找維持這種類比運行的基本負載？必須要有某一群體的人，能在自謀出路之際持續運用它。否則我們就得從未來回頭重建，而這會比現在維持其運行艱難得太多。」

少了這個類比式基本負載，人類就必須朝向危險新時代的險境自行創新，大量相互依存在新時代裡決定我們的命運，安全網卻被抽走了。吉爾承認，保留社會一部分資源不投入創新有其代價。但揚棄過去的代價恐怕更大。「我不想讓自己聽起來像膽小鬼，但我試著要穿針引線度過難關。」吉爾堅稱：「我想要至少能夠『選擇』，我們要不要對某件事物依賴到無可挽救。」

做出這個選擇的時間愈來愈少了。「我們不會再有一個比現在更加類比的世界，」吉爾在他的「臨界點」報告最後一段如此寫道：

建造類比式實體發電廠的國家，比逕自躍進到完全數位化的國家多了一份顯著優勢。前者這道可保存又有防護作用的防火線，是後者所不可能擁有的，但前者唯有在保留實體發電廠的情況下，才會享有這份韌性紅利。這樣的保留既能為數位化帶來韌性，又能為不願參與數位化的人們實現持久自由，在這個歷史時刻裡堪稱獨一無二。我們正面臨著破釜沉舟的關頭。*

烏克蘭仍然地如其名——「邊境」。而在烏克蘭邊境上，沒有哪個地方感受到的壓力更大於馬林卡（Maryinka）。這座人口不到一萬的小城，座落在一個風景如畫的湖邊，位於基輔東南三百五十英里，受到戰火蹂躪的頓巴斯地區。馬林卡綠樹成蔭的街道和灰色樓房星羅棋布，其間一如眾多烏克蘭城鎮，點綴著雕飾華麗的教堂和蘇聯時代的紀念物。但朝著城鎮南部和東部邊緣走去，建築物似乎就變得破敗，顯現出將這座城鎮捲入雙方炮火中的多年戰事所留下的傷痕——爆破痕跡、被焚燒和荒廢的樓房，以及遭受過重大爆炸，磚石灑落一地，僅存骨架的建築物立面。

然後，還沒離開城鎮範圍，出現了一處檢查哨，由士兵駐守，受到一片混凝土迷宮保護。這裡是在地人所謂的「零點」。另一端則是無人地帶。親烏克蘭和親俄兩軍的戰線劃過了這座城鎮。

* 譯者案：吉爾的報告題目與內文，都以盧比孔河（Rubicon）代稱這個踏上不歸路的重大抉擇關頭，出自凱撒跨越盧比孔河，進軍羅馬奪取政權的歷史典故。

即使如此，距離這條前線不到半英里外，在馬林卡市中心，中年婦女們仍在一棟漆成橘色、曾是一家超市的樓房內工作，她們烘焙麵包，並將一條條溫熱的麵包，裝進塗著藍黃兩色以示愛國的塑膠盒裡。這裡是歐列格．特卡琴科（Oleg Tkachenko）的麵包店，他是一位正教祭司，也是企業家和俄國入侵的難民。9

在頓巴斯地區更北方的城市斯拉維揚斯克（Slovyansk），特卡琴科在二〇一四年為全家人蓋好了一幢八個房間的房屋，這時，一名前俄軍軍官率軍攻占了當地警察局。他的鄰居在她家公寓陽臺上被這些軍人槍殺，成了奪取城市過程中第一個遇害的平民。「當你生活在二十一世紀，一場戰爭突然降臨你的城鎮，有人在開槍，人們正在死去，很難相信會發生這種事。」他回想。今天，他和妻子及其中四名子女住在馬林卡城北，他們勉強塞進一間占地不到五百平方英呎的兩房公寓。

歐列格和妻子尤金妮婭兩人，多數時間都在沿著頓巴斯前線的地區來回奔走。特卡琴科為烏克蘭軍擔任隨軍祭司，這對夫妻經常發送他們的麵包店所烘焙的一條條小麥和黑麥麵包；這門生意的慈善意義更大於營利。自戰爭爆發以來，當地經濟泰半崩潰，馬林卡的人口將近半數向西逃亡。「人們手上的錢甚至不夠買麵包。」特卡琴科哀嘆。

特卡琴科夫妻在穿行烏克蘭戰區的路途上，親眼見證了不計其數的社會崩潰景象。村莊裡遍布炮彈炸出的彈坑，深達十五英呎。飽受驚嚇的家庭在地窖裡生活了數週，甚至數月之久。村裡的長輩寧可自殺，也不願面對戰爭的荒蕪。一位寡婦不得不把丈夫埋葬在自家後院。有一家人在一九八六年車諾比核災之後，拋棄了全部財產，從普里佩特遷居頓巴斯，事隔三十年，他們的房屋卻又在戰火中付之一炬。

但歐列格和尤金妮婭說，某些最駭人的情況，在他們麵包店南邊的馬林卡城內就能看到。在軍方檢查哨彼端的那座鬼城裡，多數樓房都遭到嚴重毀壞，有的甚至蕩然無存，只剩一根煙囪。沒有多少記者、救援工作者，甚至警察膽敢踏進這片荒原。但有十二戶人家仍居住在那兒，或者是固執不願離開，或者就只是沒有辦法在別處重新生活。

按照特卡琴科向我描述的，這些家庭將自己的家改造成了掩體，沙包在窗外高高堆起，牆內則漆著聖像，做為孤注一擲的最後保護形式。有個男人不久前被地雷炸死，但戰鬥仍然危險，他的屍體長達兩週無法埋葬。住在那個街區的一名十二歲男孩被彈片擊中頭部，經過多次手術，腦部仍然受損。

但這些家庭一如受困在國內戰區裡的多數烏克蘭人，他們仍繼續苦撐著活下去。「第一階段是恐懼與驚慌。這些感受揮之不去，但人們慢慢習慣了。他們活在壓力之中，」特卡琴科說著，一邊眨眼忍住淚：「人們對任何事都會完全習慣。」

*

無止盡的低階戰爭，對這個橫跨在文明斷層線上的國家來說，仍是反烏托邦式的現實。烏克蘭至今仍逃脫不了地理的殘酷對待。

沙蟲的故事呈現出這樣的地理是如何讓烏克蘭也成了網路戰的灘頭陣地；要是同等規模的數

9 Lily Hyde, "A Bakery in a War Zone," *Roads and Kingdoms*, Oct. 6, 2017, https://roadsandkingdoms.com/2017/bakery-mariinka/ .

位攻擊施加於烏克蘭危機四伏的國土之外，針對北約或歐盟而來，西方國家予以容忍的機會微乎其微。但與俄國對其鄰國令人難忍的數百年壓迫不同，沒有理由相信這種衝突的新形式會被局限於地理輪廓之內。網路戰不同於西方數百年來視若無睹的其他眾多遠方暴行，它並不發生在令人放心的遠處，而是發生在深入我們家庭、公司、政府及基礎設施的全球網路上。

二〇一〇年，國家安全局及中央情報局前局長麥可．海登，在拉斯維加斯黑帽資安大會的主題演講裡，對一群程式設計師、資安工程師及駭客發言，提出了一個可怕的先見。「你們這些人讓網域看來有如北德平原。然後你們被人入侵了就唧唧歪歪的抱怨。」他說：「在網際網路上，我們全都是波蘭。我們在網路上都會被入侵。這片網域與生俱來的地理，就是一切都有利於攻方。」

將近十年後，海登的犬儒說法聽來仍然屬實——即使他偏離了數百英里。在網際網路上，我們全都是烏克蘭。在一個衝突漫無邊界的空間中，我們全都生活在前線。要是我們不能聽從來自邊境的警告，我們恐怕都要步上它的後塵。

附錄
SANDWORM

沙蟲與駭客入侵法國選舉的關聯

麥可・馬托尼斯在奧運破壞者與二〇一六年美國各州選舉委員會攻擊事件之間建立的連結，象徵著最能受到公開驗證的證據，證明俄軍總參謀部情報總局對奧運會破壞事件難辭其咎。但約莫同時，馬托尼斯還會在沙蟲與另一次不同的專攻選舉行動之間，找到另一個明確（即使拐彎抹角）的關聯，這個關聯本身值得另行說明。

二〇一八年五月，著手檢視奧運破壞者三個月後，馬托尼斯開始在沙蟲準備不是佩提亞時使用的後門程式中挖掘另一條線索。ESET發現其中一個後門，也就是協助該公司將不是佩提亞與沙蟲先前攻擊聯繫起來的那個視覺培基語言腳本編寫版工具，是經由某個保加利亞的伺服器控制。[1] 而那部電腦的設定總是讓馬托尼斯覺得怪異。它運行一種名為洋蔥路由器（Tor）的軟體，目的在

1 Anton Cherepanov, “TeleBots Are Back: Supply Chain Attacks Against Ukraine,” *We Live Security* (ESET blog), June 30, 2017, http://www.welivesecurity.com，存檔參看：http://bit.ly/2UEDQEo。

於經由三重加密，並在全世界三處隨機選定，名為洋蔥路由節點（Tor nodes）的志願伺服器之間來回反射，隱匿網路流量的來源。沙蟲的命令和控制伺服器也志願提供其中一個洋蔥路由節點，在網際網路到處反射陌生的流量。或許這是企圖產生令人困惑的掩護流量洪流，彷彿扒手試圖隱身於人群之中。

但在馬托尼斯檢視沙蟲的洋蔥路由伺服器組態時，他發現其設定可以做為某種指紋——不是為了識別背後操控的駭客，而是要認出他們為執行不同行動而建立的其他同類伺服器。他們對洋蔥路由器的使用非但沒有讓伺服器消融於匿名之中，反倒使他們格外醒目。

馬托尼斯拒絕向我透露那個指紋的細節，一如他拒絕詳細說明讓他把奧運破壞者和惡意巨集產生器聯繫起來的那些線索。但運用那個洋蔥路由器指紋做為某種模板，他在網際網路各處挖掘出二十多個看似共享其特徵的類似伺服器，它們全都在二〇一七年上線。在他看來，彷彿沙蟲內部或在其效力機構工作的某人，奉命為了該集團的攻擊行動，而創造一系列全新的後端伺服器。

一旦確認沙蟲的這一系列後端機器，馬托尼斯就開始了搜索網際網路域名系統的同一過程，尋找這些伺服器之網際協定位址曾經支援過的網域。當他用 Google 查詢這個過程顯示的第一批網域，冒充 Google 的釣魚網址 drive.googlmail.com.verification.security.login-service.ml 這個引人注目的單一結果隨即顯現。那是從法國總統艾曼紐．馬克宏所屬政黨被盜取的電子郵件轉儲中的一則訊息。

就在二〇一七年法國選舉前夕，維基解密發表這批被竊取的電子郵件，一如前一年在美國選舉期間發表希拉蕊．柯林頓陣營被竊取的電子郵件。包含了這個「googlmail」假網域的訊息是一封釣魚郵件——可能正是駭客用來入侵馬克宏陣營伺服器，並外洩其內容的同一封釣魚郵件。駭客們在匯出這一整批偷來的訊息之前，似乎忘了要先把誘餌郵件刪除。藉著外洩這麼大量的電子郵件，連同釣魚網域在內——馬托尼斯此時將這個網域聯繫上了不是佩提亞——沙蟲駭客們看來把自己的機密，連同當選的法國總統機密一併洩露了。他們也就決定性地暴露自己參與了二〇一七年的這次駭客入侵選舉事件。

少了已故的麥克·阿桑提協助，本書就不可能誕生，他在與白血病搏鬥之後，於二〇一九年七月逝世。阿桑提的無與倫比之處，不僅在於他的技術知識與分析，更在於他以深刻的慷慨分享這些知識與分析。即使生命走到最後幾個月，阿桑提仍毫不遲疑地解答他對烏克蘭停電的事後剖析，或他的極光研究運行方式等相關問題。憑著這兩項貢獻及其他很多、很多貢獻，阿桑提讓這個世界對我們所有人都成了更安全的地方。我在本書中分享他一生的這些篇章，盼望能藉此緬懷他。

本書的所有中心主體都用了數不清的時間，把他們的故事說給我聽，我對此永遠感激。但其他許多消息來源只為了分享一則軼事或一次經驗而和我交談，條件通常是絕不公開他們的姓名。在很多時候，他們都向我說到他們或雇主在網路攻擊中蒙受災難後果的高度敏感情況。我一再聽到他們反覆表示，即使分享受害細節對職業生涯構成風險，或者有可能丟臉，他們還是覺得自己的故事「應該說出來」——這些故事的歷史價值或教訓，對於保障他人及其他組織安全太過重大，不能不分享。在當權者說出不知羞恥、公然自我推銷的謊言成為特徵的這個時代，這種無私的吐露實情更加令人感佩，也更加重要。

從烏克蘭到俄國、再到韓國，我的四位翻譯和助手——格里高利・庫茲涅佐夫（Grigory Kuznetsov）、瑪格麗塔・米納西安（Margarita Minasyan）、達利婭・米哈伊洛娃（Daria Mykhaylova），以及詹姆士・柳（James Yoo，音譯）——都做了至關重要的工作，幫忙找到許多消息來源，讓我聆聽他們的故事，並以他們自己的報導構想形塑敘事。了不起的切爾西・呂（Chelsea Leu，音譯）承擔了更複雜也更艱鉅的任務，身為事實查核者追溯我們的報導。尤其感謝你，切爾西，為了修正我的錯誤與誤解，做了幾個月吃力不討好的工作。

我在《連線》雜誌的同事們，也都十分慷慨地給予我寫作所需的時間與彈性。他們包括了加娜・貝瑞（Jahna Berry）、凱蒂・戴維斯（Katie Davies）、艾麗卡・傑維爾（Erica Jewell）、尼克・湯普森（Nick Thompson），以及安德莉亞・瓦爾德茲（Andrea Valdez）。我在《連線》雜誌的網站編輯布萊恩・巴瑞特（Brian Barrett）不但毫不遲疑地讓我簽退寫書，還承擔起新的工作量為我代班，在我缺席時寫出的報導，比我上班時能寫的更多。他和蘇珊・穆爾柯（Susan Murcko）也編輯了許多新報導，它們揭露的事件成了本書敘事的一大部分。羅伯・卡普斯（Rob Capps）應當為了首先建議我找出網路戰「最大的」消息而受到讚揚。約翰・格拉沃瓦（John Gravois）巧妙又周到地編輯了啟發本書的那篇《連線》報導，以及由它改寫的早期雜誌書摘。最重要的是，我在《連線》的資安記者同事莉莉・海・紐曼，不僅在我缺席期間承擔大量報導工作，讓《連線》資安頻道保持繁忙，也幫助我思考本書的敘事與概念，認真仔細地閱讀本書初稿，以及最英勇地冒著滂沱大雨到梅子島上待了一整天，報導國防高等研究計畫署的一次全黑啟動演習，而我則舒適地在家打字。

大大感謝我的經紀人艾瑞克・魯普佛（Eric Lupfer），這些年來聆聽了大量思慮不周的構想，直到這個構想終於開花結果，並且首先提議本書的書名。本書在雙日出版社（Doubleday）的編輯雅尼夫・索哈（Yaniv Soha）也是我在寫作過程中所能期望的最有耐心、最嚴謹、見解最獨到的嚮導。雙日的編輯助理卡拉・萊里（Cara Reilly）也為本書做了好幾輪寶貴的編輯。謝謝你們兩位——以及比爾・湯瑪斯（Bill Thomas）和愛德華・卡斯滕邁爾（Edward Kastenmeier）——這麼快就看出了提案的潛力，選擇和我合作進行。感謝凱西・霍里根（Kathy Hourigan）站在雅尼夫辦公室門外等候，讓他迅速完成編輯。另外感謝丹・諾瓦克（Dan Novack）做為法律顧問提供了鋼鐵般的勇氣，還有雙日／企鵝藍燈書屋（Doubleday / Penguin Random House）的其他人，包括西恩・尤勒（Sean Yule）、貝思・皮齊歐（Beth Pizio）、凱特・休斯（Kate Hughes）、陶德・道蒂（Todd Doughty）、麥可・戈德史密斯（Michael Goldsmith）、漢娜・恩格勒（Hannah Engler）及英格麗・斯特納（Ingrid Sterner）。

其他各式各樣的真心感謝，（不特別排序）獻給麥克・阿桑提、山姆・錢伯斯（Sam Chambers）、詹姆士・路易斯、肯尼斯・吉爾斯、艾倫・帕勒（Alan Paller）、歐列赫・德里維揚科和基輔資訊系統安全夥伴公司全體員工、安・艾普鮑姆、克里夫・史托爾、史蒂芬・列維（Steven Levy）、艾力克斯・格拉斯坦（Alex Gladstein）、瑪莉娜・安東諾娃（Marina Antonova）、哈圖娜・姆什多巴維茲、祖拉布・阿赫夫列季阿尼（Zurab Akhvlediani）、伊蓮娜・歐斯坦尼娜（Elena Ostanina）、歐特・邁森（Autumn Maison）、羅曼・多布羅科托夫（Roman

Dobrokhotov）、費奧多爾・莫葛伏伊（Fyodor Mozgovoy）、亞德里安・陳（Adrian Chen，音譯）、約書亞・柯曼、崔佛・蒂姆（Trevor Timm）、班・維茲納（Ben Wizner）、愛德華・史諾登、派屈克・內格霍恩（Patrick Neighorn）、克莉斯蒂安娜・布拉夫曼・齊特納（Cristiana Brafman Kittner）、瑪莉娜・克羅托菲爾、班・米勒（Ben Miller）、安娜・基夫（Anna Keeve）、蘭森・柏基蒂（Ranson Burkette）、伊莉娜・卡西歐拉（Illia Cashiola）、潔西卡・班登科特（Jessica Bettencourt）、莎拉・基佐斯（Sarah Kitsos）、海梅・帕迪亞（Jaime Padilla）、麥克・史密斯（Mike Smith）、華特・魏斯（Walter Weiss）、娜佳與史提凡・瓦西爾科（Nadya & Stephan Wasylko）、娜塔莉・賈瑞斯科（Natalie Jaresko）、湯姆・梅爾（Tom Mayer）、傑絲敏・雷克（Jasmine Lake）、布萊恩・福格爾（Bryan Fogel）、薩拉哈娜・什列斯塔（Sarahana Shrestha）、薩布麗娜・比澤拉（Sabrina Bezerra）、山姆・格林伯格（Sam Greenberg）、娜伊瑪・佐哈里（Naima Zouhali），以及史蒂夫・沃拉爾（Steve Worrall），還要獻給貝爾塔・奧奎拉（Bertha Auquilla）非常大的特別感謝。

感謝比拉・格林伯格（Bilal Greenberg）讓我一直開心，並且好好睡覺，讓我能夠寫作。最後一個不可估量的感謝，獻給我的妻子瑪莉卡・佐哈里—沃拉爾，在這部作品及其他每件事上，她都是我的伴侶。

參考書目

SANDWORM

Applebaum, Anne. *Red Famine.* New York: Doubleday, 2017.

Clarke, Richard, and Robert Knake. *Cyber War.* New York: HarperCollins, 2010.

Hart, John Limond. *The CIA's Russians.* Annapolis, Md.: Naval Institute Press, 2003.

Herbert, Frank. *Dune.* Annotated reprint, New York: Penguin, 2005. (Originally published: Philadelphia: Chilton Books, 1965.)

Kaplan, Fred. *Dark Territory.* New York: Simon & Schuster, 2016.

Lunev, Stanislav. *Through the Eyes of the Enemy.* With Ira Winkler. Washington, D.C.: Regnery, 1998.

Plokhy, Serhii. *The Gates of Europe.* New York: Basic Books, 2015.

Reid, Anna. *Borderland.* New York: Basic Books, 1997.

Rid, Thomas. *Rise of the Machines.* New York: W. W. Norton, 2016.

Sanger, David. *Confront and Conceal.* New York: Crown, 2012.

Schecter, Jerrold L., and Peter S. Deriabin. *The Spy Who Saved the World*. New York: Macmillan, 1992.

Stoll, Clifford. *The Cuckoo's Egg*. New York: Pocket Books, 1990.

Suvorov, Viktor. *Inside the Aquarium*. New York: Macmillan, 1986.

———. *Inside Soviet Military Intelligence*. New York: Macmillan, 1984.

Zetter, Kim. *Countdown to Zero Day*. New York: Crown, 2014.

NEXT 0293

沙蟲駭客：全球最具侵略性和破壞性的克里姆林宮黑客組織，如何掀起新時代網路戰爭

Sandworm: A New Era of Cyberwar and the Hunt for the Kremlin's Most Dangerous Hackers

作　者—安迪．格林伯格（Andy Greenberg）
譯　者—蔡耀緯
編　者—張啟淵
企　劃—廖心瑜
資深企劃經理—何靜婷
封面設計—兒　日
內頁排版—極翔企業有限公司

董 事 長—趙政岷
出 版 者—時報文化出版企業股份有限公司
108019台北市和平西路三段二四〇號四樓
發行專線—（〇二）二三〇六六八四二
讀者服務專線—〇八〇〇二三一七〇五．（〇二）二三〇四七一〇三
讀者服務傳真—（〇二）二三〇四六八五八
郵撥—一九三四四七二四時報文化出版公司
信箱—10899 台北華江橋郵局第九九信箱

時報悅讀網—http://www.readingtimes.com.tw
法律顧問—理律法律事務所　陳長文律師、李念祖律師
印　刷—綋億印刷有限公司
初版一刷—二〇二一年六月二十五日
定　價—新臺幣四六〇元
（缺頁或破損的書，請寄回更換）

時報文化出版公司成立於一九七五年，
並於一九九九年股票上櫃公開發行，於二〇〇八年脫離中時集團非屬旺中，
以「尊重智慧與創意的文化事業」為信念。

沙蟲駭客：全球最具侵略性和破壞性的克里姆林宮黑客組織，如何掀起新時代網路戰爭/安迪．格林伯格(Andy Greenberg)著；蔡耀緯譯. -- 初版. -- 臺北市：時報文化出版企業股份有限公司, 2021.06
面；　公分. -- (Next；0293)
譯自：Sandworm：a new era of cyberwar and the hunt for the kremlin's most dangerous hackers.
ISBN 978-957-13-9096-3（平裝）

1.電腦犯罪　2.網路戰　3.俄羅斯

548.546　　110008779

SANDWORM by Andy Greenberg

This translation published by arrangement with Doubleday, an imprint of The Knopf Doubleday Group, a division of Penguin Random House, LLC
through Bardon-Chinese Media Agency

ISBN 978-957-13-9096-3
Printed in Taiwan